高等院校人文素质教育系列教材

职业生涯规划与创新创业
(微课版)

孙中淼　主　编

芮小兰　张　璐　智　瑀　副主编

清华大学出版社
北京

内 容 简 介

本书以清晰的思路、简练的语言，从生涯设计的视角出发，让读者经过最初的生涯规划设计，得到三个选择方向：求职、创业、出国读书，涵盖内容广泛，提供的选择切合学生实际需求。

本书将生涯篇、职场篇、创业篇、国际篇四篇结合起来，体现出"因"与"果"的逻辑关系；前面是基础，后面是建筑，四篇具有很强的内在逻辑性。

本书具有实用性、趣味性、工具性、创新性，适用于刚刚就业的生涯教育工作者、生涯教育研究者、学生、创业者，以及对自身生涯发展感兴趣的群体。

本书封面贴有清华大学出版社防伪标签，无标签者不得销售。
版权所有，侵权必究。举报：010-62782989，beiqinquan@tup.tsinghua.edu.cn。

图书在版编目(CIP)数据

职业生涯规划与创新创业：微课版/孙中淼主编. —北京：清华大学出版社，2021.9(2024.8 重印)
高等院校人文素质教育系列教材
ISBN 978-7-302-59056-9

Ⅰ. ①职… Ⅱ. ①孙… Ⅲ. ①大学生—职业选择—高等学校—教材 ②大学生—创业—高等学校—教材 Ⅳ. ①G647.38

中国版本图书馆 CIP 数据核字(2021)第 175069 号

责任编辑：梁媛媛
装帧设计：李　坤
责任校对：李玉茹
责任印制：沈　露

出版发行：清华大学出版社
网　　址：https://www.tup.com.cn, https://www.wqxuetang.com
地　　址：北京清华大学学研大厦 A 座　　邮　编：100084
社 总 机：010-83470000　　邮　购：010-62786544
投稿与读者服务：010-62776969, c-service@tup.tsinghua.edu.cn
质量反馈：010-62772015, zhiliang@tup.tsinghua.edu.cn
课件下载：https://www.tup.com.cn, 010-62791865

印 装 者：三河市龙大印装有限公司
经　　销：全国新华书店
开　　本：185mm×260mm　　印　张：18　　字　数：435 千字
版　　次：2021 年 9 月第 1 版　　印　次：2024 年 8 月第 6 次印刷
定　　价：56.00 元

产品编号：094209-01

前　　言

> 人生设计规划，规划设计人生；
> 培养职场能力，攀登成功之梯；
> 创新启迪梦想，创业实现蓝图；
> 为你留学引航，为你人生导航。

以上几句话，清晰地表达了本书的目标和目的。

本书命名为"职业生涯规划与创新创业"，是基于目前社会市场的大环境而来。生涯的含义从广义上是指不仅包括职业，还包括人生方方面面的内容，规划隐含着"设计"的含义。所以本书中的职业生涯规划既是指在职业上的规划，也是指人生中的设计。因此，生涯规划蕴含了生涯教育、职业生涯规划与人生设计之意，是指一个人一生的生涯活动的安排与设计。创新创业既包括书的内容、形式创新，也包括创业的项目创新。本书将二者有效地结合在一起。

本书的编写主要基于以下两点。

1. 市场需要

目前市场上的职业生涯规划类书籍非常多，质量参差不齐，相似度非常大。大部分书籍都对生涯规划的基本理论和就业市场、创业政策等进行了分析，但是对于如何运用相关测评工具、如何有效管理时间和压力、创业计划如何落地，以及出国留学群体的生涯发展路径都没有具体提及。

2. 学生需要

当前大学生分为以下几种情况。

(1) 目标明确，每一天都在为自己的未来而努力，占少部分。

(2) 目标不明确，也在努力学习，但是经常迷茫，不知道自己到底为什么而学，占大部分。

(3) 没有目标，每天浑浑噩噩，不知道自己在做什么，空虚而无聊，占少部分。

针对这样的情况，职业生涯教育要加大加深力度。此外，"空心病"的兴起，对于职业生涯教育的需求也是刻不容缓。

本书内容由浅入深，使学生对自己的了解和对未来人生的设计有了明晰的概念，让职业生涯规划初学者可以更快地适应工作，也为职业生涯教育研究者和职业生涯自我学习者提供了一份得心应手的工具。

本书共分为四篇，具体内容如下。第一篇为生涯篇，主要从生涯唤醒、认识自我、职场环境探索、人职匹配、职业决策、行动计划与风险评估六章进行了讲解。在每章中都提供了多样工具供读者选择使用。在本篇的最后，还提供了职业自我效能感量表，以便读者评估本部分内容的学习效果。

第二篇为职场篇，主要对大学毕业生在职场中可能遇到的问题进行了探讨。本篇包括七章，主要内容有：职业素养、职场礼仪、简历制作、面试、团队建设与管理沟通、压力管理和时间管理。本篇强调了如何进行时间管理、压力管理，如何在职场沟通，讲解了中英文简历制作的原则及方法、面试技巧、职场礼仪等，让学生提前感知职场情境，学会职场中求职礼仪及职场礼仪，掌握压力管理和时间管理的技能。

第三篇为创业篇，将创业与创新紧密结合，主要是指导大学生通过撰写创业计划书，遴选创业项目，梳理创业思路，通过参加各类创新创业大赛，将创业梦想落地实施，从而开启自己的创业生涯。

第四篇为国际篇，是本书的特色篇，包括三章，主要为各年级留学深造的学生提供一些帮助，让学生能更好地了解各国教育的分类、学业和语言要求以及所要具备的基础能力。通过对各国文化的了解，可以使读者更好地知晓各国文化的习惯与禁忌，帮助学生掌握海外基本的职场礼仪和职场小技巧，以便规划、设计学成之后的生涯路径。

本书的特点在于：①内容逻辑性强，清晰明了；②包含大部分生涯测量工具及基础理论的介绍，具有很强的实用性；③加入了人职匹配的内容和职业自我效能感的测评内容；④将生涯、职场、创业、留学四个部分的内容合并；⑤书中加入了人物、情境，让书的内容更加鲜活。书中的案例采用剧集故事播出的形式，前后具有连贯性。所有人物都在学生会工作，彼此之间有关联，可以相互影响、相互支持。书中人物名单与学生会职责安排如下：学生会主席高创(男，国际商务专业二年级)；学习部部长吴娅(女，学前教育专业二年级)；摄影社社长赵声(女，数字媒体艺术专业二年级)；外联部部长夏宇(男，汽车服务工程专业三年级)；心理学学会副会长石业(男，应用心理学专业二年级)；毕业生施华(女，视觉传达设计专业四年级)；学习部干事宋鑫(女，英语专业二年级)。

本书由上海师范大学天华学院孙中淼担任主编，上海师范大学天华学院芮小兰、张璐、智瑀担任副主编。具体分工如下：生涯篇，由孙中淼负责；职场篇，由芮小兰负责；创业篇，由张璐负责；国际篇，由智瑀负责。

此外，国际篇的部分案例由任黎华撰写。生涯篇、创业篇的部分案例由李司晨、王晨绿、郭书铭、赵江霖、李天欢等提供，在此表示感谢。

还要感谢刘德恩、邱欣寅、赵钦尧(Carrol)三位老师在此书撰写过程中不但提供材料，还提出了许多宝贵的意见和建议，给本书的创作带来诸多灵感和思路。邱欣寅老师更是从本书的开始撰写到最终成形，一直不断地跟进，给予无限支持。如果没有邱欣寅老师的监督和督促，本书难以与读者见面，再次表示感谢。最后感谢给予编者们最大支持的家人。

本书在撰写过程中，还有诸多不足之处，望各位读者给予批评、指正，不吝赐教。

编　者

目　　录

第一篇　生　涯　篇

第一章　生涯唤醒 ... 3

第一节　生涯规划与人生设计 ... 3
　一、生涯规划 ... 3
　二、人生设计 ... 3
　三、生涯设计 ... 4
　四、案例分析 ... 4
　五、课堂活动 ... 4

第二节　舒伯生涯彩虹图：生涯发展论 ... 5
　一、生涯彩虹图 ... 5
　二、生涯彩虹图解析 ... 6
　三、生涯发展理论 ... 6
　四、案例分析 ... 8
　五、课堂活动 ... 9

第二章　认识自我 ... 10

第一节　霍兰德职业兴趣 ... 10
　一、霍兰德职业兴趣自我探索量表 ... 10
　二、霍兰德代码解读要点 ... 18
　三、霍兰德职业兴趣六边形 ... 18
　四、案例分析 ... 20
　五、课堂活动 ... 22

第二节　马斯顿 DISC 行动力测试 ... 23
　一、DISC 性格测试 ... 23
　二、如何与 DISC 相处 ... 30
　三、DISC 代码解读要点 ... 31
　四、DISC 四象限图解要点 ... 32
　五、案例分析 ... 32
　六、课堂活动 ... 35

第三节　迈尔斯-布里格斯个性分析指标 ... 35
　一、迈尔斯-布里格斯个性分析指标问卷 ... 35
　二、MBTI 解读要点 ... 40
　三、案例分析 ... 41
　四、课堂活动 ... 42

第四节　职业价值观 ... 42
　一、施恩职业锚量表 ... 42
　二、舒伯职业价值观量表 ... 46
　三、马斯洛需求层次论 ... 48
　四、职业价值观理论选择与解读 ... 50
　五、案例分析 ... 50
　六、课堂活动 ... 51

第五节　职业能力 ... 51
　一、加德纳多元智能量表 ... 51
　二、职业能力自我评定量表 ... 55
　三、技能分类 ... 63
　四、案例分析 ... 65
　五、课堂活动 ... 65

第六节　成长故事 ... 68
　一、成长故事的原理 ... 68
　二、成长故事的要素 ... 68
　三、撰写成长故事的注意事项 ... 69
　四、案例分析 ... 70
　五、课堂活动 ... 70

第三章　职场环境探索 ... 73

第一节　家族职业树 ... 73
　一、家人的职业类别 ... 73
　二、家族职业树解析 ... 74
　三、案例分析 ... 74
　四、课堂活动 ... 75

第二节　"我的专业在××"大调查 ... 75
　一、行业分析 ... 75
　二、企业分析 ... 75
　三、职业分析 ... 76

四、案例分析 76
　　五、课堂活动 79
第三节　职业人士访谈 79
　　一、职业信息访谈内容 79
　　二、生涯信息访谈内容 79
　　三、关于以上两部分内容解读 80
　　四、案例分析 80
　　五、课堂活动 82

第四章　人职匹配 84

第一节　帕森斯的特质因素论 84
　　一、理论概述 84
　　二、特质因素论内容 84
　　三、职业与人的匹配方法 85
　　四、案例分析 85
　　五、课堂活动 85
第二节　霍兰德人职匹配理论 85
　　一、人格类型与职业类型的关系 86
　　二、职业所需特质分析 87
　　三、自我特质分析 87
　　四、二者匹配 87
　　五、案例分析 87
　　六、课堂活动 89

第五章　职业决策 90

第一节　职业决策方法 90
　　一、5W 法 90
　　二、决策方格法 91

　　三、SWOT 分析法 92
　　四、决策平衡单 93
　　五、期望效用分析法 94
　　六、案例分析 95
　　七、课堂活动 97
第二节　决策风格 98
　　一、决策风格的概念及分类 98
　　二、案例分析 99
　　三、课堂活动 99

第六章　行动计划与风险评估 101

第一节　制订短、中、长期计划 101
　　一、制订短期计划(1～2 年) 101
　　二、制订中期计划(3～5 年) 101
　　三、制订长期计划(6～10 年) 102
　　四、案例分析 102
　　五、课堂活动 103
第二节　风险评估 103
　　一、风险预测与备用方案 104
　　二、修正时间和监督人 104
　　三、案例分析 104
　　四、课堂活动 105
第三节　职业自我效能感 105
　　一、职业自我效能感量表 105
　　二、职业自我效能感量表解读 107
　　三、案例分析 108
　　四、课堂活动 108

第二篇　职　场　篇

第七章　职业素养 111

第一节　职业素养的内涵及功能 111
　　一、职业素养的构成 111
　　二、职业素养的特征 112
　　三、职业素养的功能 112
　　四、案例分析 114
　　五、课堂活动 114
第二节　大学生职业素养现状及提升
　　　　途径 114

　　一、大学生职业素养现状 114
　　二、提升自身职业素养的途径 115
　　三、案例分析 118
　　四、课堂活动 118

第八章　职场礼仪 119

第一节　求职礼仪 119
　　一、大学生学习求职礼仪的
　　　　重要性 119

二、大学生求职礼仪中的问题 120
　　三、求职者的仪态礼仪 121
　　四、求职善后礼仪 123
　　五、案例分析 124
　　六、课堂活动 124
第二节　职场礼仪 125
　　一、手机礼仪 125
　　二、沏茶礼仪 125
　　三、敬酒礼仪 126
　　四、握手礼仪 126
　　五、如何处理找领导的电话 126
　　六、接电话礼仪 127
　　七、乘坐电梯礼仪 128
　　八、交换名片礼仪 128
　　九、案例分析 128
　　十、课堂活动 129

第九章　简历制作 130

第一节　简历基本要素和遵循的原则 130
　　一、大学生简历制作中的问题 130
　　二、简历的基本要素 131
　　三、制作简历应遵循的原则 131
　　四、视频简历制作方法 132
　　五、案例分析 133
　　六、课堂活动 133
第二节　中英文简历制作的差异 133
　　一、中英文简历的差异 134
　　二、中英文简历撰写需要注意的
　　　　细节 134
　　三、案例分析 136
　　四、课堂活动 138

第十章　面试 139

第一节　面试的基本类型和面试准备 139
　　一、面试的基本类型 139
　　二、面试准备 143
　　三、案例分析 144
　　四、课堂活动 145
第二节　面试技巧和注意事项 145

　　一、面试时自我介绍技巧 145
　　二、面试问题回答技巧 147
　　三、面试时心理调节技巧 147
　　四、案例分析 148
　　五、课堂活动 149

第十一章　团队建设与管理沟通 150

第一节　团队概述 150
　　一、团队的定义 150
　　二、有效团队的基本特征 150
　　三、团队精神的作用 151
　　四、团队建设的途径 152
　　五、案例分析 152
　　六、课堂活动 153
第二节　大学生人际沟通 153
　　一、沟通的概念 153
　　二、沟通的意义 153
　　三、建设性沟通的原则 154
　　四、案例分析 156
　　五、课堂活动 157

第十二章　压力管理 158

第一节　压力概述 158
　　一、压力的基本概念 158
　　二、压力的来源和特征 158
　　三、压力引起的反应 159
　　四、案例分析 160
　　五、课堂活动 160
第二节　大学生的压力种类与调节 160
　　一、大学生面临的压力种类 160
　　二、大学生面对压力调节方法 162
　　三、案例分析 164
　　四、课堂活动 165

第十三章　时间管理 166

第一节　时间管理概述 166
　　一、时间管理的含义 166
　　二、时间管理的划分 167
　　三、时间管理的误区 168
　　四、案例分析 169

五、课堂活动 170
第二节　时间管理的原则 170
　　一、时间管理原则之一：
　　　　明确目标 170
　　二、时间管理原则之二：有计划、
　　　　有组织地进行工作 172
　　三、时间管理原则之三：
　　　　分清工作的轻重缓急 173
　　四、时间管理原则之四：合理地
　　　　安排时间 174
　　五、时间管理原则之五：与他人的
　　　　时间取得协作 175
　　六、时间管理原则之六——
　　　　制定规则、遵守纪律 175
　　七、时间管理原则之七：细化时间
　　　　安排 175
　　八、案例分析 179
　　九、课堂活动 179

第三篇　创　业　篇

第十四章　创业规划 185

第一节　创业形势与创业政策 185
　　一、后疫情时代大学生创业的经济
　　　　形势 185
　　二、我国大学生创业的相关政策 186
　　三、案例分析 188
　　四、课堂活动 189
第二节　创业计划书 191
　　一、创业计划书的概念及存在的
　　　　问题 192
　　二、创业计划书的作用 193
　　三、创业计划书的编写 194
　　四、案例分析 215
　　五、课堂活动 215
第三节　项目路演 PPT 216
　　一、PPT 制作常见问题 216
　　二、汇报人的临场发挥常见问题 219
　　三、案例分析 220
　　四、课堂活动 220
第四节　大学生创新创业大赛 221
　　一、创业计划竞赛的历史背景 221
　　二、国外创业计划竞赛的历史
　　　　背景 221
　　三、我国创业计划大赛的兴起 222
　　四、案例分析 226
　　五、课堂活动 226

第四篇　国　际　篇

第十五章　出国准备 229

第一节　本科期间准备 229
　　一、各国研究生教育的分类 229
　　二、研究生留学学业和语言基础 231
　　三、文书写作要求 234
　　四、留学费用 235
　　五、心理准备 236
　　六、生活能力准备 236
　　七、案例分析 237
　　八、课堂活动 237
第二节　留学规划表 237
　　一、各年级留学规划时间表 237
　　二、各国留学筹备时间表 238
　　三、案例分析 240
　　四、课堂活动 240
第三节　各国签证要素及所需材料 ... 241
　　一、美国 241
　　二、英国 242
　　三、加拿大 242
　　四、澳大利亚 242
　　五、日本 243
　　六、案例分析 243
　　七、课堂活动 244

第十六章 典型海外文化 ... 245

第一节 欧洲文化 ... 245
一、英国文化 ... 245
二、法国文化 ... 248
三、德国文化 ... 249
四、案例分析 ... 250
五、课堂活动 ... 250

第二节 亚洲文化 ... 251
一、新加坡文化 ... 251
二、韩国文化 ... 252
三、日本文化 ... 254
四、案例分析 ... 255
五、课堂活动 ... 255

第三节 北美洲、澳洲文化 ... 255
一、美国文化 ... 256
二、澳大利亚文化 ... 258
三、新西兰文化 ... 259
四、案例分析 ... 260
五、课堂活动 ... 260

第十七章 海外职场礼仪 ... 261

第一节 面试礼仪 ... 261
一、面试前礼仪 ... 261
二、面试中礼仪 ... 261
三、面试后礼仪 ... 262
四、案例分析 ... 262
五、课堂活动 ... 262

第二节 海外职场其他礼仪 ... 262
一、欧美国家职场礼仪 ... 263
二、亚洲国家职场礼仪 ... 266
三、澳洲国家职场礼仪 ... 268
四、职场礼仪中需要注意的其他事项 ... 270
五、案例分析 ... 271
六、课堂活动 ... 271

附录 ... 272

参考文献 ... 273

第一篇

生　涯　篇

第一章 生涯唤醒

第一节 生涯规划与人生设计

【课程目标】
1. 了解生涯规划与人生设计理念的异同。
2. 了解生涯是伴随一生的理念。
3. 学会"以终为始"的生涯设计理念。

一、生涯规划

生涯，英文是 Career，来源于拉丁语名词 Carrus，解释为有轮子的车、马车走过的车辙，引申为"经历，生涯"，是生活中各种事件的演进方向与历程，它组合了人的一生中各种职业和生活的角色，由此表露出个人独特的自我发展组型[①]。一个人一生所扮演的角色包括：儿女、学生、休闲者、公民、工作者、配偶、父母、退休者等。

生涯规划(Career Planning)与"生涯"的含义相似，是一个人尽其可能地规划未来生涯发展的历程，在考虑个人的智能、性向、价值，以及阻力、助力的前提下，做好妥善的安排，并借此调整、摆正自己在人生中的位置，以期自己能适得其所[②]。

故此，生涯规划不只是职业规划，还包含了很多内容。它是动态的、可变的，而不是一成不变的。但是大的方向要确定，就像航海中的轮船，要有灯塔的引导，否则就会漫无目的，像无头苍蝇般乱飞乱撞。

二、人生设计

人生设计(Designing Life)的理念来源于斯坦福大学人生设计课。"人生设计"就是把设计思维运用在生涯规划上的一种方式，课程的目标是"如何运用设计思维，发现自己未来想做什么"。[③]人生设计强调的是个人掌控自己的人生，将自己的人生设计为独一无二的艺术品，而不是一模一样的复制作品，需要"重新定义问题，找到尽可能多的选择，然后开始尝试，直到成功"。[④]这样的理想无疑为生涯规划注入了一股新鲜的血液。做了这么多年的一线教师，一直发现在授课的过程中，学生缺乏积极主动性，更多的是教师安排任

---

① 金树人. 生涯咨询与辅导[M]. 北京：高等教育出版社，2007.
② 洪凤仪. 一生的职业规划[M]. 广州：南方日报出版社，2002.
③ 比尔·博内特，戴夫·伊万斯. 斯坦福大学人生设计课[M]. 周芳芳，译. 中信出版集团，2017.
④ 比尔·博内特，戴夫·伊万斯. 斯坦福大学人生设计课[M]. 周芳芳，译. 中信出版集团，2017.

务，学生们按照生涯规划的流程走一遍，但是部分学生会发现找不到最适合自己的目标，而且年纪轻轻就把自己的目标锁定在一个答案上，心有不甘。而人生设计的理念就弥补了这一缺憾。

人生设计注重"just do it"。有了目标，就要去实现，而不是一味地等待。在实现的过程中，运用生涯规划的方法和理念，可以事半功倍。自己设计的人生，有趣，有味道，有动力，这也是生涯规划的初衷，找到个人的原动力，以终为始，度过无悔人生。

三、生涯设计

生涯设计(Career Designing)的理念是将"生涯规划"与"人生设计"两种理念结合在一起，以终极目标为起点，运用生涯规划的理念和知识，设计描绘独属于自己的人生。

四、案例分析

学习部部长吴娅(女，学前教育二年级)和摄影社社长赵声(女，数字媒体艺术二年级)刚好这学期上"职业生涯规划与创新创业"这门课程，之前她们认为职业生涯规划课就是找工作，两个人都已经有了比较明确的目标，所以觉得这门课可以不用上。结果上完课后她们才发现，课程内容和理念与自己一开始的想法完全不同。吴娅上完第一节课后觉得，看问题的角度宽广了很多，职业生涯规划不仅指工作，而且包括很多内容，包含人生的方方面面。通过第一次课程的介绍，她对自己的未来人生设计更加有动力了。赵声觉得自己的目标是创业，并且已经开始准备，所以上课的时候不是很认真。结果在老师问了一系列问题之后，她忽然发现自己可以从更长远的角度来思考和准备创业，为自己的未来找到更加长远的目标和意义。

五、课堂活动

从每个人的终点回溯，以生涯目标为指引，有选择性地回答以下问题。

(1) 到目前为止，我最成功的事件是什么？尽量详细叙述。
(2) 我的一生想如何度过？至少用 2~3 个动词描述。
(3) 我的人生目标是什么？至少用 3 个名词或动名词描述。
(4) 至少用 2~3 个形容词描述我现在每天的生活。
(5) 什么是我生活中的玫瑰/一缕阳光？
(6) 我目前面临最大的困难或者问题是什么？
(7) 我对今后的人生有什么期待？

想一想，做一做

你理解生涯设计的内涵了吗？用比喻的方式将这个概念表述出来。

第二节　舒伯生涯彩虹图：生涯发展论

【课程目标】
1. 理解生涯彩虹图的横向和纵向含义。
2. 理解职业发展理论。
3. 会用生涯彩虹图描述自己的一生。
4. 能够理解生涯彩虹图中各种角色转变之间的关系。

从生涯彩虹图解读48岁高管的失业

一、生涯彩虹图

生涯彩虹图(Life-career Rainbow)[①]如图1-1所示，是舒伯(Donald E.Super)为了综合阐述生涯发展阶段与角色彼此间的相互影响，创造性地描绘出一个多重角色生涯发展的综合图形。

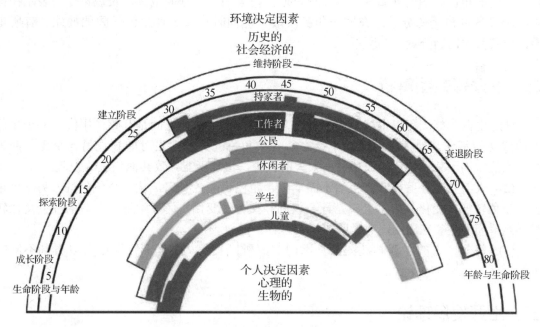

图1-1　生涯彩虹图

根据舒伯的看法，一个人一生中扮演的许许多多的角色就像彩虹一样同时具有许多色带。舒伯将显著角色的概念引入了生涯彩虹图。他认为角色除与年龄及社会期望有关外，与个人所付出的时间及情绪程度都有关联，因此每一阶段都有显著角色。

(1) 横贯一生的彩虹——生活广度。在一生生涯的彩虹图中，横向层面代表的是横跨一生的生活广度。彩虹的外层显示人生主要的发展阶段和大致估算的年龄：成长阶段(约相当于儿童期)、探索阶段(约相当于青春期)、建立阶段(约相当于成人前期)、维持阶段(约相

---

① 金树人.生涯咨询与辅导[M].北京：高等教育出版社，2007.

当于中年期)以及衰退阶段(约相当于老年期)。在这五个主要的人生发展阶段内，各个阶段还有小的阶段，舒伯特别强调各个时期的年龄划分有相当大的弹性，应依据个体的不同情况而定。

(2) 纵贯上下的彩虹——生活空间。在一生生涯的彩虹图中，纵向层面代表的是纵贯上下的生活空间，由一组职位和角色所组成。舒伯认为人在一生当中必须扮演九种主要的角色，依次是：儿童、学生、休闲者、公民、工作者、夫妻、家长、父母和退休者。各种角色交互影响交织出个人独特的生涯类型。一个角色的成功，特别是早期的角色如果发展得比较好，将会为其他角色提供良好的关系基础。但是，如果在一个角色上投入过多的精力，而没有平衡协调各角色的关系，则会导致其他角色的失败。在每一个阶段对每一个角色投入精力可以用颜色来表示，颜色面积越大表示该角色投入的精力越多，空白越多表示该角色投入的精力越少。作用主要是对自身未来的各阶段进行调配，做出各种角色的计划和安排，使人成为自己的生涯设计师。

这个多重角色生涯发展的综合图形——"生涯彩虹图"，形象地展现了生涯发展的时空关系，更好地诠释了生涯的定义。舒伯认为在个人发展历程中，每个人随年龄的增长而扮演不同的角色。图的外圈为主要发展阶段，内圈阴暗部分的范围，长短不一，表示在该年龄阶段各种角色的分量；在同一年龄阶段可能同时扮演数种角色，因此彼此会有所重叠，但其所占比例分量则有所不同。

二、生涯彩虹图解析

(1) 生涯彩虹图可以很好地表示各个角色的变化，角色之间是互相作用的，某个角色上的成功能带动其他角色的成功。反之，一个角色的失败，也可能导致另一个角色的失败，而且，为了某一角色的成功付出太大的代价，也有可能导致其他角色的失败。

(2) 人的社会任务或职业生活不断变化，角色也随之变化，从一个角色进入另一个角色。角色转换的变化从根本上说是社会权利和义务的变化，而大学生就业后的社会角色转换不是瞬间发生和完成的，而是需要一个过程。

(3) 每一个人的生涯彩虹图都是不同的，所以我们从生涯彩虹图中可以看到不同的生涯设计。

三、生涯发展理论

生涯发展理论是对生涯彩虹图的进一步解释和完善，具体内容如表 1-1 所示。

表 1-1 生涯发展理论[①]

发展阶段	特征内容	关键词
成长(0~14 岁)	这个时期孩子通过游戏、玩耍、媒体、观察家人等方式，开始发展自我概念。这个阶段职业的雏形形成，但仍未稳定	好奇、幻想、兴趣

---

① https://baike.baidu.com/item/%E7%94%9F%E6%B6%AF%E5%BD%A9%E8%99%B9%E5%9B%BE/5003852?fr=aladdin#ref_[1]_2426274.

续表

发展阶段	特征内容	关键词
探索(15~24岁)	此阶段涵盖青少年时期与成人初期。绝大部分时间在学校学习,通过考试、课外活动、兼职、半工半读等活动,个人对自己的能力、方向、兴趣等有片面的、大概的认识与试探。此时期经过一连串的尝试,面对肯定和挫折,尝试某些职业长期发展的可能性。但是如果这个阶段拖得过长,下个阶段的职业发展任务将受到影响	试探、尝试、过渡
建立(25~45岁)	在早期的幻想、试探之后,职业"初胚"在此时"成形",会呈现一种安定于某类职业的倾向。由经验的累积,逐渐建立起稳固与专精的地位。职位会有所调整,但所从事的行业不会轻易改变,在工作上力求升迁和晋级	尝试、稳定(已定向)、巩固、挫折
维持(45~65岁)	由成年迈入老年阶段,心态趋于保守,享受数十年工作的成果;但少部分人要面对失败和不如意的困境	守成、停滞、创新
衰退(65岁以上)	准备退休,想发展除了工作之外的新角色,维持生命的活力,以延缓身心的衰退	分化、退休

对于表 1-1,具体解释如下。

(1) 成长阶段:由出生至 14 岁,该阶段从儿童时期开始发展自我概念,开始以各种不同的方式来表达自己的需要,且经过对现实世界不断的尝试,修饰他自己的角色。

这个阶段共包括以下三个时期。

一是幻想期(4~10岁),它以"需要"为主要考虑因素,在这个时期幻想中的角色扮演很重要;

二是兴趣期(11~12岁),它以"喜好"为主要考虑因素,喜好是个体抱负与活动的主要决定因素;

三是能力期(13~14岁),它以"能力"为主要考虑因素,能力逐渐具有重要作用。

(2) 探索阶段:由 15 岁至 24 岁,该阶段的青少年,通过学校的活动、社团休闲活动、打零工等机会,对自我能力及角色、职业做了一番探索,因此,选择职业时有较大弹性。

这个阶段共包括以下三个时期。

一是试探期(15~17岁),考虑需要、兴趣、能力及机会,作暂时的决定,并在幻想、讨论、课业及工作中加以尝试;

二是过渡期(18~21岁),进入就业市场或进行专业训练,更重视现实,并力图实现自我观念,将一般性的选择转为特定的选择;

三是试验并稍作承诺期(22~24岁),生涯初步确定并试验其成为长期职业生活的可能性,若不适合则可能再经历上述各时期以确定方向。

(3) 建立阶段:由 25 岁至 44 岁,由于经过上一阶段的尝试,不合适者会谋求变迁或作其他探索,因此该阶段较能确定在整个事业生涯中属于自己的"位子",且在 31 岁至 40 岁,开始考虑如何保住这个"位子",并固定下来。

该阶段包括以下两个时期。

一是试验—承诺稳定期(25~30岁),个体寻求安定,也可能因生活或工作上若干变动而尚未感到满意;

二是建立期(31~44 岁)，个体致力于工作上的稳定，大部分人处于最具创意时期，由于资深往往业绩优良。

(4) 维持阶段：由 45 岁至 65 岁，个体仍希望继续维持属于他的工作"位子"，同时会面对新的人员的挑战。这一阶段发展的任务是维持既有成就与地位。

(5) 衰退阶段：65 岁以后，由于生理及心理机能日渐衰退，个体不得不面对现实从积极参与到隐退。这一阶段往往注重发展新的角色，寻求不同方式以替代和满足需求。

四、案例分析

如图 1-1 所示，为数字媒体艺术专业大二学生赵声为自己所勾画的生涯彩虹图。半圆形最中间一层为第一层(儿童角色)，儿童角色在 5 岁以前是涂满颜色的，之后渐渐减少，8 岁时大幅度减少，一直到 45 岁时开始迅速增加。此处的儿童角色，其实就是为人子女的角色。因而这个角色一直存在。早期个体享受被父母养育照顾的温暖，随着成长成熟，慢慢开始同父母"平起平坐"，而在父母年迈之际，则要开始多花费一些心力来陪伴、赡养父母。

第二层是学生角色。在这个案例中，学生角色从四五岁开始，10 岁以后进一步增强，20 岁以后大幅减少，25 岁以后便戛然而止。但在 30 岁以后，学生角色又出现，特别是 40 岁出头时，学生角色竟然涂满了颜色，但两年后又完全消失，直到 65 岁以后。这是由于处于现代科技发展日新月异、知识爆炸的社会，青年在离开学校、工作一段时间之后，常会感到自己所学知识已不能满足工作需要，需要重回学校以进修的方式来充实自我。也有一部分人甚至等到中年，儿女长大之后，暂离开原有的工作，接受更高深的教育，以开创生涯的"第二春"。学生角色在 35 岁、40 岁、45 岁左右凸显，正是这种现象的反映。

第三层是休闲者角色。这一角色在前期较平衡地发展，直到 65 岁以后迅速增加。把休闲者角色列入生涯规划的考虑之中，是因为平衡工作和休闲是一项非常重要的任务，特别是在如此快节奏、高效率的社会中，正如图 1-1 中的空白也构成画面一样，休闲是我们维持身心健康的一种重要手段。

第四层是公民。本案例角色从 20 岁开始，35 岁以后得到加强，65~70 岁达到顶峰，之后慢慢减退。公民的角色，就是承担社会责任、关心国家事务的一种责任和义务。

第五层是工作者的角色。该当事人的工作角色从 26 岁左右开始，颜色几乎涂满了整个层面，可见当事人对这一角色相当认同。但在 40 多岁时，工作者的角色完全消失。对比其他角色，不难发现，这一阶段，学生角色和家长角色都有不同程度的增强。两三年后，学生角色消失，家长角色的投入程度恢复到平均水平，而工作者的角色又被颜色涂满，直至 60 岁以后开始减少，65 岁终止工作者角色。

第六层是持家者角色，这一角色可以拆分为夫妻、父母、(外)祖父母等角色，然后分别作图。此处家长的角色从 30 岁开始，头几年精力投入较多，之后维持在一个适当水平，一直到退休以后才加强了这一角色。76~80 岁几乎没有了持家者的角色。虽然个体的生涯过程中还可能承担其他角色，但对于大多数人来说，上述这些是最基本的角色。在使用生涯彩虹图时，个体可根据自身情况，在此图的基础上进行适当调整。

注：在画生涯彩虹图的过程中，也可以将每个角色更加细化。如工作者角色可以细化到哪个行业的工作，休闲者可以细化到哪些休闲活动，学生可以细化到学校等，这样的生涯彩虹图更加个性化，更加独一无二。

五、课堂活动

1. 2~3 人一组，以生涯彩虹图和职业发展论为起点，设计一个人的一生。要求给这个人一个出生家庭，可以安排在不同于现在的时代。按照时代特色，从 0 岁开始设计人生的每个阶段，直至人生终点。

2. 以自己为原型，按照生涯彩虹图和职业发展理论，从现在开始设计自己的人生发展路径，直至人生终点。

想一想，做一做

人生有哪几个阶段？

每个阶段之间的关系是怎样的？

每个阶段的任务分别是什么？

每个阶段的任务完成情况会对下个阶段产生什么影响？

我现在正处在哪个阶段？我的发展任务是什么？

第二章 认识自我

第一节 霍兰德职业兴趣

【课程目标】

1. 了解自己的霍兰德代码。
2. 能够结合自身特质，解释霍兰德代码。
3. 会撰写霍兰德代码自我分析报告。

结合自身特质解读霍兰德代码

一、霍兰德职业兴趣自我探索量表①

第一部分　测评操作

本测验是有关个人职业兴趣、爱好方面的问题。每个人对这些问题都会有自己的看法，回答自然也是不同的，因而答案没有"对""错"之分，请不要有所顾忌，您完全应该根据自己的真实体验和实际情况来回答，不要花费太多时间去考虑，应顺其自然，根据第一印象作出判断。

注意：1. 测验中的每个问题都要回答，不要遗漏，以免影响测验结果的准确性。

2. 请在一个安静的、不受任何打扰的环境中作答。

一、下面列举了各种活动，请就这些活动作出好恶判断。如果是你喜欢的活动，在相应的题号上打钩。

1. 装配、修理收音机或电视机等电器。
2. 修理汽车。
3. 装修机器。
4. 用木头做东西。
5. 骑摩托车。
6. 使用机械工具进行金属加工。
7. 修理自行车或摩托车。
8. 参加机械加工技术学习班。
9. 参加制图或描图学习班。
10. 驾驶卡车或拖拉机。
11. 打猎或钓鱼。
12. 阅读科技图书或杂志。
13. 在实验室工作。
14. 改良水果品种，培育新的水果。

---

① 顾雪英. 当代大学生职业生涯规划[M]. 北京：高等教育出版社，2011.

15. 研究自己选择的课题。
16. 调查了解土壤和金属等物质的成分。
17. 琢磨别人的棋局。
18. 做数学题或趣味数学游戏。
19. 学习物理课程。
20. 学习化学课程。
21. 学习地理课程。
22. 学习生物课程。
23. 素描、制图或绘图。
24. 参加话剧或戏曲演出。
25. 设计家具、布置房屋。
26. 练习乐器或参加乐队。
27. 设计广告。
28. 为报刊写稿。
29. 欣赏音乐或戏剧。
30. 从事摄影创作。
31. 看小说或剧本。
32. 吟诗或写诗。
33. 练习书法或绘画。
34. 参加学校或单位组织的正式活动。
35. 为灾区举行募捐活动。
36. 参加社团或俱乐部的活动。
37. 帮助他人解决困难。
38. 照看小孩。
39. 出席晚会、联欢会、茶话会等。
40. 结交新朋友。
41. 阅读心理学书籍以获得心理学方面的知识。
42. 帮助残疾人。
43. 观看或参加体育比赛和运动会。
44. 参加座谈会或辩论会。
45. 说服鼓动他人。
46. 卖东西。
47. 参与政治活动。
48. 检查或评价别人的工作。
49. 结识知名人士。
50. 讨论社会问题。
51. 在社会团体中担任职务。
52. 指导某种团体的活动。
53. 制订计划、参加会议。

54. 支配他人完成某项任务。
55. 谈论国家政治大事。
56. 抄写文件或信件。
57. 整理好桌面和房间。
58. 做会计报表和核算。
59. 为领导写报告或公务信函。
60. 检查个人收支情况。
61. 参加电脑操作学习班。
62. 参加商业会计学习班。
63. 学习商业统计课程。
64. 用电脑打字。
65. 整理信件、报告或记录等。
66. 进行市场调查。

二、在下面列举的活动中，如果你能做或大概能做的就在相应的题号上打钩。

67. 能使用电锯、砂轮机械加工工具。
68. 知道万能电表的使用方法。
69. 修理洗衣机。
70. 会用钻孔机、磨床、缝纫机等工具。
71. 给家具或木制品做油漆。
72. 看懂建筑或机械设计图纸。
73. 修理简单的电器。
74. 能修理家具。
75. 能使用电锯、电钻和锉刀等木工工具。
76. 对电视进行简单的维修。
77. 对水管进行简单的修理。
78. 懂得真空管和晶体管的作用。
79. 能说出三种含高蛋白的食物。
80. 理解核裂变的原理。
81. 能用计算器、计算尺和对数表。
82. 会用显微镜。
83. 能找到三个星座。
84. 能编写计算机程序。
85. 能说出白细胞的作用。
86. 能理解人造卫星为什么不会落地。
87. 能理解简单的化学方程式。
88. 能独立进行调查研究。
89. 能演奏一种乐器。
90. 能参加二重唱或四重唱。
91. 能独唱或独奏。

92. 能扮演戏中的角色。
93. 能朗诵诗歌或散文。
94. 能写新闻稿、通讯或专题报道。
95. 能绘画、素描或书法。
96. 会跳舞。
97. 能创作简单的乐曲。
98. 设计服装、广告或家具。
99. 能雕刻、剪纸或泥塑。
100. 善于与各种人物交谈。
101. 常参加社会福利活动。
102. 能与别人很好地相处与合作。
103. 善于与年长者相处。
104. 知道怎样邀请客人、招待客人。
105. 能深入浅出地教育儿童。
106. 很好地安排会议、晚会等活动程序。
107. 善于体谅和帮助有困难的人。
108. 人们找我倾诉烦恼。
109. 安排社团或组织中的各种活动和事务。
110. 帮助护理病人或伤员。
111. 担任过学生干部并干得不错。
112. 工作上能指导和监督他人。
113. 擅长演讲。
114. 做事充满活力和热情。
115. 销售能力强。
116. 能让别人按我的想法做事。
117. 向领导提出建议或反映意见。
118. 有开创事业的能力。
119. 担任过社团或俱乐部的负责人。
120. 知道怎样做才能成为一个优秀的领导者。
121. 健谈善辩。
122. 能熟练地输入汉字。
123. 会用外文打字机或复印机。
124. 能快速地记录和抄写文章。
125. 善于整理、保管文件和资料。
126. 善于人事管理方面的工作。
127. 能做会计账。
128. 能在短时间内处理大量文件。
129. 会用计算机。
130. 会用算盘。

131. 善于为自己或集体做财务预算。
132. 会用商用收款机。

三、在下面列举的职业中，如果你感兴趣就在相应的题号上打钩。

133. 飞机技师。
134. 鱼类和野生动物专家。
135. 汽车修理工。
136. 木匠。
137. 卡车司机。
138. 大地测量工程师。
139. 建筑工程质量检验员。
140. 寻呼机话务员。
141. 消防队员。
142. 植物保护学家。
143. 公共汽车司机。
144. 火车司机。
145. 机械师。
146. 电工。
147. 气象学家。
148. 生物学家。
149. 天文学家。
150. 医学实验室技术人员。
151. 人类学家。
152. 动物学家。
153. 化学家。
154. 数学家。
155. 科技论文作家。
156. 科技杂志编辑。
157. 地质学家。
158. 植物学家。
159. 科学研究工作人员。
160. 物理学家。
161. 诗人。
162. 乐队指挥。
163. 乐器演奏家。
164. 作家。
165. 演员。
166. 幽默画画家。
167. 节目主持人。
168. 记者。

169. 画家、书法家。
170. 歌唱家。
171. 作曲家。
172. 雕刻家。
173. 摄影家。
174. 动画片制作师。
175. 社会学家。
176. 中小学教师。
177. 社团负责人。
178. 街道、工会或妇联部门负责人。
179. 心理咨询工作者。
180. 学校校长。
181. 保健医生。
182. 心理学家。
183. 导游。
184. 国家公务员。
185. 夏令营管理人员。
186. 法律顾问。
187. 体育教练。
188. 婚姻介绍所工作人员。
189. 企业家。
190. 采购员。
191. 广告经理。
192. 厂长助理。
193. 推销员。
194. 广播电台播音员。
195. 商店经理。
196. 饭店经理。
197. 体育活动主办者。
198. 企业管理咨询人员。
199. 房地产销售员。
200. 个体工商业者。
201. 电视片制造人。
202. 批发商行经理。
203. 簿记员。
204. 经济学教师。
205. 资产评估员。
206. 会计师。
207. 保险公司调查人员。

208. 法庭速记员。
209. 银行出纳员。
210. 税收管理员。
211. 金融家。
212. 点钞员。
213. 财政分析家。
214. 物价员。
215. 工资管理员。
216. 审计员。

四、请你在下面所列的能力方面对自己作出评定。评定时，先把自己和周围的同龄人进行比较，并以此来判断自己在这些能力方面的强弱，经过斟酌以后再对自己的能力作一评价，并在所选答案上打钩。

注意：不要在每种能力上都对自己作出同等水平的评估。

217. 机械操作能力：A. 比大多数人差 B. 跟大多数人差不多 C. 比大多数人强 D. 很强
218. 科学研究能力：A. 比大多数人差 B. 跟大多数人差不多 C. 比大多数人强 D. 很强
219. 艺术创作能力：A. 比大多数人差 B. 跟大多数人差不多 C. 比大多数人强 D. 很强
220. 表达沟通能力：A. 比大多数人差 B. 跟大多数人差不多 C. 比大多数人强 D. 很强
221. 商业销售能力：A. 比大多数人差 B. 跟大多数人差不多 C. 比大多数人强 D. 很强
222. 事务执行能力：A. 比大多数人差 B. 跟大多数人差不多 C. 比大多数人强 D. 很强
223. 手工技能：A. 比大多数人差 B. 跟大多数人差不多 C. 比大多数人强 D. 很强
224. 数学能力：A. 比大多数人差 B. 跟大多数人差不多 C. 比大多数人强 D. 很强
225. 音乐能力：A. 比大多数人差 B. 跟大多数人差不多 C. 比大多数人强 D. 很强
226. 交往能力：A. 比大多数人差 B. 跟大多数人差不多 C. 比大多数人强 D. 很强
227. 管理能力：A. 比大多数人差 B. 跟大多数人差不多 C. 比大多数人强 D. 很强
228. 办公技能：A. 比大多数人差 B. 跟大多数人差不多 C. 比大多数人强 D. 很强

第二部分　计分及解释

一、问卷结构。

问卷由四个部分组成。

第一部分：你所感兴趣的活动。对分归于六类的66种活动，用选择"是"或"否"的方式回答"你喜欢从事下列活动吗"的问题。

第二部分：你所擅长或胜任的活动。对分归于六类的66种活动，选出你能做或大概能做的事。

第三部分：你所喜欢的职业。对分归于六类的84种职业选出有兴趣的职业。

第四部分：你的能力类型简评。评定自己在12个方面的职业能力的大致水平。

二、统计方法。

第1~216题，"勾选"记1分，否则记0分。

第217~228题，勾选"A"记1分；勾选"B"记3分；勾选"C"记5分；勾选"D"记7分。

第1~11、67~77、133~146、217、223题得分总和，为"实用型"(R)的原始总分。
第12~22、78~88、147~160、218、224题得分总和，为"研究型"(I)的原始总分。
第23~33、89~99、161~174、219、225题得分总和，为"艺术型"(A)的原始总分。
第34~44、100~110、175~188、220、226题得分总和，为"社会型"(S)的原始总分。
第45~55、111~121、189~202、221、227题得分总和，为"企业型"(E)的原始总分。
第56~66、122~132、203~216、222、228题得分总和，为"事务型"(C)的原始总分。
将各分量表的原始分乘以2，可得到分量表的量表分。

三、解释。

约翰·霍兰德(John Holland)的职业兴趣自我探索量表主要分为实用型(R)、研究型(I)、艺术型(A)、社会型(S)、企业型(E)、事务型(C)六种形态。其特质和典型职业如表2-1所示。

表2-1 霍兰德职业兴趣理论人格特质与职业[①]

形态	人格倾向		典型职业
实用型(R)	实用型的人具有顺从、温和、坦率、谦虚、自然、坚毅、诚实、稳重、节俭、实际、有礼、害羞、稳健、物质主义的特征	行为表现为： 1. 喜好实用性质的职业或情境，以从事其喜好的活动，避免社交性质的职业或情境。 2. 用具体实用的能力解决工作及其他方面的问题。 3. 自认拥有机械和动作的能力，而较缺乏人际关系方面的能力。 4. 重视具体的事物或个人明确的特性，如金钱、权力、地位等	劳工 工匠 农夫 机械员
研究型(I)	研究型的人具有分析、谨慎、批判、好奇、独立、聪明、内向、条理、谦逊、精确、理性、保守、重视方法的特征	行为表现为： 1. 喜好研究性质的职业或情境，避免企业性质的职业或情境。 2. 以研究方面的能力解决工作及其他方面的问题。 3. 自认好学、有自信，拥有数学等方面的潜力，但缺乏领导才能。 4. 重视科学	工程师 化学家 数学家
艺术型(A)	艺术型的人具有复杂、想象、冲动、独立、直觉、无秩序、情绪化、理想化、不顺从、不从众、有创意、无条理、富有表情、不重实际的特征	行为表现为： 1. 喜好艺术性质的职业或情境，避免传统性质的职业或情境。 2. 以艺术方面的能力解决工作及其他方面的问题。 3. 自认富有表达能力、直觉、独立、具创意、不顺从、无秩序等特征，拥有艺术与音乐方面的能力(包括表演、写作、语言)。 4. 重视审美的特质	诗人 小说家 音乐教师 舞台导演
社会型(S)	社会型的人具有合作、友善、慷慨、助人、仁慈、温暖、负责、圆滑、合作、善社交、善解人意、令人信服、理想主义、富洞察力、有责任心、能同理的特征	行为表现为： 1. 喜好社会性质的职业或情境，避免实用性的职业或情境。 2. 以社交方面的能力解决工作及其他方面的问题。 3. 自认喜欢帮助别人、了解别人，有教导别人的能力，但缺乏机械科学的能力。 4. 重视社会伦理的活动与问题	教师 传教士 辅导人员

[①] 黄天中. 生涯体验——生涯发展与规划[M]. 北京：高等教育出版社，2015：12.

续表

形　态		人格倾向	典型职业
企业型(E)	企业型的人具有热情、冒险、野心、独断、冲动、乐观、自信、追求享乐、精力充沛、善于社交、获取注意、知名度高等特征	行为表现为： 1. 喜好企业性质的职业或情境，避免研究性质的职业或情境。 2. 以企业方面的能力解决工作及其他方面的问题。 3. 自信、善于社交、知名度高、有领导与语言能力，缺乏科学能力。 4. 重视政治与经济上的成就	推销家 政治家 企业经理
事务型(C)	事务型的人具有服从、谨慎、保守、自抑、规律、坚毅、实际、节俭、守本分、有责任感、有条理、有良知、有恒心、有效率、缺乏想象力、缺乏弹性的特征	行为表现为： 1. 喜好事务性质的职业或情境，避免艺术性质的职业或情境。 2. 以事务性工作方面的能力解决工作或其他方面的问题。 3. 自认喜欢顺从、规律，有文字与数字能力。 4. 重视商业与经济上的成就	出纳 会计员 银行员工 行政助理

二、霍兰德代码解读要点

（1）将霍兰德六个代码从高到低排序，依次进行解释。

（2）霍兰德代码前三个代码是自己的长板，后三个代码是自己的短板。

（3）只要分数不为零，则霍兰德代码中的特质都会有所体现，分数越高，体现的特质越多。

（4）前后分数在 6 分之内，代码可互换位置。

（5）在霍兰德六个分数得分比较平均的情况下，说明这六个代码中的长板特质都有，但是也有相应的六个短板特质。

（6）表 2-1 中对应的职业并不是你一定要去从事的职业，而是指这种职业具备这样的特质。世界上的职业类别多样，具备这种特质的职业也有很多。所以霍兰德代码测试结果只是告知：你从事的职业，需要你具备这样的特质。如果不具备这样的特质，你的职业成就感就较低。

（7）霍兰德代码并非一成不变，如果你很长时间一直从事某种职业，无论这个职业你是否喜欢，多年之后你的霍兰德代码中都会有这个职业的特质。

三、霍兰德职业兴趣六边形

霍兰德职业兴趣六边形如图 2-1 所示。

霍兰德职业兴趣六边形解读要点如下。

（1）横坐标将六边形分成了上、下两部分。上面是事务型(C)和企业型(E)，下面是研究型(I)和艺术型(A)。事务型(C)和企业型(E)中间有个词语"信息"，表示这两者都擅长处理与信息有关的事务。事务型(C)在处理信息的时候擅长将信息分门别类梳理清晰。企业型(E)

在处理信息的时候擅长将信息中的利弊分析清楚，迅速找出对自己最有利的信息。研究型(I)和艺术型(A)中间有个词语是"思想"，是指这两个类型都擅长理解抽象的思维、理论、事务等。研究型(I)更加擅长理解理科、工科类的抽象理论、思想等，艺术型(A)更加擅长理解文艺类的抽象思维、画面等。

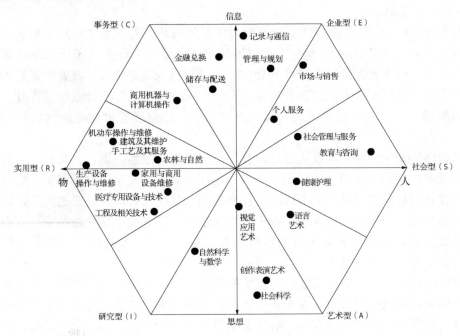

图 2-1 霍兰德职业兴趣六边形

(2) 纵坐标将六边形分成了左、右两部分。左边箭头指向"物"，包括事务型(C)、实用型(R)、研究型(I)，表示这三种特质都喜欢与"物"打交道，不喜欢与"人"打交道，其中以实用型(R)为代表。右边箭头指向"人"，包括企业型(E)、社会型(S)、艺术型(A)，表示这三种特质都喜欢与"人"打交道，其中以社会型(S)为代表。

(3) 如果前三个代码包括了六边形对角线上的两个特质，表示在做决策的时候会比较矛盾和纠结。第一组矛盾体是事务型(C)—艺术型(A)，在做任何决策的时候都会有所纠结。第二组矛盾体是实用型(R)—社会型(S)，在涉及是否需要与人打交道的时候会纠结。例如，在自己有事情的时候是否应该给别人提供帮助，不提供帮助会觉得自己做得不正确，但是提供帮助自己又没有时间，所以会难以做出决策，甚至会质疑自己做出的决策。

(4) 前三个代码所代表的三角形内的范围代表自己的兴趣点，也是自己的擅长点。在这个范围内，自己做的工作会更加得心应手，更加有成就感，从而幸福指数更高。这并不是说你只能做这个范围内的工作，只是告知你——你的兴趣点是什么。

(5) 如果你的前三个代码都在与"物"相处的部分，则你的外在行为表现为比较内向，不善言谈。如果你的前三个代码都在与"人"相处的部分，则你的外在行为表现为非常外向和热情。如果你的前三个代码中两个在与"物"相处的部分，一个在与"人"相处的部分，则你相对于与人打交道更喜欢独处或者与物打交道。如果你的前三个代码中两个都在与"人"相处的部分，一个在与"物"相处的部分，则相对于与物打交道更喜欢与人相处。

四、案例分析

学习部部长吴娅在做完霍兰德测试之后,发现自己的六个代码分数比较平均,于是便依据分析要点,解释如下。

研究型(I)(30)——我喜欢阅读文学类、哲学类的书籍,喜欢思考相对抽象的问题,喜欢刨根问底,跟别人聊天的时候会下意识地分析对方是出于什么立场什么角度进行的考虑。当自己处于做事状态的时候喜欢独处,因为觉得独处效率很高。我喜欢逻辑顺序清晰的东西,很讨厌逻辑不通顺的东西和言论,看到的或者听到的都会让我情绪不佳,容易在这些方面暴躁,比如有时候在跟别人聊天时别人的语序或者逻辑顺序颠倒我会下意识地小声纠正。

艺术型(A)(26)——我喜欢表达自己,有什么想法都想跟别人说,喜欢和擅长有创造力的东西和活动,比如写东西、做手工、画画,爱好也集中在文学、电影艺术、绘画、音乐方面。当我看到喜欢的有感应的东西时,我会感到一种能让我浑身战栗的快乐,浑身的鸡皮疙瘩都会起来。一切能创造美的东西都能使我快乐,同时我不喜欢被约束,太多的规则会使我烦躁厌倦。爱美,喜欢美丽的东西和人,喜欢打扮,要打扮一定会从头到脚,化妆、头发、发饰衣着都会很精致。

企业型(E)(26)——我喜欢说服别人接受我的观点,平时我感觉到我确实也很容易说服别人,比如成功说服宿舍成员思考未来,从大二就为未来教师编制考试或考研作打算。说话的时候会尽量剥离自身情感发言,讲话喜欢加"我觉得、我认为、个人觉得、也许"这类词汇,不是因为态度模糊,只是希望自己能以一个中立态度发言,剥离个人倾向。在小组中喜欢追求一定的影响力,希望我说的话能得到回应,讨厌被无视,希望自己被重视,有野心,想要最好的东西,一件我觉得有意义的事情但凡开始了我就希望能做到最好。我的情绪调控能力很好,在很暴躁之后也能很快调整回来,就算有情绪积压,一般睡一觉就会好。

实用型(R)(26)——我动手能力很强,基本上手工或者绘画或者相关事情我第一次做都不会做得很差,我摸索电脑技术能力较强,上电脑课时班上会有同学来问我电脑的相关问题。认真做事的时候不太愿意理人。有时候喜欢安静,喜欢物品,类似于古董、书籍之类的,一个人待很久也不会很寂寞,会觉得人类很麻烦。小学因为看书的时候被打扰,把同桌骂哭过。

社会型(S)(24)——我喜欢与人打交道,会觉得人类很有趣,很愿意帮助别人,通过帮助别人可以很轻易感知到对方的情绪。很多朋友都认为我很善解人意,我的朋友遇到麻烦也愿意来跟我倾诉并且向我寻求帮助。

长板:擅长思考分析,善于处理文字,较善于用电脑,因此小组中整理资料的任务一般都交给我,大多数时候PPT的制作我也会参与。善于思考创造,具有审美能力,乐于助人。因此我的朋友在文科类或者艺术类的学习上遇到难题都会向我寻求安慰与帮助。

事务型(C)(8)——对于我来说符合事务型的关键点在于,我喜欢把要做的事情列成表格,以及我在组织内给人分配任务时,比较清晰有条理。

短板：尽管我列表格但我不一定会按照表格去做，有时候还会拖延。我讨厌完全被规划、被束缚的感觉，讨厌日复一日枯燥无趣单一的重复工作，讨厌死守规矩什么都需要服从的组织，所以在大学我没有参加任何组织社团。我没有整理东西的习惯，做事喜欢把东西摊开，东西会比较杂乱，看起来没有条理、不清晰，有时候会比较放纵自我、因为过于随心所欲，所以也很容易改变想法。还因为各种特质都过于明显，所以我很容易朝令夕改，容易涉猎广而不精。这些都是很严重的短板。

结合霍兰德六边形人格模型

1. 从冲突的类型分析及例子
1) 实用型(R)—社会型(S)

两者最突出的表现是是否愿意与人打交道。两种表现在我身上都比较明显，长期处于人群中与人打交道不会使我不适，还会使我兴奋，但当我在独处或者处于研究某件事情的时候我会很讨厌跟人打交道。

比如，新冠肺炎疫情期间在家待久了得知要回到学校的时候我极其烦躁和不情愿，因为一想到人特别多，要社交就觉得十分厌倦。但是到学校之后我又很容易就回到了社交状态，同样在要放假回家之前我也会有短暂的恐惧与不情愿；做事的时候有人与我说话我会很暴躁，但一旦任务快要完成或者我根本没有进入做事的状态时，我就很乐意与人交流并且会主动与人搭话。

在做事的时候别人跟我说什么我基本上都会照做，比如借东西之类的无伤大雅的事，因为我觉得很烦不想被打扰，所以会选择这样消极抵抗。

2) 研究型(I)—企业型(E)

二者差距在于以下方面。

(1) 行动力。当一件任务布置下来的时候我会很快地想清楚处理方案并且急于执行，喜欢把事情尽快完成，但是假如在我想要完成的这个时间段有事情阻碍了，我就会开始拖延，直到拖到截止日期前，再用极快的速度完成任务。

(2) 研究型(I)喜欢独处，企业型(E)追求领导力。在我身上的表现就在于，我希望我的话有分量，但我不愿意在一开始担当整体任务的负责人，不愿意为其他人的失误负责，但会不自觉地想要去监督组内成员完成任务，因此在一个组织内我会特别喜欢类似于"二把手"或者军师类的职位。但假如没有人能够担任领导时，我也愿意担当领导的责任。

2. 六边形中三角形分析及例子
1) 实用型(R)—研究型(I)—艺术型(A)

实用型(R)的动手能力、研究型(I)的领悟力以及艺术型(A)的审美的结合表现在于，我特别擅长创造美，做手工、化妆、做衣服、画画、做首饰等，只要我想做，我都能很快地学会并且做得有模有样。我会一开始看别人制作的视频，然后针对自己不清楚的地方，在大脑内模拟试验，试验成功后再动手，基本没有出过大错，一次就能成功。

2) 企业型(E)—艺术型(A)—社会型(S)

企业型(E)的说服力、艺术型(A)的随心所欲和喜欢表达，以及社会型(S)的喜欢与人打交道的结合表现在于，我可能会随时冒出各种奇奇怪怪的想法，同时还很喜欢用这种想法去试探别人的反应，跟别人交流，会下意识地想要说服对方，尽管有时候对方观点与我并不对立。我也可以理解对方的观点，但是会下意识地向对方推销我的想法或者观点的优越性。

3. 整体分析及例子

我有一个小癖好，我喜欢分析别人是怎么想的[研究型(I)]，同时又能够感同身受地感知对方的思路[社会型(S)]，会关注一些很奇怪的地方[艺术型(A)]，能发现对方一些不符合惯常逻辑的行为，然后再根据这些行为去剖析对方是个怎样的人[对人感兴趣，社会型(S)]，会在一边思考中一边直接向对方提问[表达，艺术型(A)]，然后最终得出结论，说服对方接受这个结论[企业型(E)]。

这是一个有代表性的案例。虽然霍兰德代码强调前三个代码，但是如果像学生部部长吴娅一样，在几个代码的分数比较平均的情况下，六个代码的解释都有必要。从积极的角度来看，分数比较平均代表你的综合能力比较强，职业选择的范围更广。从消极的角度来看，没有哪个方面特别擅长。可以选定某一领域的兴趣点之后，进一步挖掘自己在这个领域的能力。

五、课堂活动

1. 职业兴趣岛

根据霍兰德代码的含义，设置了六个各有特色的岛屿。同学们可以根据自己的喜好去选择自己喜欢的岛屿，最想去的前三个岛屿按照先后顺序排列就是自己的霍兰德职业兴趣代码。

R：自然原始的岛屿。岛上自然生态保持得很好，有各种野生动物。居民以手工见长，自己种植瓜果蔬菜、修缮房屋、打造器物、制造工具，喜欢户外运动。

I：深思冥想的岛屿。有多处天文馆、科技博览馆及图书馆。居民喜好观察、学习，崇尚和追求真知，常有机会和来自各地的哲学家、科学家、心理学家等交换心得。

A：美丽浪漫的岛屿。充满了美术馆、音乐厅、街头雕塑和街边艺人，弥漫着浓厚的艺术文化气息。居民保留了传统的舞蹈、音乐与绘画，许多文艺界的朋友都喜欢来这里找寻灵感。

C：现代、井然的岛屿。岛上建筑十分现代化，是进步的都市形态，以完善的户政管理、地政管理、金融管理见长。岛民个性冷静保守，处事有条不紊，善于组织规划，细心高效。

E：显赫富庶的岛屿。居民善于企业经营和贸易，能言善道。经济高速发展，处处是高级饭店、俱乐部、高尔夫球场。来往者多是企业家、经理人、政治家、律师等。

S：友善亲切的岛屿。居民个性温和、友善、乐于助人，社区自成一个密切互动的服务网络，人们重视互助合作，重视教育，关怀他人，充满人文气息。

小贴士：选择的岛屿和霍兰德量表测试结果不完全一致怎么办？

可以逐个分析霍兰德代码特质，然后不断地追问自己喜欢的到底是什么。根据自身的实际需求确定自己的霍兰德代码，以及自己的长、短板。

2. 职业兴趣卡

让学生根据兴趣卡上面的职业名称选择自己喜欢的职业和不喜欢的职业，然后按照喜欢的职业卡片数量的多少进行排序。数量最多的前三个就是自己的霍兰德职业兴趣代码，数量最少的后三个就是自己的短板。

> **小贴士**：职业兴趣卡是用知识建构的方式帮助学生自己找到自己的职业兴趣点。选择好了卡后，排序自己喜欢的职业兴趣，确定前三名作为自己的霍兰德职业兴趣代码，然后请学生挨个去分析和反思，自己如何做才能达到这样的职业目标。在这个过程中，学生的职业兴趣点将进一步得到澄清。

🌐 **想一想，做一做**

根据自己的霍兰德代码分数顺序，重点解读前三个代码，并结合自身实际生活、学习情况进行长、短板分析和职业范围分析。找出各个代码的代表人物，然后分析自己和他们之间的异同点。

第二节　马斯顿 DISC 行动力测试

【课程目标】

1. 了解自己的 DISC 代码。
2. 能够结合自身特质，解释 DISC 代码。
3. 会撰写 DISC 行动力测试自我分析报告。

一、DISC 性格测试

请从以下两个版本中任选一个版本进行测试。

版本 1：DISC 性格测试表(语句版)

DISC 性格测试表(语句版)共 40 题，在每一题的四个选项中只选择一个最像你自己的，勿多选。请按第一印象最快地选择，联想生活、工作、学习中的你，如果不能确定，可回忆童年时的情况，或者从你最熟悉的人对你的评价中选择。DISC 性格测试表(语句版)，如表 2-2 所示。

表 2-2　DISC 性格测试表(语句版)[①]

问题序号	选　项	你的选择
01	(1) 对新事务下决心做好　D (2) 轻松自如融入环境　S (3) 表情多、动作多、手势多　I (4) 准确知道所有细节之间的逻辑关系　C	

---

① 李海峰. DISC 职场人格测试学[M]. 长沙：湖南文艺出版社，2012.

续表

问题序号	选 项	你的选择
02	(1) 完成一件事情后才接手新的事情　C (2) 充满乐趣与幽默感　I (3) 用逻辑与事实服人　D (4) 在任何冲突中不受干扰，保持冷静　S	
03	(1) 接受他人的观点，不坚持己见　S (2) 为他人利益愿意放弃个人意见　C (3) 认为与人相处好玩，对挑战无所谓　I (4) 决心用自己的方式做事　D	
04	(1) 关心别人的感觉与需要　C (2) 控制自己的情感，极少流露　S (3) 把一切当成竞赛，总是有强烈的赢的欲望　D (4) 因个人魅力或性格使人信服　I	
05	(1) 给别人振奋的刺激　I (2) 对人诚实尊重　S (3) 自我约束情绪与热忱　C (4) 对任何情况都能很快作出有效的反应　D	
06	(1) 容易接受任何情况和环境　S (2) 对周围的人、事十分在乎　C (3) 独立性强、机智，凭自己的能力判断　D (4) 充满动力与兴奋　I	
07	(1) 事前制订详尽计划，依计划进行工作　C (2) 不因延误而懊恼，冷静且容忍度大　S (3) 相信自己有转危为安的能力　D (4) 运用性格魅力或鼓励推动别人参与　I	
08	(1) 自信，极少犹豫　D (2) 不喜欢预先计划，或受计划牵制　I (3) 生活与处事均依时间表，不喜欢受干扰　C (4) 安静，不易开启话匣子　S	
09	(1) 有系统、有条理地安排事情　C (2) 愿意改变，很快与人协调配合　S (3) 毫不保留，坦率发言　D (4) 自信任何事都会好转　I	
10	(1) 不主动交谈，经常是被动的回答者　C (2) 保持可靠、忠心、稳定　S (3) 时时表露幽默感，任何事都能讲成惊天动地的故事　I (4) 发号施令者，别人不敢造次反抗　D	
11	(1) 敢于冒险，下决心做好　D (2) 带给别人欢乐，令人喜欢，容易相处　I (3) 待人得体有耐心　S (4) 做事秩序井然，记忆清晰　C	

续表

问题序号	选项	你的选择
12	(1) 始终精神愉快，并把快乐推广到周围 I (2) 情绪稳定，反应永远能让人预料到 S (3) 对学术、艺术特别爱好 C (4) 自我肯定个人能力与成功 D	
13	(1) 以自己完善的标准来设想衡量事情 C (2) 自给自足，自我支持，无须他人帮忙 D (3) 从不说或做引起他人不满与反对的事 S (4) 游戏般地鼓励别人参与 I	
14	(1) 忘情地表达出自己的情感、喜好，与人娱乐时不由自主地接触别人 I (2) 有很快做出判断与结论的能力 D (3) 直接的幽默近于讽刺 S (4) 认真、深刻，不喜欢肤浅的谈话或喜好 C	
15	(1) 避免冲突，经常居中调和不同的意见 S (2) 爱好且认同音乐的艺术性，不单是表演 C (3) 闲不住，努力推动工作，做别人跟随的领导 D (4) 喜好周旋于宴会中，结交朋友 I	
16	(1) 善解人意，能记住特别的日子，不吝于帮助别人 C (2) 不达目的誓不罢休 D (3) 不断愉快地说话、谈笑，娱乐周围的人 I (4) 易接受别人的想法和方法，不愿与人相左 S	
17	(1) 愿意听别人想说的 S (2) 对理想、工作、朋友都有不可言喻的忠实 C (3) 天生的带领者，不相信别人的能力如自己 D (4) 充满生机，精力充沛 I	
18	(1) 满足自己拥有的，很少羡慕人 S (2) 要求领导地位及别人跟随 D (3) 用图表数字来组织生活，解决问题 C (4) 讨人喜欢，令人羡慕，人们注意的中心 I	
19	(1) 对己对人高标准，一切事情有秩序 C (2) 易相处，易说话，易让人接近 S (3) 不停地工作，不愿休息 D (4) 聚会时的灵魂人物，受欢迎的宾客 I	
20	(1) 充满活力和生气的性格 I (2) 大无畏，不怕冒险 D (3) 时时保持自己举止合乎认同的道德规范 S (4) 稳定，走中间路线 C	
21	(1) 面上极少流露表情或情绪 S (2) 躲避别人的注意力 C (3) 好表现，华而不实，声音大 I (4) 命令支配，有时略傲慢 D	

续表

问题序号	选　项	你的选择
22	(1) 生活任性无秩序　I (2) 不易理解别人的问题与麻烦　D (3) 不易兴奋，经常感到好事难成　S (4) 不易宽恕或忘记别人对自己的伤害，易嫉妒　C	
23	(1) 抗拒或犹豫接受别人的方法，固执己见　D (2) 不愿意参与，尤其当事务复杂时　S (3) 把实际或想象的别人的冒犯，经常放在心中　C (4) 反复讲同一件事或故事，忘记自己已重复多次，总是不断找话题说话　I	
24	(1) 经常感到强烈的担心、焦虑、悲伤　S (2) 坚持做琐碎事情，要求注意细节　C (3) 由于缺乏自我约束，不愿记无趣的事　I (4) 直言不讳，不介意把自己的看法直说　D	
25	(1) 滔滔不绝的发言者，不是好听众，不留意别人也在讲话　I (2) 难以忍受等待别人　D (3) 很难下定决心　S (4) 感到担心且无信心　C	
26	(1) 很难用语言或肢体当众表达感情　D (2) 无兴趣且不愿介入团体活动或别人的生活　S (3) 由于强烈要求完美，而拒人于千里之外　C (4) 时而兴奋，时而低落，承诺总难兑现　I	
27	(1) 犹豫不决——迟迟才有行动，不易参与　S (2) 标准太高，很难满意　C (3) 不依照方法做事　I (4) 坚持依自己的意见行事　D	
28	(1) 尽管期待好结果，但往往先看到事物的不利之处　C (2) 自我评价高，认为自己是最好的人选　D (3) 容许别人(包括孩子)做他喜欢做的事，为的是讨好别人，让别人喜欢自己　I (4) 中间性格，无高低情绪，很少表露感情　S	
29	(1) 不喜欢目标，也无意定目标　S (2) 容易感到被人疏离，经常无安全感或担心别人不喜欢与自己相处　C (3) 易与人争吵，永远觉得自己是正确的　D (4) 有小孩般的情绪，易激动，事后马上又忘了　I	
30	(1) 不关心，得过且过，以不变应万变　S (2) 充满自信，坚韧不拔，但常不适当　D (3) 往往看到事物的反面，而少有积极的态度　C (4) 孩子般的单纯，不喜欢去理解生命的意义　I	
31	(1) 感到需要大量的时间独处　C (2) 为回报或成就感，不断工作，愧于休息　D (3) 需要旁人认同、赞赏，如同演艺家，需要观众的掌声、笑声与接受　I (4) 时时感到不确定、焦虑、心烦　S	

续表

问题序号	选　项	你的选择
32	(1) 遇到困难退缩　S (2) 被人误解时感到冒犯　C (3) 常用冒犯或未斟酌的方式表达自己　D (4) 难以自控，滔滔不绝，不是好听众　I	
33	(1) 事事不确定，又对事情缺乏信心　S (2) 冲动地控制事情或别人，指挥他人　D (3) 很多时候情绪低落　C (4) 缺乏组织生活秩序的能力　I	
34	(1) 思想兴趣放在内心，活在自己的世界里　C (2) 对多数事情均漠不关心　S (3) 不接受他人的态度、观点、做事方法　D (4) 善变，互相矛盾，情绪与行动不合逻辑　I	
35	(1) 生活无秩序，经常找不到东西　I (2) 情绪不易高涨，不被欣赏时很容易低落　C (3) 低声说话，不在乎说不清楚　S (4) 精明处事，影响事务，使自己得利　D	
36	(1) 行动思想均比较慢，通常是懒于行动　S (2) 不容易相信别人，探究语言背后的真正动机　C (3) 决心依自己的意愿行事，不易被说服　D (4) 要吸引人，要做注意力的集中点　I	
37	(1) 说话声与笑声总是令全场震惊　I (2) 毫不犹豫地表示自己的正确或控制能力　D (3) 总是先估量每件事要耗费多少精力　S (4) 需大量时间独处，喜避开人群　C	
38	(1) 当别人不能合乎自己的要求时，如动作不够快，易感到不耐烦而发怒　D (2) 凡事起步慢，需要推动力　S (3) 凡事易怀疑，不相信别人　C (4) 无法专心或集中注意力　I	
39	(1) 不甘愿的、挣扎、不愿参与或投入　S (2) 情感不定，记恨并力惩冒犯自己的人　C (3) 因无耐性，不经思考，草率行动　I (4) 喜新厌旧，不喜欢长期做相同的事　D	
40	(1) 为避免矛盾，宁愿放弃自己的立场　S (2) 不断地衡量和判断，经常考虑提出相反的意见　C (3) 精明，总是有办法达到目的　D (4) 像孩子般注意力短暂，需要各种变化，怕无聊　I	
D 的数量	I 的数量　　　　　　S 的数量　　　　　　C 的数量	

版本 2：DISC 性格测试表(词汇版)

DISC 性格测试表(词汇版)共 40 题，在每一题的四个选项中只选择一个最像自己的，勿多选。请按第一印象最快地选择，联想生活、工作、学习中的你，如果不能确定，可回忆童年时的情况，或者从你最熟悉的人对你的评价中选择。DISC 性格测试表(词汇版)，如表 2-3 所示。

表 2-3　DISC 性格测试表(词汇版)[①]

问题序号	选　　项	你的选择
01	A. 富于冒险　B. 活泼好动　C. 适应性强　D. 善于分析	
02	A. 善于说服　B. 喜好娱乐　C. 平和　D. 坚持不懈	
03	A. 意志坚定　B. 善于社交　C. 较少争辩　D. 自我牺牲	
04	A. 喜竞争性　B. 使人认同　C. 自控性好　D. 体贴	
05	A. 善于应变　B. 使人振作　C. 含蓄　D. 令人尊敬	
06	A. 自立　B. 生机勃勃　C. 满足　D. 敏感	
07	A. 积极　B. 推动者　C. 耐性　D. 计划者	
08	A. 肯定　B. 无拘无束　C. 羞涩　D. 实践性	
09	A. 坦率　B. 乐观　C. 迁就　D. 井井有条	
10	A. 强迫性　B. 有趣　C. 友善　D. 忠诚	
11	A. 勇敢　B. 可爱　C. 外交手腕　D. 注意细节	
12	A. 自信　B. 让人高兴　C. 贯彻始终　D. 文化修养	
13	A. 独立　B. 富激励性　C. 无攻击性　D. 理想主义	
14	A. 果断　B. 感情外露　C. 淡然幽默　D. 深沉	
15	A. 发起者　B. 喜交朋友　C. 调解者　D. 音乐性	
16	A. 执着　B. 多言　C. 容忍　D. 考虑周到	
17	A. 领导者　B. 精力充沛　C. 聆听者　D. 忠心	
18	A. 首领　B. 让人喜爱　C. 知足　D. 制图者	
19	A. 勤劳　B. 受欢迎　C. 和气　D. 完美主义者	
20	A. 无畏　B. 跳跃型　C. 平衡　D. 规范型	
21	A. 专横　B. 露骨　C. 忸怩　D. 乏味	
22	A. 缺乏同情心　B. 散漫　C. 缺乏热情　D. 不宽恕	
23	A. 逆反　B. 唠叨　C. 保留　D. 怨恨	
24	A. 率直　B. 健忘　C. 胆小　D. 挑剔	
25	A. 没耐性　B. 好插嘴　C. 无安全感　D. 优柔寡断	
26	A. 直截了当　B. 难预测　C. 不参与　D. 过于严肃	
27	A. 固执　B. 即兴　C. 犹豫不决　D. 难于取悦	
28	A. 自负　B. 放任　C. 平淡　D. 悲观	
29	A. 好争吵　B. 易怒　C. 无目标　D. 孤芳自赏	
30	A. 鲁莽　B. 天真　C. 冷漠　D. 消极	
31	A. 工作狂　B. 喜获认同　C. 担忧　D. 不善交际	
32	A. 不圆滑老练　B. 喋喋不休　C. 胆怯　D. 过分敏感	

---

① https://wenku.baidu.com.

续表

问题序号	选项	你的选择
33	A. 跋扈 B. 杂乱无章 C. 腼腆 D. 抑郁	
34	A. 不容忍 B. 缺乏毅力 C. 无异议 D. 内向	
35	A. 喜操纵 B. 零乱 C. 喃喃自语 D. 情绪化	
36	A. 顽固 B. 好表现 C. 缓慢 D. 有戒心	
37	A. 统治欲 B. 大嗓门 C. 懒惰 D. 孤僻	
38	A. 易怒 B. 不专注 C. 拖延 D. 多疑	
39	A. 轻率 B. 烦躁 C. 勉强 D. 报复型	
40	A. 狡猾 B. 善变 C. 妥协 D. 好批评	
D 的数量	I 的数量 　　　　S 的数量 　　　　C 的数量	

注：ABCD 分别对应 DISC。

DISC 行为方式及解压方式，如表 2-4 所示。

表 2-4　DISC 行为方式及解压方式[①]

形 态	特 质	行为方式	解压方式
D 支配型	核心词：直接、果断 目标：成绩/控制 动力：挑战 恐惧：失去控制 压力下：自信、高要求 互动焦点：控制 倾向：指导别人 情绪特征：愤怒	实话实说(Tell it like it is)。 我们要战胜一切(We shall overcome)。 只管去做(Just do it)	在个人目标未达到时，高 D 会开始心情烦躁；寻求身体方面的发泄，如高强度运动；通常有生气的表现
I 影响型	核心词：乐观、开朗 目标：肯定/赞赏 动力：肯定 恐惧：被拒绝/不被赞赏 压力下：过多言语、紊乱 互动焦点：激励 倾向：建立关系 情绪特征：乐观	有本事不如认对人(It's not what you know, It's who you know)。 人比事重要(People are more important than things)。 来吧，一起跳舞(Let's boogie)	高 I 在压力下会说更多话；也会通过身体发泄，但比高 D 较情绪化
S 安定型	核心词：善解人意、愿意合作 目标：稳定/安全感 动力：合作 恐惧：改变/不确定 压力下：非感情表露、漠不关心 互动焦点：组织 倾向：支持/接纳他人 情绪特征：非情绪化	不要破坏现状(Don't rock the boat)。 二鸟在林，不如一鸟在手(A bird in the hands is worth two in the bush)。 坚如磐石，勇扛重担(Like a rock)。 随叫随到(I'll be there)	高 S 在压力下会选择隐藏压力，逃避；讨厌摩擦

---

① 汤姆·里奇，艾伦·阿克塞尔罗德. 发现你的行为模式[M]. 许江林，译. 北京：电子工业出版社，2018.

续表

形 态	特 质	行为方式	解压方式
C 分析型	核心词：担忧、纠正 目标：完美/次序/准确性 动力：素质/正确 恐惧：被批评 压力下：苛求自己和他人 互动焦点：计划 倾向：小心翼翼/评估他人 情绪特征：害怕	一针及时省九针(A stitch in time saves nine)。 有序组织、合理安排(Get your ducks in a row)。 细节决定一切(It's all in the details)。 第一次就把事情做对(Do it right the first time)	高 C 在压力下喜欢用睡觉来缓解压力；喜欢不理睬压力；在有压力时喜欢独处

二、如何与 DISC 相处

得到 DISC 结果之后，你会想，周围的人是什么样子的？他们的 DISC 结果如何？我该如何与他们相处呢？可是又不可能让所有的人都做一遍 DISC 测试。如表 2-5 所示，根据对方的表现风格和与你相处的方式，你可以初步判断出对方的 DISC 特质，从而找到合适的与个人和组织相处的模式。

表 2-5　如何与 DISC 个人和组织相处①

形 态	典型风格	与个人相处	与组织相处
D 支配型	说话直白、生硬；总是下命令；缺乏同情心；对社交活动毫无兴趣	沟通时言简意赅、一针见血；不要尝试着和他聊天，也不要尝试其他套近乎的方式；只谈工作，不要跑题；尽可能地尊重这个人的自治权；问清楚他的规则和期望；在可能的情况下，尽可能让这个人来做工作的发起人；把你自己的能力展示出来；表现出你的独立性	决策过程很快；任何创新都会得到表扬；在很多情况下，组织都想力争第一；人们说话很直接，甚至到了生硬的地步；打破规则并不会引起麻烦；有很多领导和准领导；很多事情都能做成；充满竞争性；人们喜欢使用强有力的体育用语(比如，我们打一场比赛，我们必须跑赢……)；敢于冒险的人会得到提拔；人们喜欢先行动，再质疑，甚至不质疑；装扮和社会地位吻合
I 影响型	特别渴望成为众人关注的焦点；过分乐观；过度吹嘘自己、自己的观点和自己的工作，特别是出现关系压力时；遭到拒绝时，很难承受(不管是真的拒绝，还是他的主观猜测)	随意一些；和他聊聊天；认真听他说话；把他的指导和建议记录下来；在公开场合认可他的贡献；多使用幽默风格	同事之间很友好，人们积极乐观；有很多社交活动，人们没事时喜欢扎堆聊天；工作场所充满乐趣；喜欢开会，而且总是不能按时结束会议；没有过多的流程和规则；可以忽略掉一些细节；有表彰和奖励机制；表达和演讲技能在这里很重要，如果你这方面做得好，人们会崇拜你；经常举办有趣的办公室聚会

① 汤姆·里奇，艾伦·阿克塞尔罗德. 发现你的行为模式[M]. 许江林，译. 北京：电子工业出版社，2018.

续表

形 态	典型风格	与个人相处	与组织相处
S 安定型	对同事很友好，包括老板；拒绝变化；不能有效管理任务的优先级，总是忙成"一锅粥"；难以应付任务的最后交付期限	做事时注意逻辑性和系统性；给他提供一个安全的环境；尽量避免不必要的变更；当不得不变更的时候，想办法消除变更带来的压力，不要催促，不要着急；和他分享信息，让他知道事情的进展；诚挚地表达你的谢意；表扬他，强调他对团队做出的贡献	领导少，干活的人多；公开的冲突少；人们之间总是真诚地打招呼："最近怎么样？"很平静地进行会谈；对进度管得不严，甚至有些缓慢；忠诚是一种很重要的品质；人们喜欢团队工作；员工彼此之间很随和；人们互相协作完成任务；人们愿意倾听他人的意见；当发生变革时，人们无所适从；人们总是把团队利益放在首位
C 分析型	缺乏清晰的目标会让他感到不安；他拒绝接受泛泛而谈的空洞信息；他有一种强烈的冲动，总是想一遍又一遍地检查工作；他很独立，基本不和别人套近乎	把要求说清楚，而且尽可能细化；尽早确定项目交付期限；避免突发事件；让对方感觉你是可以依靠的；表现出你的忠诚；发表评论的时候一定要注意方式、方法，不需要流露你的感情；处理当前任务时，以历史案例为依据；重视精确度，做事要专注；表达出你对"高标准，严要求"的认可	组织设置的标准很高；关注细节可以得到奖励；崇尚分析型的思考方式；对准确性有严格的要求；对绩效要求有清晰的定义；每件东西都有固定的位置，每个位置都摆放固定的东西；交谈时谨慎地遣词造句；各项任务安排得有条不紊；有计划，有应急计划，确保万无一失；人们喜欢谈论"风险管理""书面跟踪""质量控制"；一切井然有序；有正式的或约定俗成的着装规则

三、DISC 代码解读要点

(1) DISC 性格分析方法由美国心理学家马斯顿博士创立，他也是"测谎机"的发明者。DISC 是最权威、最悠久、最专业的性格分析方法之一，被广泛应用于招聘、经理人发展、团队建设、职业生涯规划中。

(2) DISC 的核心是：性格不同，行为方式不同，与之匹配的职位不同。该测评的目的是：从一个人许许多多的行为中，找出他的典型行为方式，以及与典型行为方式匹配的职业类型。性格(人格特质)是对典型行为方式的分类符号。通过性格分析不仅可以帮助我们了解和塑造自己，改善职业，而且可以帮助我们了解别人，根据双方的性格特点，掌握与不同类型的人打交道的技巧，改善人际关系。

(3) 每个人都是 D、I、S、C 四种人格特质的综合，其中 1～2 种特质比较突出，对性格的形成起到主导作用。没有单一特质的人，少数人的四种特质均衡，即变色龙。

(4) 当某个 D、I、S、C 特质分数高于 15 分的时候，相应地这种特质特征比较明显；高于 20 分，特质特征会非常明显；高于 25 分，这种特质特征就很显著；低于 5 分，这种特质特征不是很明显；低于 10 分，属于稍有不明显；在 10～15 分，则证明四种特质分数比较平均，属于性格圆滑，八面玲珑型。

(5) 多维度 DISC 风格。将 D、I、S、C 四个字母两两组合，即可得出如表 2-6 所示的多维度 DISC 风格。

表 2-6 多维度 DISC 风格[①]

形 态	组合风格		
D 支配型	DI：积极活跃，善于引领	DS：自我激励，乐于助人	DC：依靠自己，善于分析
I 影响型	ID：善于表达，喜欢参与	IS：激励他人，愿意合作	IC：机智圆滑，遵纪守法
S 安全型	SI：愿意支持，处事灵活	SC：令人尊重，喜欢精确	SD：自我激励，乐于助人
C 分析型	CI：认真仔细，积极乐观	CD：依靠自己，善于分析	CS：令人尊重，喜欢精确

四、DISC 四象限图解要点

如图 2-2 所示，上半部分：影响型(I)、支配型(D)分布在第一、二象限，是指这两个特质相比其他特质来说外在表现更加外向；下半部分：分析型(C)、安定型(S)分布在第三、四象限，是指这两个特质相比其他特质来说外在表现更加内向；左半部分：支配型(D)、分析型(C)更加倾向于关注事物本身的发展，注重效率；右半部分：影响型(I)、安定型(S)更加倾向于关注人的发展，注重人际关系。

图 2-2 DISC 四象限图

五、案例分析

案例 1：学习部部长吴娅在做完 DISC 测试之后，结合霍兰德代码，具体分析如下。

[①] 汤姆·里奇，艾伦·阿克塞尔罗德. 发现你的行为模式[M]. 许江林，译. 北京：电子工业出版社，2018.

(1) 得分：

D 支配型	I 影响型	S 安定型	C 分析型
12	9	4	15

(2) 分析：

C 分析型(15)

我喜欢去分析问题，喜欢看书，喜欢哲学、文学、社会学等偏理论化的东西，做事喜欢有依据，即用资料或数据来说服我，有时候做事有些完美主义，宁肯从头再来也不愿意凑合，因为想的事情过多，有时候会比较犹豫，想要两全其美。有时候会在一些方面特别较真，会让人觉得不舒服，比如经常会下意识地纠正身边人读错的字。做事情喜欢讲求逻辑性，有时候日常说话时逻辑顺序颠倒了会下意识地重复一遍改正回来。集体活动中，不喜欢当分配任务的人，乐意听别人分配，但如果我认为某件事情是正确的，我就会坚持己见难以动摇，除非对方能说服我。

有时候喜欢用习惯的方式解决事情，比如买东西时会直接选择用过的，较少会尝试新的。

这个类型中我的部分个性和霍兰德测试中的 I 型相似。

D 支配型(12)

有时候属于精力比较充沛的类型，出门办事的话我可以一整天都在外面跑。

想做的事有很多，做不完，比如我想学的语言除了英语还有法语、日语，喜欢手工、画画、缝纫、烹饪等，小时候想从事的职业一天一变，想去的地方很多，对很多地方充满好奇。

做事比较高效，同样的任务我的完成速度较快。

有野心，想成为特别优秀的人，对于未来的目标在此之前三年内已经有较为清晰的规划。

敢于突破自我，喜欢尝试没做过的事情。不喜欢别人没有尝试就说不行，也不喜欢别人对我的行事不做了解就说我不行。

我讨厌处理琐碎的事务，固定的重复工作会使我感到烦躁，有时候会下意识地喜欢对别人发号施令。我暴躁的时候特别暴躁，但脾气来得快去得也快，因此总被人评价为很情绪化。

我讲话有时过于直接被评价为不好惹或犀利，所以有时候好朋友陷入迷茫或情绪纠结困苦的时候会专门来找我聊天。

我表达能力较强，反应较快，有时候辩论中虽然作为一辩，但是会跟对方二辩、三辩持续交锋。

我不会安慰人，初中总被舍友嘲笑过于直男，只会问："你没事吧？"

工作状态时会对别人犹豫不决的态度感到暴躁和厌烦。

这部分中我的部分个性与霍兰德测试中的 E 型相似。

CD 组合

都是偏向于关注事而不太关注人，我觉得在我身上的体现就是很多事情是对事不对人，并且我想成为优秀的人的意愿集中在我对知识以及技能的渴求上，而不是集中在别人给予的赞扬上，同一件事我觉得没做好就是没做好，不会因为别人的认可而改变自己的想法。同时，如果有事做我一定会偏向于去做事，闲暇时间我的第一反应是"找点事做"，而不是"找人去玩"。

同时，D、C 在内向与外向上是相反的，在这方面我的体现是，宅的时候可以一直宅，比如新冠肺炎疫情期间我并未感到多少不适，而出门跟朋友相聚的时候也可以让家里人烦到抱怨"天天不着家"。

案例2：学习部干事宋鑫(女，英语二年级)也做了一下 DISC 测试，结果分析如下。

(1) 得分：

D 支配型	I 影响型	S 安定型	C 分析型
3	12	15	10

(2) 分析：

"S"分数最高，说明我偏向于"稳定型"。我的目标是稳定、能给我安全感的工作。教师确实也很符合这两点，它是相对稳定的工作。对于朋友，我希望也是稳定的，不要一直变来变去。

不论是谁，我感觉都可以好好相处。

就"I"来说，我也很善于找到他人的优点，夸奖别人确实从来不吝啬。朋友和同学都认为我脾气非常好，感觉我不会生气。我喜欢与人合作完成任务，如果工作出现突发状况，我可能会有些不知所措，会询问他人的观点，不能果断做出判断。在团队工作和学习压力下，对于与我不熟的人，我不会表露自己的感情。但是在朋友、家人面前，我就会絮絮叨叨说一堆。有时候可能就是无意义的抱怨。情绪方面，就算是遇到了三番五次偷我东西的人，前两次我都不去找他，并且安慰自己往好的方向想。但是心里是有芥蒂的。后来又出现一次这种状况，感觉不能再忍了，但是不知道怎么说，也没有和他争吵，我试图和他好好说，虽然对方并不理会。然后我不想和他再说一句话，直接就哭了，相当于爆发。我可能到毕业都会一直防备这个人。

以上是"S"与"I"的分析，接下来分析"C"。

这里以团队中老师布置的任务为例，比如写一篇文稿或者是公众号排版，力求做到我能力范围内最好的状态。完成后会进行反复检查，注重小细节。在遇到合作的任务且压力大的时候，我会苛求自己和他人，如果他人做得不到位，我会让他重做，或者自己做。在自己擅长做的领域，常常会发现其他人做得不足之处。比较害怕被批评，所以力求做好。如果犯错就吸取教训。吃一堑，长一智，默默做事情，也不愿意多说。所以身边很多人说我容易吃亏。

虽然"D"分数最少，我也是一个比较胆小的人，但是经历了一些磨炼和一路上老师们给我的机会，现在对于我自己可以尝试的事情会大胆去参与，并且取得一个不错的成绩。大学期间参加主持人比赛，获得了整个学院第一名，自己组织带领的朗诵团队参加朗诵比赛，获得校级二等奖。每一次的成功都会使我比以前更加有自信。但也不会盲目迷失自己。

六、课堂活动

以 D、I、S、C 为原型表演职场情景剧，根据学生在这四种性格特质的得分情况，选择每种性格特质分数较高的四人作为此次情景剧的主人公，四种性格特质的主人公在相同的职场情境中相处，各自本色演出，让学生更加清晰地认识和了解 DISC 不同的性格和行为特质。

想一想，做一做

结合自己生活中的行为特点，解释自己的 DISC 特质，并和霍兰德代码相对应，看看能得出什么结论？

第三节 迈尔斯-布里格斯个性分析指标

【课程目标】

1. 了解自己的迈尔斯-布里格斯个性分析指标(Myers-Briggs Type Indicator，MBTI)结果。
2. 能够结合自身特质，解释 MBTI 测试结果。
3. 会撰写迈尔斯-布里格斯个性自我分析报告。

一、迈尔斯-布里格斯个性分析指标问卷[①]

注意事项：

1. 请在心态平和及时间充足的情况下再开始答题。
2. 每道题目均有两个答案：A 和 B。请仔细阅读题目，按照与你性格相符的程度分别给 A 和 B 赋予一个分数，并使一组中的两个分数之和为 5。最后，请在问卷后的答题纸上相应的方格内填上相应的分数。
3. 请注意，题目的答案无对错之分，你不需要考虑哪个答案"应该"更好，而且不要在任何问题上思考太久，而是应该凭你心里的第一反应做出选择。
4. 如果你觉得在不同的情境里，两个答案或许都能反映你的倾向，请选择一个对于你的行为方式来说最自然、最顺畅和最从容的答案。

例子："你参与社交聚会时"

A. 总是能认识新朋友。(4 分)

B. 只跟几个亲密挚友待在一起。(1 分)

很明显，你参与社交聚会时有时能认识新朋友，有时又会只跟几个亲密挚友待在一起。在以上的例子中，我们给"总是能认识新朋友"打了 4 分，而给"只跟几个亲密挚友待在一起"打了 1 分。当然，在你看来，也可能是 3+2 或者 5+0，也可以是其他的组合。

[①] 大卫·凯尔西. 请理解我[M]. 王甜甜, 译. 北京：中国城市出版社，2011.

请在以下范围内一一对应地选择你对以下项目的赋值。

最小——————————————————————————最大
0   1   2   3   4   5

1. 当你遇到新朋友时，你
   A. 说话的时间与聆听的时间相当。（ ）
   B. 聆听的时间会比说话的时间多。（ ）
2. 下列哪一种是你的一般生活取向？
   A. 只管做吧。（ ）
   B. 找出多种不同选择。（ ）
3. 你喜欢自己的哪种性格？
   A. 冷静而理性。（ ）
   B. 热情而体谅。（ ）
4. 你擅长
   A. 在有需要时时间协调进行多项工作。（ ）
   B. 专注在某一项工作上，直至把它完成为止。（ ）
5. 你参与社交聚会时
   A. 总是能认识新朋友。（ ）
   B. 只跟几个亲密挚友待在一起。（ ）
6. 当你尝试了解某些事情时，一般会
   A. 先了解细节。（ ）
   B. 先了解整体情况，细节容后再谈。（ ）
7. 你对下列哪方面较感兴趣？
   A. 知道别人的想法。（ ）
   B. 知道别人的感受。（ ）
8. 你比较喜欢下列哪个工作？
   A. 能让你迅速和即时做出反应。（ ）
   B. 能让你定出目标，然后逐步达成目标的工作。（ ）
9. 下列哪一种说法较适合你？
   A. 当我与友人尽兴后，我会感到精力充沛，并会继续追求这种欢娱。（ ）
   B. 当我与友人尽兴后，我会感到疲惫，觉得需要一些空间。（ ）
10. A. 我较有兴趣知道别人的经历，例如他们做过什么、认识什么人。（ ）
    B. 我较有兴趣知道别人的计划和梦想，例如他们会往哪里去、憧憬什么。（ ）
11. A. 我擅长制订一些可行的计划。（ ）
    B. 我擅长促成别人同意一些计划，并通力合作。（ ）
12. A. 我会突然尝试做某些事，看看会有什么事情发生。（ ）
    B. 我尝试做任何事情前，都想事先知道可能有什么事情发生。（ ）
13. A. 我经常边说话边思考。（ ）
    B. 我在说话前，通常会思考要说的话。（ ）

14. A. 四周的实际环境对我很重要，而且会影响我的感受。（ ）
    B. 如果我喜欢所做的事情，气氛对我而言并不是那么重要。（ ）
15. A. 我喜欢分析，心思缜密。（ ）
    B. 我对人感兴趣，关心他们所发生的事。（ ）
16. A. 即使已出计划，我也喜欢探讨其他新的方案。（ ）
    B. 一旦制订计划，我便希望能依计行事。（ ）
17. A. 认识我的人，一般都知道什么对我来说是重要的。（ ）
    B. 除了我感觉亲近的人，我不会对人说出什么对我来说是重要的。（ ）
18. A. 如果我喜欢某种活动，我会经常进行这种活动。（ ）
    B. 我一旦熟悉某种活动后，便希望转而尝试其他新的活动。（ ）
19. A. 当我作决定的时候，我更多地考虑正、反两面的观点，并且会推理与质证。（ ）
    B. 当我作决定的时候，我会更多地了解其他人的想法，并希望能够达成共识。（ ）
20. A. 当我专注做某件事情时，需要不时停下来休息。（ ）
    B. 当我专注做某件事情时，不希望受到任何干扰。（ ）
21. A. 我独处太久，便会感到不安。（ ）
    B. 若没有足够的独处时间，我便会感到烦躁不安。（ ）
22. A. 我对一些没有实际用途的意念不感兴趣。（ ）
    B. 我喜欢意念本身，并享受想象意念的过程。（ ）
23. A. 当进行谈判时，我依靠自己的知识和技巧。（ ）
    B. 当进行谈判时，我会拉拢其他人至同一阵线。（ ）

当你放假时，你多数会选择做什么？

24. A. 随遇而安，做当时想做的事。（ ）
    B. 为想做的事情制订时间表。（ ）
25. A. 多花些时间与别人共度。（ ）
    B. 多花些时间自己阅读、散步或者做白日梦。（ ）
26. A. 返回你喜欢的地方度假。（ ）
    B. 选择前往一些你从未到达的地方。（ ）
27. A. 带着一些与工作或学校有关的事情。（ ）
    B. 处理一些对你重要的人际关系。（ ）
28. A. 忘记平时发生的事情，专心享乐。（ ）
    B. 想着假期过后要准备的事情。（ ）
29. A. 参观著名景点。（ ）
    B. 花时间逛博物馆和一些较为幽静的地方。（ ）
30. A. 在喜欢的餐厅用餐。（ ）
    B. 尝试新的菜式。（ ）

下列哪个说法最能贴切形容你对自己的看法？

31. A. 别人认为我会公正处事，并且尊重他人。（ ）
    B. 别人相信在他们有需要时，我会在他们身边。（ ）

32. A. 随机应变。（ ）
    B. 按照计划行事。（ ）
33. A. 坦率。（ ）
    B. 深沉。（ ）
34. A. 留意事实。（ ）
    B. 注重事实。（ ）
35. A. 知识广博。（ ）
    B. 善解人意。（ ）
36. A. 容易适应转变。（ ）
    B. 处事井井有条。（ ）
37. A. 爽朗。（ ）
    B. 沉稳。（ ）
38. A. 实事求是。（ ）
    B. 富有想象力。（ ）
39. A. 喜欢询问实情。（ ）
    B. 喜欢探索感受。（ ）
40. A. 不断接受新意见。（ ）
    B. 着眼达成目标。（ ）
41. A. 率直。（ ）
    B. 内敛。（ ）
42. A. 实事求是。（ ）
    B. 具有远大目标。（ ）
43. A. 公正。（ ）
    B. 宽容。（ ）

你会倾向哪一种？

44. A. 暂时放下不愉快的事情，直至有心情时才处理。（ ）
    B. 及时处理不愉快的事情，务求把它们抛诸脑后。（ ）
45. A. 自己的工作被欣赏，即使你自己并不满意。（ ）
    B. 创造一些有长远价值的东西，但不一定需要别人知道是你做的。（ ）
46. A. 在自己有兴趣的范畴，积累丰富的经验。（ ）
    B. 有各式各样不同的经验。（ ）

哪一句较能表达你的看法？

47. A. 感情用事的人较容易犯错。（ ）
    B. 逻辑思维会令人自以为是，因而容易犯错。（ ）
48. A. 犹豫不决必失败。（ ）
    B. 三思而后行。（ ）

MBTI 性格类型测试问卷答题纸：
请回过头去看一看您给每个问题所分配的分数。现在将这些分数像表 2-7 那样加在一起。

表 2-7 MBTI 个性分析指标问卷分数统计

题号	选项得分 A	选项得分 B	题号	选项得分 A	选项得分 B	题号	选项得分 A	选项得分 B	题号	选项得分 A	选项得分 B
1			2			3			4		
5			6			7			8		
9			10			11			12		
13			14			15			16		
17			18			19			20		
21			22			23			24		
25			26			27			28		
29			30			31			32		
33			34			35			36		
37			38			39			40		
41			42			43			44		
45			46			47			48		
SUM											
	E	I		S	N		T	F		J	P

现在，将每项总得分转移到下列各个空白处。也就是说，你们在维度 E 名下的总得分记在 E 后面的空白处，在维度 I 名下的总得分记在 I 后面的空白处，以此类推。

总得分　　　　　　　　　　　　　　总得分
E: _____　　　　　　　　　I: _____
S: _____　　　　　　　　　N: _____
T: _____　　　　　　　　　F: _____
J: _____　　　　　　　　　P: _____

以上八个偏好两两成对，也就是说，E 和 I，S 和 N，T 和 F，J 和 P 各自是一对组合。在每一对组合中，比较该组合中的偏好的得分孰高孰低，高的那个就是您的优势类型。如果同分的话，选择后面的那一组，即 I、N、F、P。对四对组合都做一比较后，您会得到一个由四个字母组成的优势类型，如 ENFP、ISTJ 等，把它写到下面的横线上。

问卷所揭示的优势类型是：_____

如表 2-8 所示，是 MBTI 个性分析测试问卷结果中对四个维度八种偏好的详细描述，认真地自我评估一下，究竟对哪种偏好的描述更接近自己，然后把结果写在下面。

在 E 和 I 这个维度上，我认为更接近我本性的是：_____
在 S 和 N 这个维度上，我认为更接近我本性的是：_____
在 T 和 F 这个维度上，我认为更接近我本性的是：_____
在 J 和 P 这个维度上，我认为更接近我本性的是：_____
自我评价所揭示的优势类型是：_____
两者综合，我确定我的优势类型是：_____

表 2-8　八种性格特质解释[1]

代码	解释	代码	解释
E=Extraverted(外向的)	Expressive(好表现的，有表现力的，友好且乐于交际的为人态度)	I=Introverted(内向的)	Reserved(矜持的含蓄的，喜静，好独居的态度)
S=Sensory(感觉的)	Observant(对于周遭直观的环境具备极其敏锐的观察力)	N=Intuitive(直觉的)	Introspective(好自我反省，对于那些只能用心灵去感受和理解的事物具有丰富的想象力)
T=Thinking(思想)	Tough-minded(意志坚定的，在对待他人时，能够表现得客观且不掺杂任何私人感情)	F=Feeling(情感)	Friendly(友好的，在与他人相处时显得"友好"或"仁慈"且富人情味)
J=Judging(判断)	Scheduling(有规划的，制订和维持"规划")	P=Perceiving(感知)	Probing(探索性的，不断寻求其他替代者、机遇以及选择)或 explore(考察、钻研的)

二、MBTI 解读要点[2]

（1）迈尔斯将这八个字母及其所代表的特征当成独立人格的组成部分或要素，每个人都具有四个代码组合而成的性格特质，其含义是四个独立代码解释的合成。而且每四个代码组成的性格特质都有与其相对立的性格特质。例如，ESTJ 型的人很渴望向他人表达自己的观点(E)；同时，他们也会用自己那敏锐的观察力审视周围的环境(S)；此外，这一类人大都意志坚定(T)，并且会在规划好的各项活动中表现得明智而审慎(J)。与 ESTJ 型人格相对立的是 INFP 型人格，此类人大都显得安静而内敛(I)，常常会自省(N)；不过，他们却也很友善(F)，并且喜欢独自探索各种可能的机会(P)。再如对 ISFP 型人和与之相对立的 ENTJ 型人来说，前者不太愿意向他人展示自己，与人交流(I)，但是这并不能说明他们就不具备敏锐的观察力(S)和一颗友善的心(F)；同时，这种人通常都是机会主义者(P)。后者喜好交际(E)，却常常也会不由自主地自省(N)，他们意志坚定(T)，并且会在制订计划时显现出卓越的判断力和决策力(J)。

所以，在解读过程中，要将四种特质综合考虑。

（2）通过这些字母，可以简单明了地描绘出人与人之间显而易见的差异。

（3）四种个性类型对应 16 种性格类型。

如表 2-9 所示，四种个性类型可以组合成 16 种性格类型，表现出不同的能力特质，对应不同的职业岗位群体。

---

[1] 大卫·凯尔西. 请理解我[M]. 王甜甜, 译. 北京：中国城市出版社，2011.
[2] 大卫·凯尔西. 请理解我[M]. 王甜甜, 译. 北京：中国城市出版社，2011.

表 2-9 四种个性类型对应 16 种性格类型表

四种个性类型	特 征	16 种性格类型
SP——技艺者	很清楚自己现在所做的一切都是为了能够更加顺利地、有效地获得自己想要的一切，懂得享受生活。适应能力很强，极具艺术气质，运动神经发达；十分了解现实状况且从不与现实抗争；思想开明，具备敏锐的观察力，从而能够探知所有可以利用的折中或妥协方式；对身边发生的一切了如指掌，能够及时地发现每时每刻的需求；生性崇尚实际，会储存有用的事实信息，却很少会顾及理论知识；随和，忍耐力强，公正无偏见，容易使人信服，而且具备运用机械和工具的天赋，在行动上倾向于经济实惠的行为方式；对颜色、线条和结构十分敏感，且凡事都渴望获得亲身体验	ESTP 倡导者 ISTP 手艺者 ESFP 表演者 ISFP 创作者
SJ——护卫者	观察是为了给自己和他人的行为制订相应的行动计划，从而使得其行为在满足需求的同时能够被限定于一定的范围之内。性格鲜明，秉持做任何事情的方式方法都应该适当且能够为人接受。保守而可靠，同时循规蹈矩，一如既往；感知力强且决断十分明智，注重实际但决不冲动；耐心，值得信赖；工作勤奋，任劳任怨，同时也很注重细节；凡事严谨，会坚持不懈地努力直至实现目标	ESTJ 监管者 ISTJ 检查者 ESFJ 供给者 ISFJ 保护者
NF——理想主义者	喜欢自省，会用空想来回答"如何才能让人们的生活变得完整而有意义"。常常因为身边的冲突而倍感痛苦，希望身边所有的人——家人、朋友和同事都能对自己产生好感，和自己愉快地相处。性格棱角分明；仁慈而富有同情心，充满热情且虔诚；极富创造力，同时拥有敏锐的直觉；富有洞察力而主观性强	ENFJ 教育者 INFJ 辅导者 ENFP 奋斗者 INFP 医务者
NT——理性者	务必弄清楚究竟何种技术才更加有利于问题的解决，要求自己能够将坚持不懈的毅力以及一如既往的理性思想贯穿于行动的始末。特点鲜明且容易辨认，坚信自己所做的和所说的一切都是有意义的。善于分析，做事有条理；观点及行为方式较为抽象且理论化；思想理性而复杂，同时也有较强的能力和创造力。高效率，对所有事物的要求十分严格；具备很强的逻辑能力和专业技术；对凡事都好奇，十分适合做科学研究	ENTJ 指挥者 INTJ 策划者 ENTP 发明者 INTP 建造者

三、案例分析

学习部部长吴娅在做完霍兰德测试、DISC 测试之后，越发对自己的性格特质感兴趣，于是又做了 MBTI 性格测试，结果是：ENTP。她对自己的解读如下。

E：大部分时间我都比较外向，喜欢表达，一群人在一起的时候会更乐意参与大家的谈话。认为自己是一个容易让人了解的人，并不是因为自己很好了解，只是因为自己喜欢跟人沟通，并且思考分析，所以我会使自己更容易让人了解，导致很多人认为我是一个非常坦率开放的人。我比较容易感到孤独，会喜欢跟很多人在一起。有时候跟很多人在一起，会让我感觉活力倍增，但有时候让我跟很多人在一起，还是会觉得心力交瘁。但我并不惧怕跟很多人在一起，只是有时候自己想做事，或者想思考的时候人多确实是比较烦躁，但我确实是可以享受那种社交聚会。比较容易跟别人混熟，能很快适应陌生环境，想要跟一个人进行沟通，或者聊得比较友好的表面交流，对我来说都是很容易的事情。

感觉 N 和 T 在一定程度上是一致的，我希望自己会被认为是一个充满智慧的人，喜欢跟那种想法非常多的人一块交往做朋友，喜欢抽象一点的事物，喜欢哲学、社会学、心理学这些学科，会认为逻辑的重要性超过感性。我更加会被思维敏捷，并且非常聪颖的人吸引到，我很喜欢自我构建想法去做一些事情，喜欢分析，平时跟别人聊天的时候也会下意识地去分析是什么缘故导致对方会有这样的想法。我喜欢了解各种各样新奇的东西，同时也会分析这种奇特的成因，但很讨厌不合逻辑的事物，不合逻辑的事物往往使我情绪不佳。

P 和 J 数量同等，是因为我认为按照程序做事必要但不太愿意完全循规蹈矩，在社交方面我喜欢随性而为，想到就做，大多数时间是一个随性而至的人，喜欢将周末的事列成清单，大型工作喜欢按工作细分，所以我会思考制订计划，但不一定会按计划实施。

四、课堂活动

在班级中寻找一位跟自己测试结果相对立的同学，各自结合自己的学习、生活阐述自身的特质，以更加清晰地解读自身的个性特征。

想一想，做一做

分析自己的迈尔斯-布里格斯个性分析指标问卷结果，对比其他的测试结果，分析有哪些异同点。

第四节　职业价值观

【课程目标】
1. 理解施恩的职业锚理论、舒伯的职业价值观理论、马斯洛需求层次论。
2. 能够根据自己的需求选用适合自己的价值观理论体系。
3. 能够找出不同价值观体系中自己价值观的共同点。

一、施恩职业锚量表[①]

施恩职业锚量表(Career Anchor Questionaire)是国外职业测评运用最广泛、最有效的工具之一。职业锚量表是一种职业生涯规划咨询、自我了解的工具，能够协助组织或个人进行更理想的职业生涯发展规划。

所谓职业锚，又称职业系留点。锚，是使船只停泊定位用的铁制器具。职业锚，是指当一个人不得不做出选择的时候，无论如何他都不会放弃职业中的那种至关重要的东西或价值观。实际就是人们选择和发展自己的职业时所围绕的中心。

职业锚也是自我意向的一个习得部分。个人进入早期工作情境后，由习得的实际工作

---

① 埃德加·施恩. 职业锚：发现你的真正价值[M]. 北森测评网，译. 北京：中国财政经济出版社，2004.

经验所决定，与在经验中自省的动机、价值观、才干相符合，达到自我满足和补偿的一种稳定的职业定位。职业锚强调个人能力、动机和价值观三方面的相互作用与整合。职业锚是个人同工作环境互动作用的产物，在实际工作中是不断调整的。

施恩职业锚量表

这一量表旨在引发您澄清自己的需求和价值观。为慎重起见，我们不能仅凭问卷分析就轻率地断定您的职业锚究竟是什么，但问卷仍能促进您对该问题的思考，为咨询人员提供参考。

第一部分　答卷说明

1. 请您按个人的情况快速如实作答。
2. 施恩职业锚量表共有 40 条陈述，每一条陈述均有 6 个评分选项，依照层次高低排列。请按照您的实际情况，选择适当的评分选项，见表 2-10。

表 2-10　施恩职业锚量表

1	2	3	4	5	6
完全不符	很少符合	少数时候符合	多数时候符合	基本符合	完全符合

打分	自我陈述
	1. 我希望我能做好自己的工作，以便保持自己的专业地位
	2. 当我能统筹、驾控他人的工作时，我感到很满足
	3. 我很希望我的职业能允许我自定步调、按自己的方式来工作
	4. 比起自由度和自主性，工作是否稳定而有保障对我来说更重要
	5. 我一直在寻求新的想法，以开创自己的事业
	6. 只有当我的确造福于他人与社会时，我才会感到事业成功
	7. 我希望在工作中能不断解决新问题，尤其是挑战性的问题
	8. 我宁愿离开公司，也不愿牺牲个人与家人利益，而屈就不适合我的工作
	9. 只有我的专业地位和能力提高到相当的水平时，我才会有成就感
	10. 我希望能领导一个大型的组织，作出影响广泛的决策
	11. 只有我能自由地决定自己的工作内容、时间和进度时，我才感到最满足
	12. 我宁愿离开公司，也不愿意接受一份没有保障的工作
	13. 比起在别人的公司获取一个高层管理职位，我更倾向于经营自己的事业
	14. 只有运用自己的才干帮助他人时，我才感到最满足
	15. 只有不断克服难题或挑战，我才有成就感
	16. 我一直在寻找一种能协调个人兴趣、家庭生活的职业
	17. 我更倾向于做一个专家型的高级业务经理，而不是一位总经理
	18. 只有成为总经理或组织的最高领导人时，我才觉得自己成功了
	19. 对我来说，只有获得完全的自主和自由，我才算事业成功
	20. 我向往的是就业与收入长期稳定的就业机构
	21. 当我能够完全依靠自己独到的思想和辛劳创造一些新东西时，我感到最满足
	22. 更能吸引我的不是高层管理职位，而是我努力为他人造就的幸福
	23. 我最满足的时候往往是自己解决了极具挑战的难题或屡经周折后的成功

续表

打 分	自我陈述
	24. 我认为个人、家庭和事业三者之间达到了一种平衡才是一种真正的成功
	25. 我宁愿离开公司,也不愿意转到一份与我的专业不相干的岗位上去
	26. 比起任何一种专业性的高级业务经理,总经理的职位对我更具吸引力
	27. 哪怕冒着风险,我也宁愿以自己的方式、不受组织约束地工作
	28. 当我的经济收入和工作状况都很稳定而有保障时,我才感到成功
	29. 靠自己的思想和努力成功地创造出自己的产品时,我感到最满足
	30. 我一直在关注着如何最有效地帮助别人,造福社会
	31. 我一直在寻找能够解决难题、迎接挑战的机会
	32. 我宁愿放弃管理层职位,也不愿意因应付工作而牺牲个人业余生活时间
	33. 当我能在工作中发挥自己的业务专长时,我的满足感、成就感最大
	34. 哪怕失业在家,我也不愿接受一份跟管理不相干的职业
	35. 我宁愿没有工作,也不愿接受一份限制个人自主和自由的职业
	36. 我向往一份能带给我安全感、能维持长期稳定的工作
	37. 我渴望开创、发展自己的事业
	38. 我宁愿放弃工作,也不愿接受一份与助人无关的工作
	39. 对我来说,比起高层管理职位,解决高难度问题的吸引力会更大
	40. 我一直在试图消解工作与个人爱好、家庭生活之间的冲突

第二部分 评分指导

1. 浏览你的全部答案,记录所有打6分的题目。
2. 从打6分的题目中,挑选三项最切实的,每一项目都分别另加4分。
3. 按照表2-11,把每题的得分分别记录在题号对应的方格中,并记录每一职业锚的得分。

表2-11 施恩职业锚记分表

职业锚	技术/专业	管 理	自 主	安全/稳定	创 造	服务/助人	挑 战	生 活
题号	1	2	3	4	5	6	7	8
	9	10	11	12	13	14	15	16
	17	18	19	20	21	22	23	24
	25	26	27	28	29	30	31	32
	33	34	35	36	37	38	39	40
合计								

施恩的职业锚解释如下。

1. 自主/独立

这个锚主要是指为了要追求专业或技术上的能力而希望摆脱组织的限制,不受组织的约束。组织的生活一旦干涉个人的生活,就会使个人的生活受到限制,没有了秩序或是受到了打扰。需要能依据自身的情况,设定自己的速度、时间表、生活方式和工作习惯。很少会因为错失晋升的机会而心理不平衡,也很少会因为自己的工作情绪不高涨而有负罪感或者是挫败感。

这种定位的人追求自主和独立,不愿意接受别人的约束,也不愿受程序、工作时间、着装方式以及在任何组织中都不可避免的标准规范的制约。无论是什么样的工作,他们都希望能用自己的方式、工作习惯、时间进度和自己的标准来完成工作。

2. 安全/稳定

职业锚对准安稳的这类人,多按照雇主的要求行事,以此来维持稳定的工作,以及一份不错的稳定收入和一个福利好、有周全的退休安排的稳定将来。比其他人而言,这类人更容易接受组织上对其工作上的安排,并更容易相信组织对他们的安排是正确的。

安全与稳定是这种类型的人选择职业最基本、最重要的需求。他们需要"把握自己的发展",只有在职业的发展可以预测、可以达到或实现的时候他们才会真正感觉放松。

3. 生活方式

这类人希望也需要将个人因素和家庭因素纳入其择业的考虑范围内。他们寻求工作、休闲与社会生活之间的平衡。职业锚是生活方式的这类人同样也很看重自主性,在很多情况下也很重视独立性。

这种定位的人能够平衡并结合个人的需要、家庭的需要和职业的需要。他们希望将生活的各个主要方面整合为一个整体。正因为如此,他们需要一个能够提供足够的弹性让他们实现这一目标的职业环境,甚至可以牺牲他们职业的一些方面。他们将成功定义得比职业成功更广泛。他们认为自己如何生活、在哪里居住,以及如何处理家庭事务方面处理得当都是一种成功。

4. 技术/专业

这一区域中,主要关心的是工作中真正的技术性或功能性的部分。属于这一群体的人,他们的自我形象与他们在其专业领域的能力情况紧密相关,因此,他们对管理工作本身不感兴趣,虽然他们也会在自己的专业技术领域接受管理职责。但是,工作本身才是吸引他们的地方,对他们来说,职业发展仅仅指的是在工作领域内的进步提升。

5. 管理能力

这一锚是三种能力的综合。

分析能力:在信息不足、充满不确定性因素的情况下,识别、分析和解决问题的能力。

人际交往能力:在组织的所有管理层面,影响、监督和领导他人,以取得更好的组织绩效的能力。

情商(处理情感的能力):有将情感危机和人际危机向积极方向转化,而不是被其困扰挫败的能力,能自如地承受高强度的职责压力,自如地运用自己的权利。

这种定位的人对管理本身具有很大的兴趣,具有成为管理人员的强烈愿望,并将此看成职业进步的标准。他们有提升到全面管理职位上所需要的相关能力,并希望自己的职位不断得到提升,这样他们可以承担更大的责任,并能够做出影响成功或失败的决策。

6. 创业

这一锚的特点是有建造或是创造完全属于自己的产品的需要。职业锚指向这点的人无法在其他各种锚中找到与他们的动机和价值观完全匹配的锚,但又在不同程度上有与这些锚交叉的地方,例如,自主、管理能力、运用专才的自由以及为生活的稳定积累财富的需求。

这种定位的人，最重要的是建立或设计某种完全属于自己的东西；建立或投资新的公司；收购其他的公司，并按照自己的意愿进行改造。创造并不仅仅是发明家或艺术家所做的事，创业者也需要创造的激情和动力。他们有强烈的冲动向别人证明：通过自己的努力能够创建新的企业、产品或服务，并使之发展下去。在经济上获得成功后，赚钱便成为他们衡量成功的标准。

7. 服务/助人

这个群体里面的人不仅需要有不错的收入，还需要能在较大范围内做出有意义的事情。他们积极以服务他人为导向，对能提供问题解决方式的工作非常感兴趣，比如，生产安全、人口过剩、贫富差距、环境等问题。

这种定位的人希望职业能够体现个人价值，他们关注工作带来的价值，而不在意是否能发挥自己的才能和能力。他们的职业决策通常基于能否让世界变得更加美好。

8. 挑战

这类人把攻克不可能解决的障碍、解决难以解决的难题、超过竞争对手作为其事业成功的标准。

这种定位的人认为他们可以征服任何事情或任何人，并将成功定义为"克服不可能的障碍，解决不可能解决的或战胜非常强硬的对手"。随着自己的进步，他们喜欢寻找越来越强硬的挑战，希望在工作中面临越来越艰巨的任务。

第三部分　判定指导

根据你对量表的回答，按照重要程度，对每种职业锚打分：1 表示最不重要，5 表示最重要。按照自己选择的重要职业锚，思考一下为什么重要，该如何做才能够实现这个职业锚？(见表 2-12)

表 2-12　施恩职业锚重要等级打分

重要等级	你的职业锚
5(最重要)	
4	
3	
2	
1(最不重要)	

二、舒伯职业价值观量表

舒伯认为，职业价值观是个人追求的与工作有关的目标，即个人的内在需求及其在从事活动时所追求的工作特质或属性；它是个人价值观在职业问题上的反映，即个人对于工作有关的客观事物的意义、重要性的评价和看法，体现了一个人真正想从工作中得到什么，它决定了个体对工作的相对稳定的、内在的追求，对于个体的职业选择与发展起着方向引导及动力维持的作用。[①]

---

① 苏文平. 职业生涯规划与就业创业指导[M]. 北京：中国人民大学出版社，2020.

第一部分 舒伯职业价值观量表测评[①]

请仔细阅读表 2-13，并在每题前方填上 1~5 的数字，代表该选项对你的重要性。其中 5 代表非常重要；4 代表很重要；3 代表重要；2 代表不太重要；1 代表不重要，如表 2-13 所示。

表 2-13 舒伯职业价值观量表

分值	题号	题目	分值	题号	题目
	1	能参与救灾济贫的工作		31	能够减少别人的苦难
	2	能欣赏完美的艺术作品		32	能运用自己的鉴赏力
	3	能经常尝试新的构想		33	常需构思新的解决方法
	4	必须花精力去深入思考		34	必须不断地解决新的难题
	5	在职责范围内有充分自由		35	能自行决定工作方式
	6	可以经常看到自己的工作成果		36	能知道自己的工作绩效
	7	能在社会中扮演重要的角色		37	能让你出人头地
	8	能知道别人如何处理事务		38	可以发挥自己的领导能力
	9	收入能比相同条件的人高		39	可使你存下很多钱
	10	能有稳定的收入		40	有好的保险和福利制度
	11	能有清静的工作场所		41	工作场所有现代化的设备
	12	主管善解人意		42	主管能采取民主领导方式
	13	能经常和同事一起休闲		43	不必和同事有利益冲突
	14	能经常变换职务		44	可以经常变换工作场所
	15	能成为你想成为的人		45	工作常让你觉得如鱼得水
	16	能帮助贫困和不幸的人		46	常帮助他人解决困难
	17	能增添社会的文化气息		47	能创作优美的作品
	18	可以自由地提出新颖想法		48	常提出不同的处理方案
	19	必须不断学习才能胜任		49	需对事情深入分析研究
	20	工作不受他人干涉		50	可以自行调整工作进度
	21	常觉得自己的辛劳没有白费		51	工作结果受到他人肯定
	22	能使你更有社会地位		52	能自豪地介绍自己的工作
	23	能够分配调整他人工作		53	能为团体拟订工作计划
	24	能常常加薪		54	收入高于其他行业
	25	生病时能有妥善照顾		55	不会轻易被解雇或裁员
	26	工作地点光线通风好		56	工作场所整洁卫生
	27	有一个公正的主管		57	主管学识和品德让你敬佩
	28	能与同事建立深厚友谊		58	能够认识很多风趣的伙伴
	29	工作性质常会变化		59	工作内容随时间变化
	30	能实现自己的理想		60	能充分发挥自己的专长

[①] 顾雪英. 当代大学生职业生涯规划[M]. 北京：高等教育出版社，2011.

第二部分　舒伯职业价值观量表计分和解释

按照分数高低排序，选择前 3~6 个分数最高的价值观，就是自己的价值取向。然后和自己选择的重要职业锚相对应，看看哪些点相同，哪些点不同(见表 2-14 和表 2-15)。

表 2-14　舒伯职业价值观量表得分

得　分	对应题目	职业价值观	得　分	对应题目	职业价值观
	1、16、31、46	利他主义		9、24、39、54	经济报酬
	2、17、32、47	美的追求		10、25、40、55	安全稳定
	3、18、33、48	创造发明		11、26、41、56	工作环境
	4、19、34、49	智力激发		12、27、42、57	上司关系
	5、20、35、50	独立自主		13、28、43、58	同事关系
	6、21、36、51	成就满足		14、29、44、59	多样变化
	7、22、37、52	声望地位		15、30、45、60	生活方式
	8、23、38、53	管理权力			

表 2-15　舒伯职业价值观内涵[①]

职业价值观	职业价值观内涵
利他主义	工作目的和价值在于直接为大众的幸福和利益尽一份力
美的追求	工作目的和意义在于努力使这个世界更美好，且能得到美的享受
创造发明	工作目的和意义在于能让个人发明新事物，设计新产品或发展新观念
智力激发	工作目的和意义在于提供独立思考、学习与分析事理的机会
独立自主	工作目的和意义在于允许个人以自己的方式或步调来进行，不受太多限制
成就满足	工作目的和意义在于能看到自己努力工作的具体成果，不断完成自己想要做的事，并因此获得精神上的满足
声望地位	工作目的和意义在于能提高个人身份或名望，所从事的工作在人们的心目中有较高的社会地位，自己受到他人的推崇和尊重
管理权力	工作目的和意义在于能赋予个人权力来谋划工作、分配工作且管理属下
经济报酬	工作目的和意义在于能获得优厚的报酬收入，使个人有能力购置所想要的东西，生活较为富足
安全稳定	工作目的和意义在于能提供安定生活的保障，即使经济不景气也不受影响
工作环境	工作目的和意义在于追求比较舒适、轻松、自由、优越的工作条件和环境
上司关系	工作目的和意义在于能与主管平等融洽地相处，获得赏识
同事关系	工作目的和意义在于能与志同道合的伙伴一起愉快地工作
多样变化	工作目的和意义在于能尝试不同的工作内容，多姿多彩、富有变化
生活方式	工作目的和意义在于能选择自己的生活方式，并实现自己的理想

三、马斯洛需求层次论

如图 2-3 所示，黄天中将马斯洛需求层次论与就业、职业、事业、志业结合在一

[①] 苏文平. 职业生涯规划与就业创业指导[M]. 北京：中国人民大学出版社，2020.

起①②。

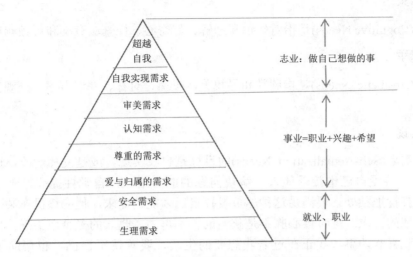

图 2-3 马斯洛需求层次图与职业生涯

1. 生理需求

生理需求(Physiological Needs)是指对食、衣、住、行、性等的需求,这类需求的层级最低,人们在较高层级的需求之前,总是尽力满足这类需求。一个人在饥饿时不会对其他任何事物感兴趣,他的主要动力是得到食物。即使在今天,还有许多人不能满足这些基本的生理上的需求。所以,生理需求是根基,根基牢了,上层的建筑才会稳固。

2. 安全需求

安全需求(Safety Needs)要求劳动安全、职业安全、生活稳定、希望免予灾难、希望未来有保障等。安全需求比生理需求高一级,当生理需求得到满足以后就要保障这种需求。每一个在现实中生活的人,都会产生安全感的欲望、自由的欲望、防御的实力的欲望。

3. 爱与归属的需求

爱与归属的需求(Love & Belongingness Needs)包括对友谊、爱情以及隶属关系的需求。当生理上的需求和安全需求得到满足后,爱与归属的需求就会凸显出来,进而产生激励作用。在马斯洛需求层次中,这一层级是与前两个层级截然不同的另一层级。这些需求如果得不到满足,就会影响人们的精神,导致高缺勤率、低生产率、对工作不满及情绪低落。

4. 尊重需求

尊重需求(Esteem Needs)可分为自尊、他尊和权力欲三类,包括自我尊重、自我评价以及尊重别人。尊重的需求很少能够得到完全的满足,但基本上的满足就可产生推动力。

---

① 黄天中. 生涯体验——生涯发展与规划[M]. 3版. 北京:高等教育出版社,2015:257.
② Maslow, A. H.. Motivation and personality[M]. New York: Harper & Row.,1970.

5. 认知需求

认知需求(Cognitive Needs)是指对知识和理解、好奇心、探索、意义和可预测性需求。

6. 审美需求

审美需求(Aesthetic Needs)是指欣赏和寻找美，平衡、对称、井然有序、外观美是人类对审美的需求。

7. 自我实现

自我实现需求(Self-Actualization Needs)的目标是自我实现，或是发挥潜能。达到自我实现境界的人，接受自己也接受他人。解决问题的能力增强，自觉性提高，善于独立处事，要求不受打扰地独处。要满足这种尽量发挥自己才能的需求，他应该已在某个时刻部分地满足了其他的需求。这时候心胸不是狭隘的，不再为了收入的多少而头疼。他所关心的是：我在做我喜欢的事，我正在过着我想要的生活，我善待了自己，也帮助了别人，我的存在是对自我的一种实现。

当然自我实现的人可能过分关注这种最高层级的需求的满足，以至于自觉或不自觉地放弃满足较低层级的需求。

8. 超越自我

到了超越自我(Transcendence)的阶段，如图 2-3 所示，人就达到了志业阶段，会乐在工作，会"牺牲享受，享受牺牲"。

四、职业价值观理论选择与解读

(1) 施恩职业锚理论、舒伯职业价值观理论与马斯洛需求层次论三种价值体系的归类不同，相互融合又相互区分。根据个人喜好去选择适合自己的价值观体系。

(2) 在自我分析解读过程中，可以结合施恩职业锚理论与马斯洛需求层次论一起解读，或者是结合舒伯职业价值观理论与马斯洛需求层次论一起解读，或者是三者结合，这样更有助于了解自己的价值体系。

(3) 价值观就像航海途中灯塔上的指路明灯，也是个人在作选择时的准则，一般不会发生变化，除非遇到重大变故或者重大事件。

(4) 价值观彼此之间会相互交叉，彼此交融。但是关键时刻考虑的核心要素，是你的主要价值观。

五、案例分析

吴娅在职业锚活动中得出自己的价值观，确定自己是服务奉献型和创新创业型性格，说明她是一个愿意成就别人同时也想自己创新的人。在马斯洛需求层次中，她觉得自己已经达到了自我实现的需求层次，所以她不在意其他的需求，只需要一心一意地在毕业后创业，然后通过自己所建立的企业去服务大众，以达到实现自我的价值取向。

六、课堂活动

(1) 职业锚拍卖会：通过拍卖 16 件物品，来确定自己的职业锚。16 件物品对应施恩的八大职业锚体系。

(2) 职业价值观拍卖会：通过拍卖 15 件或者 30 件物品，来确定自己的价值观是什么。15 件或是 30 件拍卖品对应舒伯的 15 个价值观。

(3) 马斯洛需求层次论：在需求层次图上结合自己现实中的生活写出自己每个层次都满足了哪些点，是如何满足的。从最低层次开始写到最高层次，在写的过程中澄清自己的需求达到了哪个层次。

想一想，做一做

结合自己的职业锚或职业价值观以及马斯洛需求层次论，分析一下如何做才能实现自己的职业锚，或者职业价值观和需求层次。

第五节 职业能力

【课程目标】

1. 了解自己的智能特点，会解读自己的多元智能量表。
2. 会分析职业能力测评表结果。
3. 能够选择一种技能的描述方式表述自己的专业知识技能、可迁移技能、自我管理技能。

一、加德纳多元智能量表

加德纳的多元智能理论为人们在不同行业、不同领域内的发展提供了理论支撑，通过表2-16可以认识到自己的智能结构。

表2-16 加德纳多元智能量表[①]

答题说明：

加德纳多元智能量表内每一叙述之后均有五个选项，依照层次高低排列。请按照你实际行为表现与题目相符的程度，勾选适当的选项：完全不符选择 1，小部分符合选择 2，部分符合选择 3，大致符合选择 4，完全符合选择 5。

例题：

	完全不符	小部分符合	部分符合	大致符合	完全符合
	1	2	3	4	5
1. 聪明，反应灵活。	□	□	□	□	☑
2. 喜欢阅读，看很多课外书。	□	☑	□	□	□

---

① 霍华德·加德纳. 智能的结构[M]. 沈致隆，译. 北京：中国人民大学出版社，2008.

续表

你的表现	1	2	3	4	5
1. 词汇丰富，表达能力超出一般。	□	□	□	□	□
2. 喜欢思考、讨论科技或数学方面的问题。	□	□	□	□	□
3. 喜欢用图表来解释说明。	□	□	□	□	□
4. 肢体动作协调，姿态优雅。	□	□	□	□	□
5. 很喜欢关心、欣赏、谈论音乐方面的信息。	□	□	□	□	□
6. 到户外活动，能够细心观察自然景物，喜好发问、思考。	□	□	□	□	□
7. 经常参加群体聚会活动。	□	□	□	□	□
8. 非常了解自己的优点和缺点。	□	□	□	□	□
9. 能准确记得自己读过的文章或听过的话。	□	□	□	□	□
10. 计算能力优异，数字感良好。	□	□	□	□	□
11. 空间目测能力良好。	□	□	□	□	□
12. 说话时，善于使用肢体和手势来表达意见及情感。	□	□	□	□	□
13. 很会唱歌、吹口哨、哼曲子或打拍子等。	□	□	□	□	□
14. 对自然界有浓厚的兴趣，很愿意关心、思考、从事有关自然界的事务。	□	□	□	□	□
15. 朋友很多。	□	□	□	□	□
16. 会自觉地朝自己的目标努力，不需要外部的奖惩或约束来督促。	□	□	□	□	□
17. 表达生动有趣，善于描述、讲故事等。	□	□	□	□	□
18. 对运用数字、符号、概念等很敏感，抽象思考能力强。	□	□	□	□	□
19. 绘图能力优异，作品充满画趣。	□	□	□	□	□
20. 能运用多种多样的动作来表现一个事物。	□	□	□	□	□
21. 能随手运用生活中的器材来表现音乐。	□	□	□	□	□
22. 关注与大自然有关的书籍或电视节目。	□	□	□	□	□
23. 善于体察别人的情感。	□	□	□	□	□
24. 能够反思和改进自己的做事方式。	□	□	□	□	□
25. 阅读面很广，阅读理解能力很强。	□	□	□	□	□
26. 能用符号、比喻、概念等表达或简化复杂的意思。	□	□	□	□	□
27. 善用图像记忆、思考或表达知识或意思。	□	□	□	□	□
28. 运动感觉很好，偏爱在活动中学习。	□	□	□	□	□
29. 能用音乐来美化生活。	□	□	□	□	□
30. 关心、参与垃圾分类与废物处理事务。	□	□	□	□	□
31. 很了解别人对你的看法。	□	□	□	□	□
32. 独立性强，不依赖他人。	□	□	□	□	□
33. 对词句理解精确，能灵活运用熟语、成语或名句。	□	□	□	□	□
34. 善于归纳，善于得出结论。	□	□	□	□	□
35. 喜欢绘图、造型或者场景布置。	□	□	□	□	□
36. 善于运用肢体动作生动地模仿人、动物等活动物。	□	□	□	□	□
37. 听觉很灵敏，能清晰记得自己听过的语音、响声、曲子等。	□	□	□	□	□
38. 很会饲养小动物或种植花草树木。	□	□	□	□	□
39. 能积极参与团体讨论。	□	□	□	□	□
40. 善于自我激励，不需要别人督促自己。	□	□	□	□	□

续表

你的表现	1	2	3	4	5
41. 说理能力良好，擅长辩论或演说。	☐	☐	☐	☐	☐
42. 擅长推理，逻辑性很强。	☐	☐	☐	☐	☐
43. 擅长美术鉴赏，对于色彩、图形、光彩的感觉十分敏锐。	☐	☐	☐	☐	☐
44. 能很快学会操作工具、机器等器具。	☐	☐	☐	☐	☐
45. 乐感、节奏感很好，能很快学会一首歌曲或乐曲。	☐	☐	☐	☐	☐
46. 尊重自然界的生命，很喜欢欣赏自然景物。	☐	☐	☐	☐	☐
47. 能主动关心别人，善于为他人排忧解难。	☐	☐	☐	☐	☐
48. 能理性地对待别人对自己的批评。	☐	☐	☐	☐	☐
49. 说话、写作能够把握重点，有条有理。	☐	☐	☐	☐	☐
50. 善于发现、分析问题，能找出问题的症结。	☐	☐	☐	☐	☐
51. 能很快理解图表、地图、示意图等。	☐	☐	☐	☐	☐
52. 能很快学会骑车、游泳、球类之类的新技能。	☐	☐	☐	☐	☐
53. 唱歌或演奏乐器的能力很强。	☐	☐	☐	☐	☐
54. 很了解名山、大川、古镇等，通晓各地风土人情。	☐	☐	☐	☐	☐
55. 同伴总是很尊重、喜爱你。	☐	☐	☐	☐	☐
56. 在亲属、同学、朋友等人群中，你很清楚自己的地位与角色。	☐	☐	☐	☐	☐
57. 喜好写作，善于用文字表情达意。	☐	☐	☐	☐	☐
58. 思维方式灵活，能用多种方法解题。	☐	☐	☐	☐	☐
59. 方位感很强，在陌生的地方很快能找到方向。	☐	☐	☐	☐	☐
60. 能很快学会跳舞，表演出色。	☐	☐	☐	☐	☐
61. 能够改编乐曲或歌曲。	☐	☐	☐	☐	☐
62. 喜欢以大自然为题的电影、音乐、摄影、美术或文学作品。	☐	☐	☐	☐	☐
63. 很善于与别人合作。	☐	☐	☐	☐	☐
64. 遇到不同的或陌生的场合，能很快知道自己该怎么做。	☐	☐	☐	☐	☐
65. 对方言、外语等语言学得好而快。	☐	☐	☐	☐	☐
66. 解决数理难题的能力很强。	☐	☐	☐	☐	☐
67. 很会玩拼图、迷宫、积木等观察游戏。	☐	☐	☐	☐	☐
68. 体育能力很强，是个优秀的运动员。	☐	☐	☐	☐	☐
69. 音乐鉴赏能力佳，对乐曲、歌曲有独到见解。	☐	☐	☐	☐	☐
70. 关心和参与保护野生动物、水资源和其他自然环境。	☐	☐	☐	☐	☐
71. 当与别人意见不同时，能有效地沟通、协调。	☐	☐	☐	☐	☐
72. 面对团体压力，也能坚持自己正确的意见。	☐	☐	☐	☐	☐
73. 常常自豪地谈论或展示你的作文或文艺作品。	☐	☐	☐	☐	☐
74. 喜欢深入地探究各种问题。	☐	☐	☐	☐	☐
75. 常常对自己到过的地理场景记忆犹新。	☐	☐	☐	☐	☐
76. 善于制作、拆装玩具、航模等器具。	☐	☐	☐	☐	☐
77. 有演出机会时，常常为大家演奏或演唱。	☐	☐	☐	☐	☐
78. 喜好登山、远足、攀岩、露营、漂流、赏鸟等休闲活动。	☐	☐	☐	☐	☐
79. 常被选为团体的领导。	☐	☐	☐	☐	☐
80. 很清楚自己的个性和追求。	☐	☐	☐	☐	☐

对于每一题的选项，你选择了哪个数字，这一题就计几分。比如第 1 题你选择了 5，就计 5 分，并把 5 写在表 2-17 中"1"所在的方格。其余以此类推。最后把每一列的计分加起来，就是这一列对应的智能总得分。

表 2-17 加德纳多元智能量表计分表

智能类型	语言	逻辑/数学	视觉/空间	身体/动觉	音乐	自然/观察	人际交往	内省/自知
题号	1	2	3	4	5	6	7	8
	9	10	11	12	13	14	15	16
	17	18	19	20	21	22	23	24
	25	26	27	28	29	30	31	32
	33	34	35	36	37	38	39	40
	41	42	43	44	45	46	47	48
	49	50	51	52	53	54	55	56
	57	58	59	60	61	62	63	64
	65	66	67	68	69	70	71	72
	73	74	75	76	77	78	79	80
合计得分								

八种能力中每种能力的得分反映的是这种能力的相对水平，得分越高，说明这种能力就越强。[①]

语言智能(Linguistic Intelligence)是指有效地运用口头语言及文学的能力。儿童的表现是喜欢听故事、说故事和语文课程，喜欢阅读、讨论及写作等活动。作家、演说家、记者、编辑、节目主持人、播音员、律师等人都显示了较高的语言智能。

逻辑/数学智能(Logical Mathematical Intelligence)是指人能有效地运用数字、计算、推理、假设和思考的能力。儿童的表现是喜欢数学或科学类的课程，常常自己提出问题寻求答案，喜欢寻找事物的规律，对新的学科发展感兴趣，喜欢发现别人言谈行为的逻辑性缺陷，喜欢下棋或玩思考性的玩具。科学家、数学家、会计师、工程师、电脑软件设计师等都具有很强的逻辑/数学智能。

视觉/空间智能(Spatial Intelligence)是指人善于利用三维空间方式进行思维和表现的能力。空间智能强的儿童倾向于运用图像思考，喜欢画画、美劳活动、乐高积木、想象游戏、视觉游戏、阅读图画书等。飞行员、航海家、雕塑家、画家、建筑师等人都较强地表现了这一智能优势。

身体/动觉智能(Bodily Kinesthetic Intelligence)是指人调节身体运动及运用巧妙的双手改变物体的技能。运动智能强的儿童喜欢动手建造东西，喜爱户外活动、体育活动。运动员、舞蹈家、外科医生、手工艺人等都具有较强的运动智能。

音乐智能(Musical Intelligence)是指人敏感地感知音调、旋律、节奏和音色的能力。儿童的表现为爱听音乐，能正确演唱、弹奏，能创作简单的儿歌抒发感情。作曲家、指挥家、歌唱家、乐师、乐器制作者、音乐评论家等都表现了出色的音乐智能。

自然/观察智能(Naturalist Intelligence)是指人表现出的对自然现象、科学和动物世界等

---

① 霍华德·加德纳. 多元智能新视野[M]. 沈致隆，译. 杭州：浙江人民出版社，2017.

特别的兴趣和爱好倾向。儿童喜欢观察、收集自然物，喜欢了解动物世界，喜欢看电视节目、录像、书本中介绍的各种自然奇观。生物学家、地质学家、天文学家、生态学家、兽医、科学家等都对自然现象有强烈的关怀和敏锐的观察辨认能力。

人际交往智能(Interpersonal Intelligence)是指能觉察他人情绪意向，有效地理解他人和善于与他人交际的能力。儿童则表现为善于体察家长的喜怒及心情，懂得察言观色，能识别他人的情绪变化，善于与他人合作等。人际交往智能强的人如成功的领导者、政治家、外交家、心理咨询人员、公关人员、成功的推销员和行政工作人员等。

内省/自知智能(Intrapersonal Intelligence)是指认识自我和善于自我反省的能力，能正确认识自己的长处和短处，把握自己的情绪、意向、动机、欲望，对自己的生活有规划，能自尊、自律，会吸取他人的长处，喜欢独立工作，有自我选择的空间。儿童时期人的自我意识正在生成，因此内省/自知智能尚不十分显露。优秀的哲学家、思想家、政治家、心理学家、教师等都具有出色的内省/自知智能。

二、职业能力自我评定量表

职业能力自我评定量表[①]

指导语：下面有 9 组题，每组题有 6 个题目，每个题目有 5 个备选答案，即强、较强、一般、较弱、弱 5 个答案，请根据自己的实际情况作答，每题只能选择一个答案。通过测验，你可以大致了解自己的职业能力情况(见表 2-18～表 2-26)。

第一组　语言能力
(1) 善于表达自己的观点
(2) 阅读速度快，并能抓住中心内容
(3) 清楚地向别人解释难懂的概念
(4) 对文章中的字、词、段落和篇章的理解、分析和综合的能力
(5) 掌握词汇的程度
(6) 中学时你的语文成绩

请根据以上 6 点，在表 2-18 中选项的相应位置画"〇"。

表 2-18　语言能力评分表

题 号	强	较 强	一 般	较 弱	弱
(1)					
(2)					
(3)					
(4)					
(5)					
(6)					
	×1	×2	×3	×4	×5

总次数Σ=
评定等级=总次数÷6≈

---

① https://wenku.baidu.com/view/fbce9d80ec3a87c24028c4cc.html．

第二组　数理能力

(1)　作出精确的测量(如测长、宽、高等)
(2)　解算术应用题
(3)　笔算能力
(4)　心算能力
(5)　使用工具(如计算器)的计算能力
(6)　中学时的数学成绩

请根据以上6点，在表2-19中选项的相应位置画"○"。

表2-19　数理能力评分表

题　号	强	较　强	一　般	较　弱	弱
(1)					
(2)					
(3)					
(4)					
(5)					
(6)					
	×1	×2	×3	×4	×5

总次数∑＝
评定等级＝总次数÷6≈

第三组　空间判断能力

(1)　美术素描画的水平
(2)　画三维度的立体图形
(3)　看几何图形的立方体感
(4)　想象盒子展开后的平面形状
(5)　玩拼板(图)游戏
(6)　中学时对立体几何题的理解及解题能力

请根据以上6点，在表2-20中选项的相应位置画"○"。

表2-20　空间判断能力评分表

题　号	强	较　强	一　般	较　弱	弱
(1)					
(2)					
(3)					
(4)					
(5)					
(6)					
	×1	×2	×3	×4	×5

总次数∑＝
评定等级＝总次数÷6≈

第四组　察觉细节能力

(1) 发现相似图形中的细微差异
(2) 识别物体的形状差异
(3) 注意到多数人忽视的物体的细节
(4) 检查物体的细节
(5) 观察图案是否正确
(6) 学习时善于找出数学作业中的细小错误

请根据以上 6 点，在表 2-21 中选项的相应位置画"○"。

表 2-21　察觉细节能力评分表

题 号	强	较 强	一 般	较 弱	弱
(1)					
(2)					
(3)					
(4)					
(5)					
(6)					
	×1	×2	×3	×4	×5

总次数∑＝
评定等级＝总次数÷6≈

第五组　书写能力

(1) 快速而正确地抄写资料(如姓名、数字等)
(2) 阅读中发现错误字
(3) 发现计算错误
(4) 在图书馆很快地查找编码卡片
(5) 发现图表中的细小错误
(6) 自我控制能力(如较长时间做抄写工作)

请根据以上 6 点，在表 2-22 中选项的相应位置画"○"。

表 2-22　书写能力评分表

题 号	强	较 强	一 般	较 弱	弱
(1)					
(2)					
(3)					
(4)					
(5)					
(6)					
	×1	×2	×3	×4	×5

总次数∑＝
评定等级＝总次数÷6≈

第六组　运动协调能力

(1) 劳动技术课中做操纵机器一类的活动
(2) 玩电子游戏或瞄准打靶
(3) 在体操、广播操一类活动中身体的协调能力
(4) 打球姿势的水平度
(5) 打字比赛或算盘比赛
(6) 闭眼单脚站立的平衡能力

请根据以上6点，在表2-23中选项的相应位置画"○"。

表2-23　运动协调能力评分表

题　号	强	较　强	一　般	较　弱	弱
(1)					
(2)					
(3)					
(4)					
(5)					
(6)					
	×1	×2	×3	×4	×5

总次数Σ=
评定等级=总次数÷6≈

第七组　动手能力

(1) 灵巧地使用手工工具(如榔头、锤子)
(2) 灵巧地使用很小的工具(如镊子、缝衣针等)
(3) 弹乐器时手指的灵活度
(4) 动手做一件小手工品
(5) 很快地削水果(如苹果、梨子)
(6) 修理、装配、拆卸、编织、缝补等一类活动

请根据以上6点，在表2-24中选项的相应位置画"○"。

表2-24　动手能力评分表

题　号	强	较　强	一　般	较　弱	弱
(1)					
(2)					
(3)					
(4)					
(5)					
(6)					
	×1	×2	×3	×4	×5

总次数Σ=
评定等级=总次数÷6≈

第八组　社会交往能力
(1) 善于在陌生的场合发表自己的意见
(2) 善于在新场所结交新朋友
(3) 口头表达能力
(4) 善于与人友好交往，并协同工作
(5) 善于帮助别人
(6) 擅长做别人的思想工作

请根据以上6点，在表2-25中选项的相应位置画"○"。

表2-25　社会交往能力评分表

题　号	强	较　强	一　般	较　弱	弱
(1)					
(2)					
(3)					
(4)					
(5)					
(6)					
	×1	×2	×3	×4	×5

总次数Σ＝
评定等级＝总次数÷6≈

第九组　组织管理能力
(1) 善于组织单位或班级的集体活动
(2) 在集体活动中或学习中，时常关心他人的情况
(3) 在日常生活中能经常动脑筋，想出别人想不到的好点子
(4) 冷静果断地处理突然发生的事情
(5) 在你曾做过的组织工作中，你认为自己的能力属于哪一种水平
(6) 善于解决同事或同学之间的矛盾

请根据以上6点，在表2-26中选项的相应位置画"○"。

表2-26　组织管理能力评分表

题　号	强	较　强	一　般	较　弱	弱
(1)					
(2)					
(3)					
(4)					
(5)					
(6)					
	×1	×2	×3	×4	×5

总次数Σ＝
评定等级＝总次数÷6≈

职业能力测试结果评分说明及职业匹配对照表

评分说明

职业能力的评定采用"五级量表":强、较强、一般、较弱、弱。每级评定都有相应的权重参数。将评定等级乘以权重参数,然后把 6 项数值加起来,再除以 6,就得到一组评定等级分数。

举例:张某的语言能力评分。

第一组 语言能力

(1) 善于表达自己的观点
(2) 阅读速度快,并能抓住中心内容
(3) 清楚地向别人解释难懂的概念
(4) 对文章中的字、词、段落和篇章的理解、分析和综合的能力
(5) 掌握词汇的程度
(6) 中学时你的语文成绩

请根据以上 6 点,在表 2-27 中选项的相应位置画"○"。

表 2-27 张某的语言能力评分表

题 号	强	较强	一般	较弱	弱
(1)	○				
(2)			○		
(3)		○			
(4)			○		
(5)		○			
(6)		○			
	×1	×2	×3	×4	×5

总次数Σ=13

评定等级=总次数÷6≈2.2

张某的语言能力评分的计分方法如下。

总次数Σ=("强"的项目数)1×1+("较强"的项目数)3×2+("一般"的项目数量)2×3+("较弱"的项目数量)0×4+("弱"的项目数量)0×5=13

张某最后评定的等级=总次数÷6 = 13÷6 ≈ 2.2

统计和确定职业能力的方法如下。

把每一组的评定等级填入表 2-28。

评定等级的含义:"1"为强,"2"为较强,"3"为一般,"4"为较弱,"5"为弱。评定等级可能有小数点,如等级 2.2 表示此种能力水平稍低于较强水平,高于一般水平。填写完成后请根据评定的各组等级在职业能力与职业的匹配表中查出自己匹配的职业。

第二组、第三组、第四组、……、第九组略。

统计评分

表2-28 职业能力评分情况汇总

组 别	评定等级	相应的职业能力
第一组		语言能力
第二组		数理能力
第三组		空间判断能力
第四组		察觉细节能力
第五组		书写能力
第六组		运动协调能力
第七组		动手能力
第八组		社会交往能力
第九组		组织管理能力

测验结果解释

(一)各种职业能力的特点。

语言能力是指对词及其含义的理解和使用能力,对句子、段落、篇章的理解能力,以及善于清楚正确地表达自己的观点和向别人介绍信息的能力。

数理能力是指迅速而准确地运算以及在准确的同时,能推理、解决、应用问题的能力。

空间判断能力是指对立体图形以及平面图形与立体图形之间关系的理解能力,包括能看懂几何图形,对立体图形的三个面的理解力,识别物体在空间运动中的联系,解决几何问题。

察觉细节能力是指对物体或图形的有关细节具有正确的知觉能力,对于图形的明暗、线的宽度和长度作出区别和比较,看出其细微的差异。

书写能力是对词、印刷物、账目、表格等材料的细微部分具有正确知觉的能力,善于发现错字和正确地校对数字的能力。

运动协调能力是指眼、手、脚、身体迅速准确地随活动的动作作出精确的运作和运动反应,手能跟随眼所看到的东西而迅速行动,进行正确控制的能力。

动手能力是指手腕、手指碰到物体后,在拿取、放置过程中,手指、手腕的自由运动能力。手腕能迅速而准确地活动,在操作小翻转物体时,手指能做出精巧运动和动作。

社会交往能力是指善于人与人之间的相互交往、相互联系、相互帮助、相互影响,从而协同工作或建立良好的人际关系。

组织管理能力是指擅长组织和安排各种活动,以及协调参加活动中人的人际关系能力。

(二)请对照职业能力与职业的匹配表查出自己匹配的职业,如表2-29所示。

(三)注意结果解释时强调,并不是不具有职业要求的相应能力就不能从事这一职业,由于职业能力特别是专门能力可以在职业实践中培养出来,择业者可以通过发挥自己的能动性,并在工作中培养和发展自己的职业能力,使之适应职业的需要。

表 2-29 职业能力与职业匹配对照表

职业类型	能力类型								
	语言能力	数理能力	空间判断能力	察觉细节能力	书写能力	运动协调能力	动手能力	社会交往能力	组织管理能力
中小学教师	1	2	3	2	1	3	2	2	1
中小学管理员	2	2	4	3	2	3	3	2	1
教学辅助人员	2	2	4	3	2	3	3	2	1
幼儿园教师	1	3	3	2	2	3	2	2	2
审判员	1	3	3	2	3	3	3	2	2
警察	2	2	3	3	3	3	3	2	2
律师	1	2	3	2	3	3	3	2	2
秘书	2	2	3	2	1	3	3	2	2
业务员	2	2	3	2	1	3	3	2	2
运动员	3	3	3	2	4	1	1	3	3
教练员	2	3	3	2	4	1	1	3	1
社会体育指导员	2	3	3	2	4	1	1	2	2
电信业务员	2	2	3	3	2	3	2	3	3
计算机网络技术员	3	2	3	2	3	3	2	3	2
计算机硬件技术员	4	2	2	2	3	3	1	3	2
零售商业从业者	2	2	4	3	2	3	2	3	2
商业经营管理人员	2	2	4	3	2	4	3	2	2
房地产销售员	1	2	3	3	3	4	3	2	2
物业管理员	1	3	3	2	3	3	3	2	2
会计、出纳、统计	3	1	4	1	2	4	3	2	3
保险职员	2	1	4	3	2	4	3	2	3
心理咨询工作者	2	3	3	3	2	4	3	2	2
工艺设计师	4	2	2	2	3	3	3	3	3
城建规划工程师	3	2	2	2	3	3	3	3	3
市政管理职员	3	2	2	2	3	3	3	3	3
行政办公人员	2	3	2	2	1	3	3	3	3
公关人员	1	3	3	2	3	3	3	1	2
人力资源管理人员	2	2	3	2	2	3	3	1	1
服装设计师	3	2	2	2	2	3	3	2	3
化学工程师	3	2	2	2	3	3	3	3	3
机械工程师	3	2	2	2	3	3	3	3	3
电子仪器仪表装配工	3	2	3	2	3	2	1	3	3
化学检验员	3	2	3	1	3	2	1	3	3
餐厅服务员	2	3	3	3	3	2	2	3	3
家政服务员	3	3	3	3	4	3	2	3	3
化学检验员	3	2	3	1	3	2	1	3	3
餐厅服务员	2	3	3	3	3	2	2	3	3

续表

职业类型	能力类型								
	语言能力	数理能力	空间判断能力	察觉细节能力	书写能力	运动协调能力	动手能力	社会交往能力	组织管理能力
汽车驾驶员	3	2	2	3	3	2	2	3	4
部门经理	2	2	3	2	2	3	2	2	1
商业经济管理人员	2	2	4	3	2	4	3	2	2
售货员	2	2	4	3	2	3	3	3	2
商业采购员、供销员	2	2	4	3	3	3	3	1	2
外贸职员	1	2	4	3	2	3	3	1	2
园林绿化工作者	3	3	3	4	4	2	2	4	4
导游	1	3	4	4	3	2	3	2	1
中介代理	1	3	3	2	3	3	3	2	2
摄影师	3	2	2	2	3	3	2	3	3
影视作品制作员	2	3	2	1	3	3	2	3	2
影视动画制作员	3	3	2	2	3	3	2	3	2
家电修理人员	3	3	2	2	3	3	2	3	3
维修电工	3	3	3	3	4	3	2	3	3
职业咨询工作者	2	3	3	3	3	4	3	2	3
社会工作者	2	3	4	4	3	3	3	2	3
银行信贷职员	2	1	4	1	2	4	3	2	3
税收员	2	2	4	3	3	4	3	2	3
医生	2	2	3	3	3	2	1	3	3
护士	2	2	3	3	3	2	1	3	3
演艺人员	1	3	3	2	2	2	2	2	1
导演	1	3	3	2	2	2	2	2	1
编辑	1	2	3	1	2	3	3	1	1
记者	1	3	3	2	1	2	3	1	2
文学作家	1	4	3	1	2	4	4	3	3
图书管理员	3	2	4	2	2	3	3	3	3
播音员、主持人	1	2	3	1	3	3	3	3	3
广播、电视工程师	3	2	2	3	3	3	3	2	3
自然科学家	3	1	2	1	2	3	1	2	3
社会科学家	2	2	3	2	1	3	3	3	3
科技情报人员	2	2	3	2	2	3	2	2	3

三、技能分类

除了按照多元智能和职业能力测试结果来分类，我们还可以把能力分为专业知识技能、自我管理技能和可迁移技能。关于三种技能的关系，可以用以下几种方式表示[1]。

---

[1] https://www.docin.com/p-99387709.html.

1. 三种技能的关系，可以用一棵树来比喻

专业知识技能如同树冠，也就是树枝、树叶，它们尽可能地延伸，吸收更多的阳光，完成光合作用，为树木的成长制造有机物。专业技能通常指使用专业工具的能力，比如财务人员根据财务报表做财务分析的技能，程序员使用 Java 语言编写代码的技能。(专业技能不是专业知识，不要搞混两者)只要通过培养，专业知识基本都能学会。

可迁移技能如同树干，也就是树木之所以可以成材的部分，这个部分是用来做栋梁还是用来做门窗，是用来做家具还是用来做栏杆等，都取决于这部分的长短、粗细与质地。可迁移能力是人的才能，以智商、情商、应激为基础成长的。

- 智商是认知和解决问题的能力。比如观察力、记忆力、想象力、判断力、系统化思维、分析问题和学习的能力。
- 情商是自我认知、情绪控制、自我激励、感知他人情绪、人际交往能力综合组成的。
- 应激是面对挫折，摆脱困境的反应能力。

自我管理技能如同树根，一方面，这是树的命脉所在，根生则树生，根亡则树亡；另一方面，根只有尽可能往四方延伸，往下面扎去，才能让这棵树站立得更加稳固，吸收的水分和养料也更加充足。自我管理技能成长多少，是由一个人的性格与个性决定的。而一个人的性格与个性，是从人出生以来，生活中所经历的一切的总和决定的。

2. 三种技能的关系，也可以用盖房子来比喻

专业知识技能如同各种原材料，比如砖、水泥、沙子、钢筋、水等。

可迁移技能如同施工的工人，他们用自己的行动，把这些零散的原材料变为整齐的建筑，真正为人类所用。

自我管理技能如同这房子的质量，关系到房子的用途和使用年限。

3. 三种技能的关系，可以用煲汤来比喻

专业知识技能如同煲汤的各种原材料，不仅要质量好，而且还要全面，并且还要搭配得当。

可迁移技能如同煲汤的锅，是它把各种原材料和水聚集在了一起，也就是它承载了各种选择好的原材料，最后，也是由它来完成对原材料的彻底、深入融合。

自我管理技能如同煲汤，好的汤，最关键也是最难掌握的就是火候，这就如同我们在自我管理中，对各种"度"的把握，只有把握好了"度"，人生的"汤"才能鲜美，才能可人。

4. 三种技能的关系，还可以用考古来比喻

专业知识技能如同考古学的基本知识，也就是说，至少你要根据历史文献、地理地貌等特点推断出，大概哪里藏有宝藏。

可迁移技能如同考古用的各种工具，比如洛阳铲、探测器，甚至现在用的挖掘机、起重机等。

自我管理技能如同考古工作者所体现的坚韧不拔的精神和对于真实历史严谨的治学态度。

5. 三种技能的关系，可以用杠杆工作原理来做比喻

专业知识技能如同一根杠杆，它的材质、粗细、长短等因素，决定了它被使用的条件与环境。

可迁移技能如同支点，支点的位置，直接决定了杠杆发挥作用的性质和大小。

自我管理技能就是压动杠杆的作用力，它决定着杠杆最后的做功多少。

四、案例分析

案例1：毕业生施华(视觉传达设计专业)为了更加详细地了解自己的特长，也做了多元智能测试，如表2-30所示。

表2-30 加德纳多元智能测试表

八大智能	语言智能	逻辑/数学智能	视觉/空间智能	身体/动觉智能	音乐智能	人际交往智能	内省/自知智能	自然/观察智能
得分	1	3	6	5	3	4	4	2

具体分析如下。

前四名：视觉/空间智能、身体/动觉智能、人际交往智能、内省/自知智能。

在第一名的视觉/空间智能，有我先天的条件也有后天的培养，因为我学的是视觉传达设计专业，我们需要一定的视觉和空间能力，所以这方面的智能更有利于我专业的发展。我在日常生活中也会观察一些空间，欣赏艺术品，经常看一些展览，去充实自己，对一些图案、纹理比较敏感。

我也喜欢动手，身体比较协调，最好的体现是学校的功夫扇、啦啦操，我都能很好地完成。我也喜欢做一些小手工，比如十字绣、扎羊毛毡等。

人际交往方面，我交友广泛，朋友多，自来熟，比较好相处，喜欢一些团队运动。

在内省/自知方面，我也有自知之明，有时候，觉得自己太弱了，不敢表现，很自卑。这也让我很困扰，会觉得自己做不好，不敢尝试，让自己越来越没勇气。

语言能力是我所欠缺的，我不太会面对面表达。

案例2：吴娅在多元智能测试中得出自己的语言智能和人际交往智能分数较高，为了验证这一特质，她又测试了自己的职业能力，发现对应的职业是中小学教师，里面刚好对语言和人际交往有所要求。这和她之前所做的各种测试的结果相互对应。

五、课堂活动

1. 按照加德纳多元智能量表或者职业能力自我评定量表的测试结果，按智能相同或者职业技能相同分成一组，讨论一下自己喜欢的职业需要哪些智能或者职业技能，把这些内容写下来。

2. 在表2-31中勾选出以下符合自身描述的词语，从技能分类的角度整理出自己具有的技能和想增加的技能。

表 2-31　各项技能解析与词汇列表

知识技能：

1. 概念：需要通过教育或者培训才能获得的特别的知识或能力，也就是个人所学习的科目、所懂得的知识。

2. 可以在下面的知识技能词汇表清单中圈出你所知道的。如有可能，用一个更具体的词来替换这里的词汇。比如，如果你圈出了"外语"这个词，根据你所掌握的外语方面的知识，你可以把它替换成"英语"或"日语"。

美学、会计、管理、农业、解剖学、声学、青春期、杂技、飞机、动物、古董、人类学、制陶术、工程学、地理、开胃食品、庆典、发动机、构造、仪器、椅子、娱乐、设备、仲裁、化学药品、建筑、教堂、高尔夫球、数学、城市、政府、艺术、艺术史、家庭、机构、气候、图表、衣服、时尚、天文学、语法、运动、颜色、肥料、原子、喜剧、电影、金融、手工艺品、儿童养育、计算机、财务记录、卫生保健、信仰、消防、化妆品、急救、历史、生物学、园艺、插花、植物学、外语、卫生、卡通、地理学、新闻业、商品、心理学、养育

自我管理技能：

概念：通常被看作个性品质而非技能，因为它被用来描述或说明人具有的某些特征。

活跃的——活泼的，精力充沛的　　　好分析的——逻辑的，批判的
精通的——娴熟的，内行的，熟练的　　能说会道的——善于表达的，擅长辞令的
胆大的——勇敢的，冒险的　　　　　艺术的——美学的，优美的
攻击性强的——强有力的，好斗的　　随和的——放松的，随意的
坚持己见的——强调的，坚持的　　　有效的——多产的，有说服力的
健壮的——强壮的，肌肉发达的　　　有效率的——省力的，省时的
平衡的——公平的，公正的，无私的　同情的——理解的，关心的
心胸开阔的——宽容的，开明的　　　着重的——强调的，有力的，有把握的
有条理的——有效率的，勤勉的　　　精力充沛的——活泼的，活跃的，有生气的
正直的——直率的，坦率的，真诚的　热情的——热切的，热烈的
平静的——沉着，不动摇的，镇定的　进取的——冒险的，努力的
仔细的——谨慎的，小心的　　　　　慷慨的——乐善好施的，仁慈的
清楚的——明白的，明确的，确切的　富于表现力的——生动的，有力的
聪明的——伶俐的，敏锐的，敏捷的　公平的——无私的，无偏见的
有能力的——熟练的，高效的　　　　有远见的——明智的，有预见的
志趣相投的——愉快的，融洽的　　　灵活的——适应性强的，易调教的
有信心的——自信的，有把握的　　　坚定的——不动摇的，稳定的，不屈不挠的
常规的——传统的，认可的　　　　　大方的——慷慨的，无私的，乐善好施的
有勇气的——勇敢的，无畏的，英勇的　温和的——好心的，温柔的，有同情心的
有创造性的——新颖的，有创意的　　吃苦耐劳的——坚强的，坚韧不拔的
好奇的——好问的，爱探究的　　　　健康的——精力充沛的，强壮的，健壮的
慎重的——小心的，审慎的　　　　　诚实的——真诚的，坦率的
谨慎的——小心的，精明的　　　　　特意的——有目的的，故意的

拘谨的——矜持的，客气的	忠诚的——真诚的，忠实的，坚定的
反应灵敏的——活泼的，能接纳的	小心翼翼的——精确的，完美主义的
负责的——充分考虑的，成熟的	有条理的——系统的，整洁的，精确的
严肃的——冷静的，认真的，坚决的	观察敏锐的——专注的，留心的，警觉的
精明的——机敏的，爱算计的，机警的	头脑开放的——接纳的，客观的
真诚的——诚恳的，可信的，诚挚的	有秩序的——整洁，训练有素，整齐的
交际的——随和的，亲切的	独创的——创造性的，罕有的
稳定的——坚固的，稳固的，可靠的	充满热情的——狂喜的，强烈的，热心的
有说服力的——令人信服的	完全的——彻底的，全部的

可迁移技能：

概念：一个人能做、会做的事。比如教学、组织、说服、设计、考察、分析、搜索等。它们可以从生活中的方方面面，特别是工作之外得到发展，却可以迁移应用于不同的工作之中。可迁移技能也是个人最能持续运用和最能够依靠的技能。

执行	照顾	巩固	指导	预算	面对	发展
声称	编辑	建设	洞察	购买	联结	发明
适应	制图	联系	发现	计算	保存	诊断
管理	选择	控制	拆除	促进	领导	生产
装配	分类	烹调	展示	喂养	学习	编程
劝告	打扫	协调	感受	搬运	提升	开玩笑
攀登	培养	鼓励	填充	倾听	校对	分析
训练	纠正	绘制	融资	装载	保护	预测
收集	联络	调整	定位	提供	申请	着色
咨询	驾驶	装配	维修	证明	评价	交流
计数	收获	激发	回忆	安排	比较	创造
授受	识别	养育	描绘	评估	完成	决定
忍耐	举例	观察	研究	权衡	集中	设计
估计	执行	操作	解决	协助	构成	代表
提高	即兴表演	创造	找回	参加	领会	运送
娱乐	追随	制造	宣扬	审核	证明	建立
预见	管理	测量	美化	调和	探测	膨胀
伪造	操纵	提问	分类	趋向	列表	演讲
统治	最小化	减少	测验	贸易	翻译	拼写
引导	修改	讲述	构成	调解	阅读	处理
教导	研究	阐述	收集	推理	激励	给予
指导	招聘	测量	记忆	记录	建议	

注：各项词汇列表清单不可能涵盖全部技能词汇，列出部分仅供激发思考。

勾选完三类描述自己的词语之后，按照大树的比喻方式制作树状图，并将三类知识的相关词语画在树中对应的位置。

想一想，做一做

根据以下 21 世纪企业最重视的 11 项技能，看看你具备哪些，然后对应加德纳多元智能量表和职业能力自我评定量表的测试结果，看看有哪些共同点。

1. 沟通能力　　　　2. 积极主动性　　　　3. 团队合作精神
4. 领导能力　　　　5. 学习成绩　　　　　6. 人际交往能力
7. 适应能力　　　　8. 专业技术　　　　　9. 诚实正直
10. 工作道德　　　11. 分析和解决问题的能力

注：5、8 表示知识技能；2、3、9、10 表示自我管理技能；1、4、6、7、11 表示可迁移技能。

第六节　成　长　故　事

【课程目标】

1. 了解成长故事的结构。
2. 会撰写成长故事。
3. 会分析成长故事对自我产生的影响。
4. 能通过成长故事反思、明晰自己的生涯路径。

一、成长故事的原理

成长故事的撰写原理是基于澳洲社会工作者与家庭治疗师、"叙事治疗"的创始人麦克·怀特(Michael White)的叙事疗法(Narrative Means to Therapeutic Ends)。叙事治疗背后的理念是：认为我们可以通过故事来理解自己的生命[①]。也就是说，通过讲故事(storying)或者重述故事(Restorying)以及在纸上、信笺上写出自己的故事，再加上叙事治疗师的介入和分析，对来访者起到治疗的作用。

每个人都有要治愈的部分或全部人生，本书中的成长故事，旨在撰写的过程中，通过自我分析每个阶段发生的事件对自我产生的影响，拥抱不完美的自己，以达到自愈的作用。对于个别在撰写成长故事中发现自己需要进一步咨询的学生，会邀请生涯咨询师和心理咨询师介入。

通过成长故事，可以进一步分析出兴趣、能力、价值观等个人特质，以及厘清个人职业目标和方向。

二、成长故事的要素

1. 家庭经历

家庭经历是指回忆从出生开始的经历和活动以及这些经历和活动怎样影响你的生活。

---

① 麦克·怀特，大卫·爱普生. 故事、知识、权力：叙事治疗的力量[M]. 徐永祥编，廖世德，译. 上海：华东理工大学出版社，2013.

可以集中笔墨写你成长的地方、家庭环境、父母子女的关系、兄弟姐妹之间的感情、家庭成员对你的影响等。

2. 教育经历

教育经历是指集中描写从幼儿园到高中、大学的经历，例如，你最喜欢的学科或者活动，对你产生重要影响的老师、组织和成就等。注意在写教育经历时要注意有哪些因素影响你成为"今天的你"。

3. 工作经历

工作经历可写一些在工作中对你最有影响的经历。注意这些经历包括无报酬的工作经历和做志愿者的经历。

4. 个性变化

个性变化是指在成长过程中，我们的性格、兴趣、能力、价值观可能发生的变化，你应该捕捉这些变化并尽力描述促成这些变化的影响因素。

5. 重大事件

重大事件是指在生活中所发生的对你有影响的一些重大事件。例如，有人提到自己高考时连续三天发高烧影响了自己的高考成绩；有人受到考上名牌大学同学的刺激，从而奋发向上等。

6. 重要抉择

重要抉择是指对你的各个人生阶段影响重大的一些抉择。例如，有人高中分科时选择了自己不喜欢的科目；有人放弃了自己家乡的学校，选择了离家很远的学校等。

7. 自我评价、外部评价

自省与他人反馈都是自我认识的途径。对自己的评价和来自他人的评价，可以帮助我们清楚地勾勒出自己的形象。

8. 行动计划

生涯需要规划、思考、制定和执行。什么是你的生涯目标或志向？你将如何去实现它？这就需要我们的行动计划发挥作用了。

三、撰写成长故事的注意事项

(1) 找一个合适的时间，一个安静的地点，一杯喜欢的饮料，一张喜欢的信纸，静下心来，回想自己从出生到现在所发生的一切事件，一件件具体地写下来，尽量一气呵成，不要遗漏。在写的过程中可能会哭、会笑，这都是正常现象。

(2) 成长故事评估要点，如表2-32所示。

(3) 写完成长故事之后，再回顾一下自己写的故事，反思故事中每件事情对自己的积极影响和消极影响，写在文末。或者是在撰写的过程中，每件事情写完后空几行再续写下一件事，待整个成长故事完成之后再从头开始仔细分析每件事情对自己产生的影响，写在文中空下来的地方。

表 2-32 成长故事评估要点

项目	要点
要素	好的成长故事要求各要素完整，包括家庭经历、教育经历、重大事件等要素，但侧重点可有所不同
思路	按时间顺序、事件点、心理变化以及综合化等几种思路
分析方法	注意从写作目的是否明确、基本要素是否完整、写作思路是否清晰等三个方面来分析和判断一个生涯故事的质量

（4）一个完整的成长故事写完之后会让自己思路清晰，浑身放松，目标明确，对未来充满希望。断断续续完成的成长故事，没有连贯性，而且会让你在撰写的过程中烦躁，写完之后身心疲惫，这样撰写出来的成长故事，就达不到自愈的目标，也无法厘清个人特质和职业方向。

（5）成长故事需要写出来、说出来，作为里程碑式的仪式，让自己的未来更加坚韧。

四、案例分析

表 2-33 所示的是赵声(数字媒体艺术专业，大二学生)的成长故事大纲，请参考并列好自己的大纲之后撰写成长故事。

表 2-33 赵声的成长故事大纲

家庭经历	姐妹两人，父亲是工程师，母亲是教师，对学业要求很严格，感觉压力很大
教育经历	幼儿园—小学—初中—高中—普通大学，高中是重大转折期
工作经历	尚无，几次兼职经历对自己颇有影响
个性变化	小时候听父母、师长的话，初中开始追求个性与独立，高中的时候很逆反，现在比较理性
重大事件	高中时交友不慎，放松了学习，导致高考失利
重要抉择	高考后填报志愿时，选择了一所外省的学院学习艺术专业
自我评价	认真但不够坚持，人无远虑，必有近忧，思考问题不够长远，过度在意友谊
外部评价	朋友认为我为人大方、温柔、重感情，家人认为我不懂事
行动计划	希望可以比较自由地做自己喜欢做的工作，现在努力学习专业知识，多参加实践活动，增长见识，争取在校期间能设计出自己的作品，将来想做服装设计方面的工作

五、课堂活动

1. 刻画鱼骨头

在纸上画根鱼骨头，头朝左，尾朝右。每根刺代表一个事件。从自己记事的时候开始想，从左向右开始记录。将给自己积极影响的事件缩写成为几个词语，写在上面的鱼刺上，并注明时间。将给自己消极影响的事件缩写为几个词语，写在下面的鱼刺上，并注明时间。最后给自己的鱼骨头起个名字。

这些事件就是成长中的重要重大事件。

鱼骨头的名字是你生涯历程的浓缩。

2. 向上提升与向下沉沦[1]

回顾鱼骨头中的成长事件，试着为这些在你生命中发生过的经验作初步的分析：哪些经验或事件对你的影响是正面的呢？哪些经验或事件对你的影响可能是负面的？有正面影响的事件是向上提升的事件，有负面影响的事件是向下沉沦的事件，请分别说明它们是如何影响你的。

3. 明确自己的生活角色[2]

每个人在生活中都扮演了一些角色，例如你是父母的"子女"、家人的"兄弟"或"姐妹"、某人的"朋友"、学校中的"学生"、打工地方的"工读生"或正式的"雇员"，你还是这个社会中纳税的"公民"。将来，你还会去扮演更多不同的角色，比如"夫或妻""父或母""连襟或妯娌"、公婆的"子媳"、员工的"上司或主管"……在这许多不同的角色中，你扮演的最称职的是什么角色呢？哪一个角色你会希望有机会"卸下来"，好让自己喘口气？

请在纸上写出三个你认为最重要的角色。

由于不可抗力因素，你要丢掉一个角色，请划掉一个。

虽然剩下的两个都很重要，但很抱歉，由于不可抗力因素，还得去掉一个，请划掉一个。

最后剩下哪个角色？

你的心情如何？

为什么剩下这个角色是你丢不掉的？

你扮演的最成功的角色是这个角色吗？它是你人生中最重要的角色吗？为什么？

4. 360度评估[3]

以自己为中心，周围360度的人对你的评价，包括父母、兄弟姐妹、老师(初中、高中、大学)、朋友、室友、闺蜜、学生会工作同事、社会工作同事等，从优点和缺点两个角度进行评价，做成表格。

然后你从"公开我"(自己知道、别人也知道的部分)、"隐私我"(自己知道、别人不知道的部分)、"潜在我"(自己不知道、别人也不知道的部分)、"背脊我"(自己不知道、别人知道的部分)这四个方面进行总结。

想一想，做一做

1. 用鱼骨头的方法记录生命中的重要事件，以这根鱼骨头为成长故事的大纲，撰写成长故事。

---

① 吴芝仪. 我的生涯手册[M]. 北京：经济日报出版社，2000.
② 吴芝仪. 我的生涯手册[M]. 北京：经济日报出版社，2000.
③ 王金顺，等. 大学生职业生涯与学业管理手册[M]. 成都：四川大学出版社，2011.

2. 和朋友、父母分享自己扮演的最成功的角色和最重要的角色。
3. 分析成长故事，从中找出自己的兴趣、能力、价值观和职业目标或方向。
4. 和朋友分享成长故事中对自己积极影响和消极影响的事件。
5. 完成360度评估，和家人分享360度评估中"四个我"的总结。

第三章 职场环境探索

第一节 家族职业树

【课程目标】

1. 了解家族中所有人的职业,找出共性和个性特征。
2. 分析自己的职业目标与家族职业的关系。
3. 分析家人对自己职业目标的影响。

一、家人的职业类别

图 3-1 所示为一棵家族职业树,上面的果实是家族中成员的职业。通过填写家族职业树上的内容,了解家人的职业类别。

图 3-1 家族职业树

(1) 请你将家庭中的亲属及他(她)的职业填写在上面的家族职业树上。画横线的地方写称呼和职业名称。

(2) 在填写的过程中注意家族繁衍的顺序,根部是家族中最年长的一代,枝丫是第二代,叶子是最年轻的一代。树的左面是爸爸那一枝,由爷爷、奶奶从根部开始填写。右边是妈妈那一枝,由外公、外婆从根部开始填写。

(3) 填写完成之后,请回答以下问题。

家族中大多数人从事的职业是:＿＿＿＿＿＿＿＿＿＿＿＿＿＿＿＿＿＿＿＿＿＿＿＿＿＿

我想要从事这种职业吗?为什么?＿＿＿＿＿＿＿＿＿＿＿＿＿＿＿＿＿＿＿＿＿＿＿＿＿

爸爸如何形容他的职业?爸爸平时会提到哪些职业?他怎么说的?(妈妈呢)＿＿＿＿＿＿

爸爸的想法对我的影响是(妈妈呢):＿＿＿＿＿＿＿＿＿＿＿＿＿＿＿＿＿＿＿＿＿＿＿

家族中还有谁对职业的想法对我影响深刻？他们怎么说？_____
家族中对彼此职业感到满意或羡慕的是什么？(例如："堂哥在医院当医生，不仅收入高，而且社会地位高")
家族彼此羡慕的职业是：_____
对他们的想法我觉得：_____
我觉得家人对我未来选择职业的影响是：_____
我的家人最常提到有关职业的事情是：_____
对我的影响是：_____
哪些职业是我绝不考虑的：_____
哪些职业是我要考虑的：_____
选择职业时，我还重视哪些条件：_____

二、家族职业树解析

(1) 不了解的家庭成员职业，需要去沟通了解清晰，增进彼此的家族情感。

(2) 将你的直系亲属的职业梳理出来，然后和你现有职业或者将来想从事的职业作比较。一般来讲，家庭环境对一个人的人生观、价值观影响非常大，个人对喜欢的职业带有家族的烙印。比如一个家族的教师特别多，大家对教师行业就会比较偏爱。

(3) 家族职业也会对你有相反的映射作用。比如你的家族医生很多，你或者家人就会有意识地选择不去学习医学的相关知识，而从事其他行业。

(4) 家庭对个人择业的影响不容忽视，但也不是绝对的，视个人情况而定。

三、案例分析

赵声在画完家族职业树之后，总结如下。

> 我们家做生意的人最多，我也比较想做生意，因为时间可以自由安排，不用被约束。我爸爸认为工作最重要的是讲信用，做事前要仔细斟酌，平时他会提到剪辑、后期这些职业，他认为这些职业和我的专业比较匹配，是前景比较好的职业。我妈妈认为工作环境比较重要，平时会提到律师、教师这些职业，她认为这些职业很稳定，实用性比较强。我会努力学好自己的专业，多考取一些证书。舅妈有提到影视相关职业，她认为这些职业分工明确，术业有专攻。我家人会羡慕在检察院工作的舅舅，因为觉得交际广泛，比较有社会地位，我认为这是一种职业进取心。
>
> 我认为选择职业要综合考虑各种因素，权衡利弊选择最适合自己的职业。我会比较看重职业的价值、意义，也会关注工作环境、工作时间安排、工作待遇。我不会考虑医生这个职业，会考虑尝试影视后期、公务员、教师这些职业。

通过家族职业树，可以明确自己的兴趣、价值观、职业方向等，同时还拓展了自身的人脉，为日后的职场生涯奠定了基础。

四、课堂活动

1. 讲一个你的家族成员的职业故事。
2. 分组把大家家族成员的职业都"贡献"出来，进行一下分类(分类标准各小组自定)。
3. 你最想从事你的家族或者同学家族中的哪个人的职业？为什么？

想一想，做一做

看看你是否能从家族职业树上找到自己喜欢的职业？或者能否通过家族职业树上的家人去帮助自己联系1~3位自己喜欢的职业相关职场人士？

第二节 "我的专业在××"大调查

【课程目标】

1. 了解自己喜欢的职业所在的行业大环境。
2. 了解自己喜欢的职业所在的企业环境。
3. 能够对自己喜欢的职业进行分析。

一、行业分析

针对你所喜欢的职业所在的行业进行相关调查和分析，内容包括以下几个方面。

(1) 行业概述。
(2) 行业发展的历史回顾。
(3) 行业发展的现状与格局分析。
① 行业内的龙头企业有哪些。
② 行业内的竞争：取得超越竞争对手的关键因素有哪些。
(4) 行业发展趋势分析。
① 这个行业的未来成长性是否具有投资价值。
② 行业内的企业是否能够走向资本市场或存在并购的机会。

二、企业分析

你想去哪个城市或地区就业、安家？根据你选择的地区，找出你的职业目标所对应的企业进行调查和分析，内容包括以下几个方面。

(1) 企业基本信息：名称、标志、所在地、面积、经营项目(或生产产品)、人员数量、结构(具体包括哪些部门)等。
(2) 你看中这个企业的亮点是什么。
(3) 你的目标部门。

三、职业分析

面对五花八门的世界、包罗万象的职业类别，你还需要依据一些方法来评估职业的各个层面或工作性质是否符合你的需要；或你的各方面特质条件是否符合该职业的需要。

PLACE 通常可以用作评估职业的指标。[①]对于你喜欢的职业，可按照以下要点进行有效分析。

P 是指职位或职务(Position)，包括该职位的经常性任务、所需担负的责任、工作层次等。

L 是指工作地点(Location)，包括地理位置、环境状况、室内或户外、都市或乡村、工作地点的变化、安全性等。

A 是指升迁状况(Advancement)，包括工作的升迁管道、升迁速度、工作稳定性、工作保障等。

C 是指雇用情形(Condition of employment)，包括薪水、福利、进修机会、工作时间、休假情形及特殊雇用规定等。

E 是指雇用条件(Entry reguirements)，包括所需的教育程度、证照、训练、经验、能力、人格特质等条件。

四、案例分析

赵声对高校教师、数据和传媒分析三个行业感兴趣，于是对这三个行业和感兴趣的企业(北京邮电大学世纪学院、网易、爱奇艺)进行了分析，内容如下。

1. 行业分析

由于行业发展较快，资料具有时效性，故对高校教师行业、数据分析行业、传媒行业的分析此处暂不做介绍。

2. 企业分析

(1) 北京邮电大学世纪学院(针对高校教师这一职业目标)。

> 北京邮电大学世纪学院于 2005 年经教育部批准成立，是由北京邮电大学与北京学涵教育科技有限公司按照新的机制和新的办学模式合作举办的全日制本科普通高校，是教育部直属高校在京举办的第一所独立学院。
>
> 该学院位于延庆区康庄镇，现有校园占地 500 亩，建有充足的教学及辅助用房，独栋的图书馆大楼及实验楼。图书馆藏书 67.2 万余册，电子图书 120 万余册，可访问数据库 85 个，能够充分满足学生的学习需要。
>
> 学院授课教师由北京邮电大学选派的教师、学院专职教师、外聘教师(含刚从高校退休的教师、业内相关的工程技术人员)组成。学院现有专兼职教师 312 人，其中具有

---

① 吴芝仪. 我的生涯手册[M]. 北京：经济日报出版社，2008.

高级职称的教师达39%以上。

学院立足于电子信息领域，以通信工程、电子信息工程等电子信息类专业为重点，以数字媒体类专业为特色，建成了涵盖工、管、文、艺4个学科的专业理论教学体系、实践教学体系和素质教育体系。学院现设有通信与信息工程系、自动化系、计算机科学与技术系、经济管理系、艺术与传媒学院、外语系、基础教学部7个教学单位，共有通信工程、电子信息工程、物联网工程、物流工程、机械电子工程、自动化、计算机科学与技术、软件工程、电子商务、财务管理、数字媒体艺术、数字媒体技术、传播学、英语等14个在招专业，在校生近5000人。

学院建有院级实验教学中心7个，各中心下设实验室，全院共有90个实验室，开出900余个实验项目。经过10余年时间的建设和发展，数字媒体实验教学中心、工程教育训练中心、互联网商务管理实验中心先后被评为"北京高等学校实验教学示范中心"，我院成为国内独立学院中少有的获得3个省市级实验教学示范中心称号的高校。学院依托3个市级示范中心，建立了通信工程综合实训基地、网络工程综合实训基地、机器人综合实训基地、经济管理综合实训基地、数字媒体综合实训基地等5个校内综合实习实训基地，1个北京市重点实验室，1个国家级大学生校外实践教育基地，1个北京市市级校外人才培养基地和1个北京市高等学校示范性校内创新实践基地，满足了学生专业应用能力培养的需要。

学院先后与中兴通讯、中国移动、水晶石、中国邮储等59家企业签订了实习实训基地协议书，派出学生进入企业实习实训，在企业导师的指导下完成毕业设计；派出教师参加企业的暑期实践，保障了人才培养与专业行业的发展紧密结合。同时，学院积极引进企业资源进入校园，与亿阳信通公司共同开办"亿阳班"，有针对性地培养应用型现代通信人才。

学院立足本科教育，拓展国际合作，积极探索"本科学历教育+英语+专业证书+境外学习"的人才培养新模式，成为国内第一所获批加入雅思全球搜索引擎系统的中国高校，也是第一家获得接受留学生资质的北京地区的独立学院。学院先后与美国、加拿大、英国、法国、德国、西班牙、芬兰、日本、韩国、马来西亚等国家高等院校签署了校际友好协议。学院设立了中美物联网学分互认交流学习项目，开展了学历教育和短期课程培训合作，对学生进行职业化和社会化训练。目前，学院已有300余人赴英国、法国、美国、日本、韩国、芬兰、德国等国家进行学习交流，已经接受17批次留学生来该学院就读。

看中这家学院的亮点：工作地点在北京，而且是独立学院，个人也曾想过做教师，而且这所学院对入职员工的要求与"985""211"院校相比会低一些。

(2) 网易(针对门户网站中受众分析的数据分析行业)(针对数据分析员这一职业目标)。

网易公司(Net Ease)是中国的一家知名互联网技术企业，由丁磊于1997年6月创建，总部位于广州，在美国纳斯达克、中国香港两次上市。它推出了门户网站、在线游戏、电子邮箱、在线教育、电子商务、在线音乐、网易bobo等多种服务，曾入选中国互联网企业100强、全球250个值得信赖企业榜等。2020年12月，粤港澳大湾区最具创新力公司GBA50发布，网易在列。

作为中国领先的综合性互联网技术公司,网易不仅会致力于中国电子商务及 IT 产业的持续发展,同时也为促进国民数字化生活指数、缩减数字鸿沟而努力。网易把千百万网民聚集在一起,在实现资讯共享的同时,为他们提供更好的服务,为他们创造更愉悦的在线冲浪体验。

企业价值观是:

正直——以实事求是为原则,打造信赖产品;以坚守承诺为准绳,建立诚信团队。

责任——以尽职尽责的态度,担当工作职责;以乐于奉献的精神,承担公司责任。

合作——以尊重他人为起点,发挥团队优势;以求同存异为基石,促进共同成长。

创新——以不断改进的思想,作为自我要求;以持续迭代的方式,始终追求卓越。

看中这家企业的亮点:个人对数据分析相关工作感兴趣,大数据是目前发展比较好的朝阳企业,是大趋势。而且企业价值观符合我的价值观。在这样的团队里工作,会有归属感。

(3) 爱奇艺(传媒行业)(针对视频剪辑师这一职业目标)。

北京爱奇艺科技有限公司(iQIYI)是一家独立视频服务公司,由龚宇于 2010 年 4 月 22 日在北京成立品牌文化。

爱奇艺标志设计理念为"爱奇艺,屏生活",以"屏"为核心视觉元素,基于"屏"无处不在的发展趋势,充分体现多屏合一和网络视频的互动特性。跳脱出播放键的具象表达,彰显爱奇艺旨为全屏时代领导者的意图。

全屏时代,媒体与用户绝非简单的传受关系,而是真正尊重用户所需,给予用户自主选择与话语的权利,基于互动、沟通、关爱基础上的信息内容服务。

"爱",是"关爱",是洞悉用户所需,让用户悦享品质视频及服务的使命体现。

"爱",是"喜爱",期待以产品、内容、服务赢得用户,建立用户认同品牌。

对 i 的放大,充分体现对个体用户(Individual user)的尊重、互动特性(Interaction)及革新精神(Innovation)。

爱奇艺的品牌理念为"悦享品质",英文为"Always Fun,Always Fine"。

爱奇艺"悦享品质"四个字准确表达了爱奇艺高度追求品质的经营理念。作为国内首家倾公司之全力来做正版高清视频播放平台的爱奇艺,从流畅的观看体验、高清的视觉效果、贴心的分享感受等多个方面将"品质"做到极致,满足用户"悦享品质"的生活追求。

这一品牌理念的推出,体现出爱奇艺对用户和广告客户双方面的高度重视,意味着在视频行业中,无论是用户需求还是客户需求,都将从更高的品质层面上被满足。对用户而言,初级的"视频浏览"阶段将为"视频欣赏"阶段所替代;对客户而言,基于庞大的"悦享品质"的用户,爱奇艺将会创建高品质的视频营销平台,视频广告的投放精准度有望全面提升,营销价值得以在视频网站上最大化呈现。

网络视频在中国的发展脚步很快,可资改进的用户体验和有待满足的营销需求还有很多。任何想要有所成就的公司,都必须对用户保持自始至终的关注与尊重,进而持续不断地提升广告主的营销价值。爱奇艺为此将全力以赴,以确保用户和广告主能够真正地"悦享品质"。

看中这家企业的亮点:专业对口,个人专业也是数字媒体艺术,而且在学习过程中对于视频剪辑和拍摄等内容都有所涉猎,也取得了相关证书。

    3. 职业分析(略)

五、课堂活动

每个小组 4~5 人,用思维导图法,将赵声喜欢的三个职业(高校教师、数据分析员、视频剪辑师)进行 PLACE 职业分析。

想一想,做一做

撰写个人喜欢的行业、企业、职业分析报告。

第三节　职业人士访谈

【课程目标】
1. 了解职场人士的工作和生涯经验。
2. 了解真实职业场所的工作环境和人文环境。
3. 学会采访的基本技巧。
4. 锻炼团队合作能力、与人沟通能力等职场软实力。

一、职业信息访谈内容[①]

职业信息访谈内容,是针对职业本身进行访谈,主要有以下几点。
(1) 工作性质、任务或内容。
(2) 工作环境、就业地点。
(3) 所需的教育、训练或经验。
(4) 所需的个人资格、技巧和能力。
(5) 收入或薪资范围、福利。
(6) 工作时间和生活形态。
(7) 相关职业和就业机会。
(8) 进修和升迁机会。
(9) 组织文化和规范。
(10) 未来展望。

二、生涯信息访谈内容[②]

生涯信息访谈内容,是针对被访者个人信息进行访谈,主要有以下几点。
(1) 教育或训练背景。

---

① 吴芝仪. 我的生涯手册[M]. 北京:经济日报出版社,2008.
② 吴芝仪. 我的生涯手册[M]. 北京:经济日报出版社,2008.

(2) 投入该职业的抉择。
(3) 生涯发展历程。
(4) 工作经验心得：乐趣或困难。
(5) 对工作的看法。
(6) 获得成功的条件。
(7) 未来生涯规划。
(8) 对后进者的建议。

三、关于以上两部分内容解读

针对以上两部分内容进行解读，有以下几点。

(1) 寻找被访者：采访者需要根据自身的兴趣、能力、价值观等个人特质，确定自己喜欢的 1~3 个职业，然后根据自己的人脉网，或者 6 人法则[①]，寻找到自己喜欢的职业相对应的职场人士，并取得联系，约定采访日期。

(2) 转化问题：所有的采访内容都需要转化为"请问您……"格式的问题，有的采访内容可以转化为 2~3 个问题。

(3) 采访形式：可以采用面对面、电话、视频等方式采访，但是不能把采访大纲直接交给被采访者。

(4) 组织形式：可以小组采访，每组 3~4 人；也可以个人采访。小组采访需要提交一份采访职能分配表。

(5) 采访时长：30~60 分钟/人。

(6) 报告形式：Word 文档，5 号字，单倍行距，格式如表 3-1 所示。

表 3-1 职场采访报告

访谈目的						
被访者姓名		性别		毕业时间		毕业院校
联系方式		专业		工作单位		工作职位
采访日期		时长		采访形式		采访者
访谈内容	访谈问答经过(包括职业信息和生涯信息的所有内容)					
采访总结	将此次采访过程中团队合作的经验、克服困难的经历，以及采访之后的收获、感悟等内容总结出来					
访谈分工	写出小组合作过程中，每个人负责的任务					
成绩/评语	教师给出成绩，并给予评价					

四、案例分析

吴娅采访了幼儿教师、音乐治疗师、审计三位职场人士，现将音乐治疗师的采访内容节选如表 3-2 所示。

---

① 6 人法则：即通过 6 个人的联系找到自己需要的那个人。

表 3-2　关于音乐治疗师的采访报告(节选)

(经当事人同意，被采访者学校和名字都用化名)

访谈目的	了解音乐治疗师的职场生活以及相关职业信息						
被采访者姓名	吕老师	性别	女	毕业时间	2018年7月	毕业院校	某音乐学院
联系方式	无	专业	音乐教育	工作单位	某特殊教育机构	工作职位	音乐治疗师
采访日期	2020年10月3日	时长	30分钟	采访形式	面对面	采访者	吴娅
访谈内容	**职业——音乐治疗师** 1. 请问您做音乐治疗师时，每天都有哪些工作内容？ 我现在主要是在一家特殊教育机构做音乐治疗的临床工作。我所接触到的患者是一些自闭症儿童，还包括一些先天性发育障碍的孩子。我会根据他们的需求来设定一些治疗目标，然后运用音乐的干预来完成他们的治疗目标。 2. 那平时您的工作环境怎么样？ 目前在临床当中的工作有一对一的治疗和团体的治疗。一对一的治疗，我们会在个训室，是一个相对来说比较小的、能够为自闭症的孩子提供一定安全感的环境。而团训我们一般是在这些学生的教室里面进行。教室一般是能够承接15人左右的音乐治疗室，里面会有各种乐器和一些简单的电子设备。 3. 您觉得做音乐治疗师需要具备哪些技能或者能力？ 首先作为音乐治疗师，音乐技能是一定要有的，我们比较常用的就是一些乐器的演奏，必须会的是吉他和钢琴，因为这两个乐器是最容易和患者做互动的。除了这个，唱歌的能力也要具备，然后还有一些即兴创作，会根据患者的需求随时调整自己的干预方法。还要明确音乐教育、音乐娱乐和音乐治疗的差别。治疗主要体现在要帮助所有的来访者去完成一些跟音乐不相关的治疗目的，比如要提高他的身体机能、交流能力、语言和社交能力等。这些是音乐治疗师所需具备的一些能力。 4. 面对音乐治疗师这个比较新的行业，有什么压力吗？ 我觉得压力和挑战是一定会有的。首先它是一个非常新的行业，很多人都不太清楚这个行业具体是在做什么。所以对于音乐治疗整个行业来说，做行业普及可能是现在最需要去做的一件事情，让大家去了解它，不仅仅是简单地唱歌、听歌。它适用的人群又有哪些，它所能完成的任务有哪些。 5. 您平时工作时间和生活形态怎么样？ 如果是团训的话，会根据主要团训人数。每个团15～20人，一般一次治疗大概在40～50分钟。如果是个训的话，一般会根据患者的情况确定时长。像有注意力障碍、自闭症的孩子，一般安排在30～40分钟。 6. 做音乐治疗师要想获得一些成就，需要什么条件？ 首先是音乐治疗师的资格认证。目前在国内是由音乐治疗协会来颁发、注册认证的。当然这个认证主要是评估一下这个音乐治疗师是否具备临床技能，他的音乐技能以及治疗的理念是否能完成临床上的需求。除了这个之外，还有一些个人认知理念：他是否能符合目前康复市场的需要，他自己是否能够在治疗中保障完成患者治疗目的的情况下，还能保护自己的一些心理状态不会受到患者的反侵蚀。这些都是音乐治疗师需要的一些专业技能。当然还要以发展的眼光去看待这个专业。比如现在大家不了解怎么去普及，还有在临床上的深入应用。以上这些都需要现在的音乐治疗师去思考。							

续表

访谈内容	7. 请问您当初为什么要选择这个行业呢？ 其实我最开始学的专业是音乐学方向，我也是无意间了解到有音乐治疗这个专业，然后发现它除了能够进行音乐的演出以外，还可以用音乐去帮助一些有需求的人。在了解了这些信息之后，我觉得这是我想要去从事的行业，我想用我的能力去帮助一些能够得到一些利益、一些好处的人群。所以了解了它是做什么的之后我选择去更深入地学习这个专业。在深入学习之后，我发现这确实是我想要做的事情，所以就一直坚持到了现在。 8. 请问如果我想从事这份职业，刚进入这个行业大概收入怎么样？ 刚入行的话收入大概不到5000元，因为是新兴行业，还没有被大众了解接受。 9. 您对这份工作有什么看法？ 其实整体来说，它是一个挑战性比较大的工作，它获得的成就感也非常强。其挑战在于，我们接触的人群可能都是大家眼中所谓的特殊人群。可能和他们相处或者帮助他们去完成临床上的目标比较困难，需要各方面的配合，包括患者、家长、治疗师，甚至是社会上的支持。挑战不言而喻，但是从另一方面来说，当我们看到自己的患者能够从治疗中受益，能够完成他们的治疗目标的时候，我们在那时能够获得的成就感也是我觉得这个行业带给所有音乐治疗师最有满足感或者是正向的一个礼物。 10. 您能对未来想从事这个行业的人提一些建议吗？ 只能说从事这个行业比较任重而道远。仅仅靠几个人的力量是不够的，大家还是要共同去研究和探索怎样让这个专业更大范围地推广出去，然后让大家认可这个专业的特殊性、成功点以及临床适用性。所以要从事这个行业的人，我觉得还是要做好这样的准备，就是你可能要承担的不仅是临床上的工作，而且要对整个专业有一个完整的规划和付出
采访总结 (对三个职业采访结果的总结)	我采访了三个职业的在职人员。分别是幼儿教师、音乐治疗师和审计。幼儿教师是我现在的专业，音乐治疗师是我在选修课上了解到觉得有意思的一个职业，审计则是我在以前想做的职业。 通过对蒋老师的采访，我了解到了现在幼儿教师职业的现状，也更加确定了自己会在幼儿教师这个专业走下去，我也很期待之后一线教师给我带来的惊喜。通过对吕老师的采访，我了解到音乐治疗这个新的行业刚刚起步，稍稍深入了解之后，感觉自己可能具备音乐治疗这方面的技能和能力，但这个行业可能并不适合我。我更期望一个稳定的工作。通过对王老师的采访，我确定了自己并不适合做审计工作。首先数理方面、会计方面的知识我了解得不够多，其次频繁地加班并不适合我。对于成为一名审计人员我有待考虑。 在发现其他更适合我的职业之前，幼儿教师依旧是我的第一选择
访谈分工	个人完成采访、内容转化、整理、撰写报告等工作
成绩/评语	略

五、课堂活动

1. 用思维导图法，写出自己感兴趣的职业，根据"六人法则"列出能够提供信息者的名单，以及被采访者的相关信息。

2. 以下是赵声转化后的采访大纲，请讨论一下哪些问题问得比较恰当。然后根据职业信息和生涯信息两方面的内容将采访内容转化为"请问您……"格式的采访问题。

- 首先我想问一下您的工作性质和工作内容是什么？

- 可以请您描述一下您的工作环境吗？有哪几个点是您比较喜欢的呢？
- 刚刚听您说您管理机构的招聘工作，那么我想问一下这个职业要求具备什么学历？需要哪些相关工作经验？
- 作为求职者需要哪些资质证书？具备哪些技巧或者专业能力呢？
- 如果我想要从事您这份职业，我将会得到怎样的薪资收入或福利呢？
- 请问您一天工作多长时间？
- 您是怎样区分工作和生活的呢？
- 关于您的职业还有什么相关的职业可以推荐给我吗？
- 请问在工作期间公司有哪些进修学习机会？
- 关于这个职业有哪些升迁机会吗？
- 可以讲一讲贵公司的企业文化吗？
- 您工作中有什么样的规章制度吗？
- 请问您对未来有怎样的展望？
- 您认为找工作的时候什么样的教育水平或训练背景能够帮助我们应届毕业生顺利找到工作？
- 可以讲一讲您是如何做出这个选择的吗？(选择这份职业)
- 可以讲一讲您的生涯发展历程吗？您是怎么从一个工作起步，最终找到这个工作的？
- 谈一谈您工作至今获得的工作经验。
- 您在工作过程中遇到了哪些乐趣或困难？
- 请问您对这份职业的看法是什么？
- 您认为一个人获得成功的必要条件是什么？
- 您对未来人生有什么样的规划？
- 最后请您对后辈们和应聘者提出一些建议，谢谢。

想一想，做一做

1. 每人选择 1~3 种自己感兴趣的职业，完成相对应的 1~3 位职业人士访谈。可以组队进行采访，也可以个人进行采访。

2. 除了职场人士访谈，你还知道哪些职业信息搜索渠道？每个人采用 3 种或 4 种职业信息搜索渠道搜索自己感兴趣的职业信息。

第四章 人职匹配

第一节 帕森斯的特质因素论

人职匹配之
实践操练——
模拟面试

【课程目标】
1. 了解帕森斯的特质因素论的内容。
2. 会运用特质因素论分析自我。

一、理论概述①

帕森斯的特质因素论(Trait-Factor Theory)又称帕森斯的人职匹配理论,特质因素论是最早的职业辅导理论。1908 年,弗兰克·帕森斯(Frank Parsons)在美国波士顿设立职业局,在职业指导过程中,他提出了职业设计的三要素模式:其一,清楚地了解自己,包括性取向、能力、兴趣、自身局限和其他特质等资料;其二,了解各种职业必备的条件及所需的知识,在不同工作岗位上所占有的优势、不足、补偿、机会和前途;其三,上述两者的平衡。特性与因素理论的核心是人与职业的匹配,其理论前提是:每个人都有一系列独特的特性,并且可以客观而有效地进行测量;为了取得成功,不同职业需要配备不同特性的人员;选择一种职业是一个相当易行的过程,而且人职匹配是可能的;个人特性与工作要求之间配合得越紧密,职业成功的可能性就越大。

1909 年美国波士顿大学教授弗兰克·帕森斯在其《选择一个职业》的著作中提出了人与职业相匹配是职业选择的焦点的观点,他认为,个人都有自己独特的人格模式,每种人格模式的个人都有其相适应的职业类型。所谓特质,是指个人的人格特征,包括能力倾向、兴趣、价值观和人格等,这些都可以通过心理测量工具来加以评量。所谓因素,则是指在工作上要取得成功所必须具备的条件或资格,这可以通过对工作的分析而了解。

二、特质因素论内容②

(1) 应清楚地了解自己的身体状况、能力倾向、兴趣爱好、气质与性格、家庭背景、学业成绩、工作经历等情况,并进行评价。

(2) 应清楚地了解职业选择成功的条件,所需知识,在不同职业工作岗位上所占有的优势、不利、补偿、机会和前途。具体包括以下内容。

① 职业的性质、工资待遇、工作条件以及晋升的可能性;
② 求职的最低条件,诸如学历要求、所需的专业训练、身体要求、年龄、各种能力

---

① 黄天中. 生涯体验——生涯发展与规划[M]. 北京:高等教育出版社,2015.
② 童丽. 基于特质因素论的个人职业生涯规划指导[J]. 中小企业管理与科技,2014(13).

以及其他心理特点的要求；

③ 为准备就业而设置的教育课程计划，以及提供这种训练的教育机构、学习年限、入学资格和费用等；

④ 就业机会。

(3) 上述两个条件的平衡。帕森斯的理论内涵即是在清楚认识、了解个人的主观条件和社会职业岗位需求条件的基础上，将主客观条件与社会职业岗位(对自己有一定可能性的)相对照、相匹配，最后选择一个与个人相互匹配的职业。

三、职业与人的匹配方法

职业与人相互匹配，分为两种类型，具体如下。

(1) 因素匹配(工作找人)。例如所需专门技术和专业知识的职业与掌握该种特殊技能和专业知识的择业者相匹配；或者脏、累、苦劳动条件很差的职业，需要吃苦耐劳、体格健壮的劳动者与之匹配。

(2) 特性匹配(人找工作)。例如，具有敏感、易动感情、不守常规、个性强、理想主义等人格特性的人，宜于从事审美性、自我情感表达的艺术创作类型的职业。

四、案例分析

石业根据特质因素论，从人找工作的角度考虑，觉得自己较真、个性强、做事情认真仔细、追求完美、爱思考、思考问题比较深入、家庭条件小康、身体健康、学业成绩优异，曾经去一些教育机构从事教学助理的工作，在工作中喜欢针对一些突发状况进行总结调研，觉得自己适合从事一些科研开发类的职业，或者在教育行业中进行课程开发也不错。

五、课堂活动

用思维导图法，按照"特质因素论内容"中的要求，分别列举"我"和"职业"的各种特质。

想一想，做一做

用特质因素论对自我进行人职匹配分析：分别从"工作找人"和"人找工作"的角度列举一下自己的特质和职业选择的特质，最后得出自己的职业选择范围。

第二节 霍兰德人职匹配理论

【课程目标】

1. 了解霍兰德职业兴趣论的内容。
2. 会运用霍兰德职业兴趣论分析自我。

一、人格类型与职业类型的关系

美国著名的职业指导专家约翰·霍兰德(John·Hollond)创立的人职匹配理论,将人格及与此相对应的社会职业环境划分为六种基本类型,并以此建立了目前世界上应用最广泛的霍兰德职业兴趣测验。霍兰德认为,理想的职业选择就是人格类型、职业兴趣与职业环境相适应。人格类型与职业类型的关系,如表4-1所示。

表4-1 人格类型与职业类型的关系[①]

类型	人格类型的特点	职业类型	工作环境
现实型(R)	物质的,实际的,安定的,喜欢具有基本技能、有规则的具体劳动。缺乏洞察力、不善与人交往	有一定程序要求的、明确的、具体的岗位职务,运用手工工具或机械进行的操作性强的技术性工作	较多运用到身体的实际操作,或某些特殊的技术。处理与物接触的问题重要于人际问题
研究型(I)	分析的,独立的,内省的,慎重的,喜好运用智力通过分析、概括、推理的定向的科学研究与技术工作。缺乏领导能力	以观察和科学分析进行的系统的创造性活动和实验工作,一般侧重于自然科学方面	需要运用复杂抽象的思考能力。不太需要处理复杂的人际关系,能够独立解决工作问题
艺术型(A)	想象力丰富,知觉的,冲动的,理想的,有独创力的,喜欢以表现技巧来抒发丰富的感情。缺乏事务性办事能力,不愿依赖、服从他人,不愿做循规蹈矩的工作	在文学与艺术方面,通过创造性的、自由的活动方式,擅长从事具有艺术表现力的职业	自由自在,鼓励创意以及个人表现力,提供了开发新产品与创造性解答的自由空间。鼓励感性与情绪的充分表达,不要求逻辑形式
社会型(S)	助人的,易于合作,喜欢交往,责任感强,有说服力,愿为别人服务,关心社会问题,对教育和社会福利等事业有兴趣。缺乏动手操作能力	为社会及他人办事或服务,从事与人打交道的、说服、教育、治疗及社会福利事业方面的职业	鼓励人与人之间和谐相待、互相帮助、和睦相处。充满经验指导与交流、心理的沟通、灵性的扶持等。工作氛围强调人类的核心价值,如理想、仁慈、友善、慷慨等
管理型(E)	支配的,冒险的,自信的,精力旺盛的,有自我表现欲的,不易被人支配,喜欢管理和控制他人,喜欢担任领导角色。缺乏科学研究能力	从事具有风险、需要胆略、承担责任较大的工作,善于管理、营销、投资与主持指派他人去做工作的职业	经常管理和鼓舞其他人,力图达成组织或个人的目标。充满了权力、金融后经济的议题,甚至为了达成预期的绩效,不惜冒一定的风险。工作氛围重视升迁、绩效、权力、说服力与推销能力,非常强调自信、社交手腕与当机立断

---

① 金树人. 生涯咨询与辅导[M]. 北京:高等教育出版社,2012.

续表

类型	人格类型特点	职业类型	工作环境
常规型(C)	有耐心和良好的自制力，服从的，实际的，稳定而有秩序的，思想比较保守、循规蹈矩、有条有理，喜欢系统性强的工作。 缺乏创造力和艺术性	按固定程序与规则，乐于配合、服从，从事重复性、习惯性的、具体的日常事务，从事会计、秘书、银行等数字计算、文书处理方面的工作。	注重组织和规划，包括办公室的基本工作，如档案管理、数据记录、进度掌控等。此外，还要具有数字与人事行政的能力，如秘书处、人事处、会计部、总务部等

请参考表 4-1，厘清职业所需特质、自我特质，然后做到知己知彼，一一匹配。

二、职业所需特质分析

关于职业所需特质分析，可以用以下两种方法。
(1) 根据自己所做的职业人士访谈，找出自己喜欢的职业需要什么特质。
(2) 根据招聘信息，分析自己喜欢的职业需要什么特质。

三、自我特质分析

根据自己的霍兰德自我分析报告，找出自己具有的核心特质。要求六个代码都要包括，只要是代码的分数不为零，则都具备各代码所对应的特质，只是程度不同和内容多少而已。

四、二者匹配

利用连线法、表格法或者直接论述法，将职业所需特质和自我特质进行一一匹配。

五、案例分析

1. 赵声想从事的职业有三个，采用霍兰德人职匹配理论进行了自我分析，结果如下。
1) 职业特质分析
大学教师——该职业要求高学历，善于表达沟通，善于换位思考，表达能力强。
传媒职业经理人——该职业要求具有创造力，对时代现象具有一定的分析与把控能力，要求善于与人打交道。
数据分析员——对操作能力有要求，善于思考分析，工作环境与人打交道少。
2) 自身特质分析
在霍兰德测试中，我较高的几个特性是研究型(I)、艺术型(A)、社会型(S)与现实型(R)。事务型和企业型分数相对较低。总体来说，我是一个喜欢思考、喜欢研究事物、喜欢看相对理论化书籍的人，分析事物、做事时专注。喜欢与艺术相关的事物，比如戏剧、电影、文学等，感知能力较强，听到喜欢的音乐或者震撼的场面甚至会起鸡皮疙瘩。兴趣爱好广泛，操作能力强，善于做手工、烹饪，电脑技术相对较好。同时喜欢与人打交道，善于换位思考，表达能力较强。做事情仔细、认真，也能够担当一些领导职责。

3) 人职匹配

与"大学教师"的匹配分析——这与我在霍兰德测试中研究型(I)与社会型(S)较高的特质相符合。我善于思考的性格与我喜欢研究的特质有利于我更进一步进行自我提升，也迎合了该职业的职业特质。喜欢与人打交道，善于换位思考，帮助他人的性格将使我更能体会到教师职业的职业价值，有利于跟学生打交道。表达能力强有利于课程的讲授。

与"传媒职业经理人"匹配分析——这与我在霍兰德测试中较高的研究型(I)与艺术型(A)相符合。善于与人打交道，迎合了该职业特质，有利于在职场中的人际关系。一定的感知力和表达欲有助于创造出新颖的艺术传媒表现，研究型(I)的分析能力有助于对时代风向、受众喜好的把控。

与"数据分析员"的匹配分析——这与我霍兰德测试中较高的现实型(R)与研究型(I)相符合。我操作能力较强，有利于学习电脑相关技术；喜欢思考，有利于对数据的分析。做事时的认真专注适合这个行业的工作环境。我的事务型特质分数不太高，但是我具备认真、仔细的特质，这个行业也需要这个特质。

总的来说，三个职业所需特质都有可能跟我的个性特征相匹配，所以这三个职业目前都是我的职业目标。

2. 吴娅也根据霍兰德人职匹配理论进行了自我分析，具体如表 4-2 所示。

表 4-2 吴娅的人职匹配表(霍兰德人职匹配理论)

	代码特质	职业所需特质		
		幼师	音乐治疗师	审计
A	自由的工作时间，无具体安排，工作环境装饰精美，观点新颖	耐心，爱心，观察力，引导力，自我思考，沟通能力，创新精神	专业的音乐技能；较高的政治素质；高尚的道德品质；良好的身心素质；较好的人文素养；较强的创新能力	学习能力，思考能力，抓大放小的魄力，充分理解风险导向，沟通能力和情商，开阔的眼光，表达能力
S	喜欢与人打交道的工作，能够不断结交新的朋友			
I	喜欢智力的、抽象的、分析的、独立的定向任务，求知欲强，肯动脑，善思考			
		符合	符合	不太符合

表格解释如下。

幼儿教师：A 可以让我更好地工作，有时需要创新和艺术能力；S 可以让我和家长、幼儿更好地沟通，有耐心、有爱心和道德心；I 可以让我拥有观察力、引导力、自我思考能力。

音乐治疗师：A 可以让我拥有艺术能力、创新能力；S 可以让我具有较好的人文素养、较高的道德品质和良好的身心素质；I 可以让我有钻研精神。

审计：A 可以让我有良好的学习能力、思考能力；S 可以让我有更好的沟通能力；I 喜欢智力的、抽象的、分析的、独立的定向任务的特质可以让我更好地胜任审计工作。但是审计没有自由的工作时间，有待考虑。

总的来说，幼儿教师是我最喜欢的职业。

小贴士：赵声和吴娅都是采用霍兰德人职匹配理论进行的自我分析，两种呈现方式都可以采纳。但是吴娅没有把另外三个代码的特质展示出来，所以吴娅的人职匹配分析内容需要补充完整。

六、课堂活动

假设你是吴娅，请补充完整没有写出来的三个代码特质，并和她喜欢的三个职业的相关特质进行匹配，看是否有匹配得上的特质。

想一想，做一做

用霍兰德人职匹配理论对自己进行人职匹配分析，得出自己需要进一步改进的方向。

第五章 职业决策

第一节 职业决策方法

【课程目标】

1. 理解几种决策方法的异同。
2. 会运用决策方法进行职业决策分析。

一、5W 法[①]

生涯决策方法综合运用——CIP 信息加工理论

生涯决策方法实练——CASVE 循环实例

五个 W 分别如下。

1. What are you? (你是谁？)

"你是谁？"应该对自己进行一次深刻的反思，有一个比较清醒的认识，优点和缺点，都应该一一列出来。

2. What you want? (你想做什么？)

"你想干什么？"是对自己职业发展的一个心理趋向的检查。每个人在不同阶段的兴趣和目标并不完全一致，有时甚至是完全对立的。但随着年龄和经历的增长而逐渐固定，并最终锁定自己的终生理想。

3. What can you do? (你能做什么？)

"你能做什么？"则是对自己能力与潜力的全面总结，一个人职业的定位最根本的还要归结于他的能力，而他职业发展空间的大小则取决于自己的潜力。对于一个人潜力的了解应该从几个方面去认识，如对事的兴趣、做事的韧力、临事的判断力以及知识结构是否全面、是否及时更新等。

4. What can support you? (环境支持或允许你做什么？)

环境支持或允许你做什么？环境对于你的职业选择起着重要影响作用，包括两个方面：一为客观方面，如经济发展、人事政策、企业制度、职业空间等；二为人为主观方面，如家庭支持、朋友关系、同事关系、领导态度、亲戚关系等。对于涉世未深的大学生来说，后者的人为因素更加明显，事实也证明人脉越丰富的大学生找工作更加容易，与此同时职业发展也很容易受家人、朋友等态度的影响。

5. What you can be in the end? (你的最终生涯目标是什么？)

你的最终生涯目标是什么？明晰了前面四个问题，就会从各个问题中找到对实现有关

---

① 许湘岳，吴强. 自我管理教程[M]. 北京：人民出版社，2011：44～45.

生涯目标有利和不利的条件，列出不利条件最少的、自己想做而且又能够做的生涯目标，那么第五个问题"我的最终生涯目标是什么？"自然就有了一个清晰明了的框架。

以上五个 W 涵盖了目标、定位、条件、距离、计划等诸多方面，只要在以上几个关键点上加以细化和精心设计，把自身因素和社会条件做到最大限度的契合，对实施过程加以控制，并能够在现实生活中知晓趋利避害，就会使职业生涯规划更具有实际意义。

二、决策方格法[①]

列出你最向往的 2~3 个生涯发展目标。

(1) 根据你个人的情况，从你的个人价值满足程度、兴趣一致程度、专长的施展空间等方面，一一评估每个职业目标的回报等级：优、良、中、差。

(2) 根据职业发展机会情况，从职业发展机会中对能力与经验要求、学习限制、发展前景等方面，评估每个职业目标的机会。

(3) 根据你对回报和机会的评估结果，在职业目标决策方格中找到相应位置(见图 5-1)，并将职业目标填入决策方格之中。

(4) 将每个职业目标的回报与机会的得分相乘，乘积最大的目标就是最适合你的职业目标。其中：差=1 分，中=2 分，良=3 分，优=4 分。

回报	职业目标的决策方格			
优		目标1		
良				目标3
中			目标2	
差				
	差	中	良	优（机会）

图 5-1　职业目标决策方格

三种职业目标的决策结果如下。

(其中：差=1 分，中=2 分，良=3 分，优=4 分)

目标 1=2×4=8(分)

目标 2=3×2=6(分)

目标 3=4×3=12(分)

综上所述，目标 3 分数最高，是最适合的职业目标。

在解读决策方格法时，需要从以下几个角度去解释。

(1) 分数低于 8 分，不包括 8 分。说明你这个职业目标对于自己来说有两种情况：第一，实现的可能性很小；第二，可以列为远期目标。

(2) 分数在 8~12 分，包括 8 分。说明这个职业目标对于你来说有实现的可能性，所以你要把这个职业目标从回报等级方面如何满足自身的要求，以及从机会等级方面自己如何满足目标的要求两个方面解释清楚。这个目标可以列为中期目标。

(3) 分数高于 12 分，包括 12 分。说明这个职业目标对于你来说实现的可能性很大，

---

① 布莱克，麦坎斯. 领导难题·方格解法[M]，孔令齐，等，译. 北京：中国社会科学出版社，1999.

是近期目标。所以你要把这个职业目标满足了你哪些方面的回报(回报等级角度)，你又满足了哪些目标所需要的特质(机会等级角度)这两方面的内容解释清楚。

三、SWOT 分析法[①]

SWOT 分析法又称为态势分析法，它是由旧金山大学的管理学教授海因茨·韦里克(Heinz Weihrich)于 20 世纪 80 年代初提出来的，是一种能够较客观而准确地分析和研究一个企业现实情况的方法。SWOT 以其很好的分析模式被广泛用于个人的自我分析之中。

在制定生涯目标时，一要考虑自身内部因素；二要考虑外部环境因素。SWOT 分析法是一种有效的自我诊断方法，可以帮助你分析个人的优点和弱点在哪里，并且教你评估出自己所感兴趣的不同职业道路的机会和威胁所在。其中 S 代表 Strength(优势)，W 代表 Weakness(弱势)，O 代表 Opportunity(机会)，T 代表 Threat(威胁)，S、W 是内部因素，O、T 是外部因素。从整体上看，SWOT 可以分为两部分：上半部分为 SW，主要用来分析内部条件；下半部分为 OT，主要用来分析外部条件。利用这种方法可以从中找出对自己有利的、值得发扬的因素，以及对自己不利的、要避开的东西，发现存在的问题，找出解决办法，并明确以后的职业发展方向。SWOT 分析法如表 5-1 所示。

表 5-1　SWOT 分析法

内部个人因素	内部优势(Strength)：你可以控制并且可以利用的内在积极因素。 你擅长什么？ 有什么样的优点？ 你最优秀的品质是什么？你的能力体现在哪里？ 你曾经学习了什么？你曾做过什么？ 最成功的方面是什么？ 和别人有什么不同？ 因为什么比周围人出色？ ……	你的弱势、缺点(Weakness)：你可以控制并努力改善的内在消极因素。 我的性格有什么弱点？ 什么做不来？ 经验或者经历上还有哪些缺陷？ 因为什么感觉失败？ 别人为什么比你好，比你有优势？ ……
外在环境因素	发展机会(Opportunity)：你不可以控制但可以利用的外部积极因素。 有什么适合你的机会？ 3～5 年内有什么更好的发展？ 有什么可以帮助你成功的外部因素？ 社会环境对你的发展目标的支持？ 地理位置优越给专业发展带来的机会？ 就业机会增加。 ……	阻碍、威胁(Threat)：你不可以控制但可以弱化的外部消极因素。 有什么样的压力或危机？ 外部环境会有怎样的改变？ 有什么会阻碍你的发展？ 名校毕业的竞争者。 同专业的大学生带来的竞争。 ……
	你自己真实的卖点：	
	总体鉴定：(评估你制定的职业发展目标)	

[①] 海因茨·韦里克，马克·V.坎尼斯，哈罗德·孔茨. 管理学：全球化与创业视角[M]. 13 版. 马春光，译. 北京：经济科学出版社，2011.

> **小贴士**：进行SWOT分析应注意的方面
>
> 要对个人的优势与劣势有客观的认识，不要过分夸大自己的优势，也不要过于自卑，把自己看得一无是处，要客观全面。同时要区分个人的现状与前景。
>
> 要与其他同专业的同学或你打算从事某一职业的竞争者进行比较，了解自己的优势与劣势。同时在进行SWOT分析时，SWOT分析法要尽量简洁化，避免复杂化与过度分析。

四、决策平衡单①

确定你的职业决策需考虑的因素如下。

自我部分(精神与物质)：

自我精神部分，包括自己的能力、兴趣、价值观、自己的心理需求(自尊、自我实现)；生活方式的改变、成就感、自我实现的程度、兴趣的满足、挑战性、社会声望的提高、发挥个人的才能及其他。

自我物质部分，包括升迁机会、工作环境的安全、社会地位、工作环境、工作发展前景、工作内容、休闲时间、生活变化、对健康的影响、足够的社会资源、能提供培训机会、就业机会及其他。

外在部分(精神与物质)：

外在精神部分，包括父母、师长、配偶、家人支持及其他。

外在物质部分，包括家庭经济收入、择偶及建立家庭、与家人相处时间、家庭的地位及其他。

决策平衡单具体操作如表5-2所示。

表5-2 决策平衡单

选择项目考虑因素		权重(1~5)	职业目标1			职业目标2		
			基本分(1~10)	加权分得(+)	加权分失(−)	基本分(1~10)	加权分得(+)	加权分失(−)
个人物质方面得失	1. 收入							
	2. 工作难易程度							
	3. 升迁机会							
	4. 住宿居住条件							
	5. 工作环境安全							
	6. 休闲时间							
	7. 生活稳定							
	8. 对健康的影响							
	9. 就业机会							

---

① 顾雪英. 当代大学生职业生涯规划[M]. 北京：高等教育出版社，2011.

续表

选择项目考虑因素		权重(1~5)	职业目标1			职业目标2		
			基本分(1~10)	加权分得(+)	加权分失(-)	基本分(1~10)	加权分得(+)	加权分失(-)
他人物质方面得失	1. 家庭经济影响							
	2. 家庭地位及家庭声望影响							
	3. 与家人相处时间							
	4. 与好友相处时间							
	5. 职业的社会认可度							
	6. 社会氛围和职业的发展趋势							
个人精神方面得失	1. 生活方式改变							
	2. 成就感							
	3. 自我实现程度							
	4. 兴趣满足							
	5. 挑战性							
	6. 社会声望值提高							
	7. 社交、人脉改善							
他人精神方面得失	1. 父母心态(支持或否定)							
	2. 师长心态(支持或否定)							
	3. 好友心态(支持或否定)							
合　计			✕		✕			
最后分值			✕	✕		✕		

分　析：

填表人：　　　　　　　　　　　　　　日期：

> 小贴士：表格中的内容可根据需要调整，增加或减少都可以。分值高的职业目标，就是期望的职业目标。

五、期望效用分析法[①]

期望效用分析法的计算公式为

$$EU = E \cdot V$$

式中：EU——期望效用值；

　　　E——期望值(Expection)，表示该职业实现的概率；

　　　V——效用值(Value)，表示该因素对于主体的价值，即主体对于该因素的重视程度。

---

① 顾雪英. 当代大学生职业生涯规划[M]. 北京：高等教育出版社，2011.

期望效用理论认为应该选用期望效用值总和最大的方案。

下面通过一个案例来学习。如表 5-3 所示，是吴娅的期望效用分析表。

表 5-3　吴娅的职业决策期望效用分析表

考虑因素	V(效用值) 1～10	E 期望值(0～1) 教师	E 期望值(0～1) 传媒职业经理人	EU(1～10) 教师	EU(1～10) 传媒职业经理人
工作安全	9	1.0	0.8	9	7.2
高收入	10	0.4	1	4	10
社会地位	6	0.5	0.7	3	4.2
工作稳定	6	1.0	0.9	6	5.4
工作挑战	7	0.4	0.8	2.8	5.6
休闲时间	4	1.0	0.4	4	1.6
家人相处	7	1.0	0.4	7	2.8
期望效用总和				35.8	36.8

如表 5-3 所示，传媒职业经理人是吴娅期望效用分数较高的那个职业目标，所以吴娅对于传媒职业经理人这个职业目标是比较满意和喜欢的。

小贴士：

1. 考虑因素是自己的价值观方面的因素。

2. 采用期望效用表，得出最高期望效用值之后，需要进一步分析为什么会是这个职业目标的分数比较高，哪些方面满足了自身的需求。

六、案例分析

案例 1　赵声是学数字媒体艺术的，但是她的妈妈想让她当幼儿教师，认为工作稳定。她也不排斥这个选择，所以她也想通过 SWOT 分析彻底了解一下幼儿教师这一职业目标的利弊，结果如表 5-4 所示。

表 5-4　赵声的 SWOT 分析表

	内部优势、优点(Strength)：你可以控制并且可以利用的内在积极因素。 1. 人际交往能力较强，可以很自然地和第一次见面的人交流。 2. 性格开朗，并且喜欢和小朋友们接触，一起玩。 3. 在幼儿艺术机构有过兼职的经验，有一定的经验积累。 4. 思维活跃，有丰富的想象力，有一定的绘画基础	你的弱势、缺点(Weakness)：你可以控制并努力改善的内在消极因素。 1. 性格有时候较为急躁，有时候表达自己较为直接。 2. 对于新鲜的事物，有一定的好奇心，但是容易三分钟热度。 3. 处理事情较为犹豫，虽然内心有自己的决定，但还是不够果断。 4. 做事情有时拖拉，不够雷厉风行
内部个人因素		

外在环境因素	发展机会(Opportunity)：你不可以控制但可以利用的外部积极因素。 1. 现在的家长都很注重孩子的幼儿教育。 2. 身边有从事这一类行业的老师。 3. 现在幼儿行业的就业前景还是很广阔的，以及有关此行业的职业还是很多的。 4. 二胎政策的实施也使幼儿教师成为刚需职业。 5. 毕竟我才大二，还有1~2年的时间，促使自己进步	阻碍、威胁(Threat)：你不可以控制但可以弱化的外部消极因素。 1. 由于专业原因，无法直接学习到有关幼儿方面的专业知识。 2. 现在有关幼儿行业的竞争很激烈。 3. 毕竟我现在才大二，而且专业也不对口，相比重点大学以及学前教育的同学，自身实力不够突出
你自己真实的卖点：我对于幼儿绘画这一行业有足够的兴趣，我有过兼职的经历。性格上也乐观开朗，并且喜欢和小朋友们一起玩，所以和小朋友相处应该会很融洽		
总体鉴定：(评估你制定的职业发展目标)通过上述分析，我认为我是一个乐观开朗的人，喜欢和小朋友们相处。与这份职业所需的性格相符合，也有一定的绘画基础。在毕业前1~2年的时间内，可以选择将学前教育作为自己的第二专业，多增加自己实践的经验，以及提升自己有关幼儿教育方面的知识，提高自己，为以后的就业做好准备		

综上所述，幼儿教师这一目标对于赵声来说是能够实现的，前提是自己要有相关的资质，可以读第二专业，并且同时报考幼儿教师资格证。

案例2 5W法。

宋鑫(英语专业，大三学生)根据5W法做了自我分析，内容如下。

个人简介：宋鑫，女，英语三年级，大三学生，还有一年毕业，她对自己的职业目标难以确立。外语专业跟哪个行业都能挂钩，找一份差不多的工作并不难，但由于自己性格外向，不喜欢单调的办公室生活；同时自己特别喜欢导游职业。以下是关于5个W的问题答案。

What are you：某高校英语专业大三学生；优秀学生干部，学业成绩优秀，英语过国家六级；第二专业是旅游管理专业，辅修旅游英语、旅游管理、导游概论等课程；已取得旅游发展委员会颁发的"导游证书"。家庭状况一般，父母工作稳定，身体健康，暂时还不需要有人特别照顾；自己身体健康，个性活跃，喜欢热闹，组织能力特强。

What you want：很想成为一名导游，自己比较喜欢这种职业；也可以成为宾馆、饭店的管理人员；还可以考虑出国读书，回国后从事英语翻译。

What can you do：在宾馆做过前台接待，当前台接待时曾因英语口语良好，受邀担任过随团导游兼翻译，很有成就感；当过学生干部，团队合作意识较强，多次参与学校组织的有影响的大型活动。

What can support you：家长希望她能去国外继续深造取得研究生文凭；学校老师推荐去一家品牌化妆品公司担任外方客户维护；有同学自己开了一家货贷公司，希望她能够加盟，但自己不了解货贷公司的具体业务，也不知道它有多大的发展前途；在暑期社会实践时找到了一份兼职导游的工作，希望自己能成为全职导游。

What you can be in the end：最后的选择可能有四种，分别如下。

(1) 到国外去继续深造，学成归来做自己梦寐以求的翻译工作。但考虑家境一般，要举债读书，心里很不舒服，压力也太大，想等自己有能力、有精力了再去深造，也好减轻父母的负担。

(2) 到品牌化妆品公司担任外方客户维护,收入应当不错,但从发展的角度来看,化妆品行业竞争激烈,起伏较大,自己对此行业的兴趣也不是很大。

(3) 去同学的货贷公司做管理,一是害怕自己的专业知识用不上,日久会荒废掉;二是担心对货贷行业不熟悉,承担风险较大;三是来自家庭的阻力,会令自己左右为难。

(4) 如愿从兼职导游转为全职导游。一面带团出游,一面利用业余时间继续学习,把外语知识与旅游知识有机结合起来。

单纯从职业发展上看,这四种选择都有其合理性,但如果从个体而言,第四种选择显然更符合宋鑫本人的职业价值取向。从心理学上看,选择导游这份职业能够满足她乐于与人打交道的个性特点,在工作中也最容易投入,做出一定的成绩后会有很大的成就感。从职业前途上看,导游这个职业社会需求量很大。从职业兴趣上看,这种职业也比较符合她的职业兴趣倾向。从能力角度来看,当导游能发挥她的组织能力和交往能力。当然带队出游的时间里可能会影响她的继续深造,如果她能够确定自己的最终目标后努力去弥补,那么宋鑫实现自己的职业理想将为时不远。

宋鑫的 5W 法自我分析,将自己的四个职业目标分析得清晰透彻,然后根据自己的内在需求如价值观、职业能力、个性特征等进行总结,得出导游是自己的最终选择。

七、课堂活动

如表 5-5 所示,利用期望效用值的决策方法进行职业决策。

表 5-5 自己的职业决策期望效用分析

考虑因素	V(效用值) 1~10	E(概率(0~1))		EU(1~10)	
		职业 1	职业 2	职业 1	职业 2
1.					
2.					
3.					
4.					
5.					
6.					
……					
期望效用值总和					

想一想,做一做

1. 采用 5W 法、决策方格法、决策平衡单法、SWOT 分析法、期望效用法进行决策分析。

2. 对比一下以上几种决策方法得出的结论,结果有什么异同吗?

第二节 决 策 风 格

【课程目标】
1. 了解自己的决策风格是什么。
2. 会结合自己的实际生活解释决策风格。

一、决策风格的概念及分类

"决策"通常是指从多种可能中作出选择和决定。而决策风格，是指个体在长期的决策过程中形成的比较稳定的决策倾向。不同的决策风格对决策结果影响重大，其主要表现在：拥有不同决策风格的人在制定决策方式时对决策的步骤有不同的偏好，且不同决策风格的人对行动的迫切性有不同的反应，他们在对待风险的态度与处理问题方面具有差异。[1]

丁克里奇(Dinklage)则将人们作决策的风格归纳为八个类型[2]，如表5-6所示。

表5-6 决策风格的类型

决策类型	说　明	行为特征	优　势
冲动型	决策的过程基于冲动，决策者选择第一个遇上的选择方案，立即反应	先做了再说，以后再想后果	不必花时间搜集资料
宿命型	决策者知道做决策的需要，但自己不愿做决策，而把决策的权力交给命运或者别人，因此认为做什么选择都是一样的	船到桥头自然直，天塌下来会有大个子顶着，反正食也、运也、命也	减少冲突，不必自己负责任
顺从型	自己想做决策，但是无法坚持己见，常会屈服于权威者的指示和决策	如果你说可以，就可以，都听你的	维持表面和谐
拖延型	知道问题所在，但经常迟迟不做决策，或者到最后一刻才做决策	急什么？明天再说吧	延长做决定的时间
直觉型	根据感觉而非思考来做决策。只考虑自己想要的，不在乎外在的因素	嗯，感觉还不错，就这么决定了	比较简单省事
麻痹型	害怕做决策的结果，也不愿负责，选择麻痹自己来逃避做决策	我知道该怎么做，可是我办不到	可以暂时不做决定
犹豫型	选择的项目太多，无法从中做出取舍，经常处于挣扎的状态，下不了决策	我决不能轻易决定，万一选错了，那就惨了	搜集充分完整的资料
计划型	做决策时会倾听自己内在的声音，也考虑外在环境的要求，以做出适当且明智的抉择	一切主动权在我手里，我是命运的主宰，是自己的主人	主动积极，面对问题，解决问题

---

[1] 杨锐，殷晓彦. 管理学原理[M]. 北京：人民邮电出版社，2012.
[2] 吴芝怡. 我的生涯手册[M]. 北京：经济日报出版社，2008.

二、案例分析

学习部干事宋鑫通过对自己日常生活的观察,确定了大部分的决策风格是冲动型,具体解读如表 5-7 所示。

表 5-7　决定风格案例分析

项　目	类　型							
	计划型	犹豫型	麻痹型	直觉型	拖延型	顺从型	宿命型	冲动型
早起时间								√
三餐选择		√						
课后时间安排								√
什么时候开始学习								√
作业时间安排					√			
如何安排考试复习								√
打工安排	√							
职业选择	√							
零用钱分配								√
业余时间管理				√				
结交朋友								√

通过对日常生活中实施的决策风格可以发现,我更加倾向于冲动型。通过老师上课的分析,这个类型的优点是好打交道、天真简单,不会被事物太多的内在逻辑所困扰;缺点是喜怒无常、阴晴不定,很容易冲动做事,不会思考太多以及考虑后果。在日常生活中,我经常看情绪的好坏做事情,心情好一切都是美好的,根据自己想要的能够很快做出决定,不会纠结来纠结去,这样也不会给自己徒增很多没必要的烦恼。但心情不好的时候就会意志消沉,什么事情都干不好,有时情绪大起大落导致不能专注做事以及容易做错事。

我希望全部都能够按照计划型的方式来解决日常问题,这样会更加缜密且有条理。因此我希望能够控制住自己的情绪,不让自己那么幼稚,说话做事之前先动动脑子,大大咧咧、嘻嘻哈哈会给别人造成不好的影响,尽量做到"收",但同时我对事对人的目的性不强,能更加真实地与人相处,对于人际交往方面可以有效发挥自己的性格特质。

三、课堂活动

3~5 人组成一个小组,讨论回答以下问题。

(1) 在日常生活中你做决定倾向于哪种决策风格?这个风格的优点是什么?缺点是什么?

(2) 从过去的一些经验中,你发现你的决策风格对你的影响是什么?正面影响有哪些?负面影响有哪些?

(3) 你觉得哪种决策风格对你在日常生活中解决问题的帮助最大？

(4) 在以后的学习、工作、生活中，如何有效地发扬你作决策的优点、改善缺点？

想一想，做一做

总结自己日常生活中表现最多的是哪种决策风格，并结合实例进行自我分析。

第六章 行动计划与风险评估

第一节 制订短、中、长期计划

【课程目标】

1. 理解短、中、长期计划的含义。
2. 将职业目标具体落实为短、中、长期计划。

进一步澄清
职业目标——
生涯幻游

一、制订短期计划(1~2年)

短期计划是指从现在开始,你 1~2 年内要完成的目标以及相对应的能力、兴趣培养。具体要求如表 6-1 所示。

表 6-1 短期计划

要 求	具体内容
短期职业目标	
年龄阶段	
主要任务(列举)	
符合的兴趣支撑(霍兰德)	
符合的能力支撑	
符合的价值观支撑	
尚需培养的兴趣、能力等	
尚需获取的资质证书	
尚需具备的其他条件(列举)	
短期行动计划(包括培训、进修计划)	

将表 6-1 填完之后,需要将行动计划再细化为年计划、月计划、周计划。

(1) 年计划:以月为单位,写清一年内(12 个月)的具体行动是什么,达到的目标。

(2) 月计划:以周为单位,写清一个月(4 周)的具体行动安排,达到的目标。

(3) 周计划:以天为单位,写清一周(7 天)的具体行动安排,每个时间段做些什么,达到的目标。

二、制订中期计划(3~5年)

需要完成表 6-2。

表 6-2 中期计划

要求	具体内容
中期职业目标	
年龄阶段	
主要任务(列举)	
符合的兴趣支撑(霍兰德)	
符合的能力支撑	
符合的价值观支撑	
尚需培养的兴趣、能力等	
尚需获取的资质证书	
尚需具备的其他条件(列举)	
短期行动计划(包括培训、进修计划)	

三、制订长期计划(6～10年)

需要完成表 6-3，之后再根据行动计划画出职业生涯路线图，写明职业生涯路线图上每个阶段的分期解释。

表 6-3 长期计划

要求	具体内容
长期职业目标	
年龄阶段	
主要任务(列举)	
符合的兴趣支撑(霍兰德)	
符合的能力支撑	
符合的价值观支撑	
尚需培养的兴趣、能力等	
尚需获取的资质证书	
尚需具备的其他条件(列举)	
短期行动计划(包括培训、进修计划)	

(1) 10～15 年职业生涯路线图：从现在开始计算，将 10～15 年的职业生涯路线图用坐标图的方式画出来。

(2) 职业生涯路线图分期解释：将职业生涯路线图上每个时间段都做些什么解释清楚。

四、案例分析

宋鑫的英语很好，在大二时就通过了大学英语六级考试。接下来要考英语专业四级考试。但是她不想继续学习英语专业，对她来说英语就是一门工具。公关行业是她想尝试的一个方向，于是她制订了长期行动计划后，列出了 15 年职业生涯路线图，如图 6-1 所示。

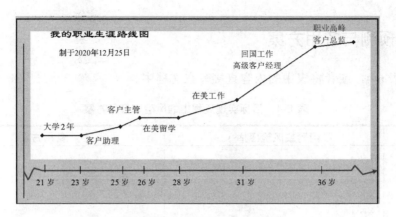

表 6-1　15 年职业生涯路线图

15 职业生涯路线图分期解释如下。

(1) 由于公关公司尤其是知名的公关公司可以接触各类不同的大中型的社会企事业单位(许多为世界 500 强等知名公司)，负责各种类型的公关项目，工作内容更为灵活，更具新鲜感，所以我选择在公关公司发展。

(2) 考虑家庭经济状况，我选择先就业再深造。公关行业是知识密集型行业，若想往更高处晋升，知识和视野的拓宽必不可少，而先就业后深造有利于我对公关行业有更深的认识和更有针对性地学习。又因为知名公关公司总部多设在美国，美国公关行业发展最为成熟，看新冠肺炎疫情发展情况，如果形势发展较好，我将深造地点锁定在美国。

(3) 国外工作经验的增加将会带给我丰富的管理经验，并提升在国内的竞争力。所以我选择在美国(我的深造地)从事相关工作 2～3 年。

(4) 回国是必然选择，由于我具备一定的学历和 5 年以上的海内外工作经验，我将竞聘高级客户经理并在该岗位上用 5 年的时间来积淀我的公关经验，然后向客户总监冲刺。

五、课堂活动

3～5 人一组，讨论一下各自的年计划、月计划和周计划。

想一想，做一做

制订自己的短期(包括年计划、月计划、周计划)、中期、长期计划(包括 10～15 年的职业生涯路线图和分期解释)。

第二节　风险评估

【课程目标】

1. 了解自己的职业目标在实施过程中会有哪些风险。
2. 会根据风险，制订备用方案和计划。

一、风险预测与备用方案

请填写表 6-4，或者将表中的内容直接写在文档中。

表 6-4　目标实现过程中的风险和备用方案

目标		阻碍或风险(列举)	备用方案
短期目标	目标 1	1. 2. 3. ……	
	目标 2		
	目标 3		
	……		
中期目标	目标 1	1. 2. 3. ……	
	目标 2		
	目标 3		
	……		
长期目标	目标 1	1. 2. 3. ……	
	目标 2		
	目标 3		
	……		

注：① 风险或阻碍是指遇到的风险或阻碍，使得职业目标实现不了。
②　"目标 2，目标 3，……"是指相应阶段的其他目标。
③　遇到的风险要一一列举。

二、修正时间和监督人

修正时间根据实际情况可以是半年、一年，遇到特殊困难或者特殊情况，修正时间也可以是每月或者每季度。

监督执行人可以是自己的父母、朋友等，负责监督自己完成这份生涯规划书。

三、案例分析

吴娅在做完职业生涯规划书之后，对于自己喜欢的三个职业，即幼儿教师(短期目标)、音乐治疗师(中期目标)、传媒职业经理人(长期目标)，所分析的风险预测和备用计划如下。

1. 可能遇到的风险

幼儿教师的风险：当遇到如此次疫情的情况，幼儿园无法开园；如果在民办幼儿园就面临工薪问题；若所在幼儿园发生重大事故，无生源，则面临另寻出路的风险。

音乐治疗师的风险：新行业，无保障；周围人不了解，只当是弹弹琴唱唱歌舒缓心情，无用武之地；没有完整的产业结构。

传媒职业经理人的风险：非传媒专业毕业学生入行有困难。

2. 备用计划

幼儿教师：风险来临可以寻找早教机构或晚托班等来平衡损失。

音乐治疗师：可以在大学当老师，推广行业，又有一定的稳定收入，余留时间可以继续去给他人做音乐治疗疗程。

传媒职业经理人：备用方案是继续做幼儿教师或者音乐治疗师。

3. 监督执行人

吴雄(父亲)。

计划更新时间：一年更新一次。

注：可以采用这样直接陈述的方式撰写风险评估和备用计划，也可以采用表格的形式。

四、课堂活动

根据自己前面的职业目标，填写风险评估和备用方案表格。

想一想，做一做

完成整个职业生涯规划书，进行风险评估和备用方案设计。

第三节 职业自我效能感

【课程目标】

1. 了解自己的职业自我效能感。
2. 能够根据自己所学内容评估并解读自己在职业决策自我效能感问卷中的得分。

一、职业自我效能感量表

自我效能作为一种主体性因素，它渗透到人类的各种机能活动中，而且可以通过学习来激活、加强。这就为心理学家理解人类各领域中的行为，在尊重人、发挥人的潜力的前提条件下，干预和改变人的行为选择提供了契机。正是在这一理论背景下，心理学家们开始运用自我效能理论来解释人类的职业相关行为，提出了职业自我效能理论。

因此，职业自我效能概念与自我效能概念一样，不是指某种人格特质，或职业行为能力自身，而是指综合各种信息，基于对自身某种职业行为能力的判断和评估，所形成的对自身能力的信心或信念,即职业自我效能反映的是个体对自己完成特定职业的相关任务或行为的能力的知觉或对达成职业行为目标的信心或信念。[1]

请根据表 6-5 中的条目所列内容,即自我了解的程度,表格右侧数字 0 至 9 代表拥有信心的程度,在数字 0 至 9 中选择一个数字,0 代表没有信心,9 代表超有信心。

表 6-5　职业自我效能感量表[2](Career Decision-Making Self-Efficacy Scale)[3]

序号	条目	信心程度
1	能做出生涯决策,并且不担心这个决策是否正确	0 1 2 3 4 5 6 7 8 9
2	能够查找有关雇用英语专业大学毕业生的公司信息	0 1 2 3 4 5 6 7 8 9
3	能想出办法去改善自己在学校中的考试不及格	0 1 2 3 4 5 6 7 8 9
4	会在离开学校 5~10 年后再回到学校进修	0 1 2 3 4 5 6 7 8 9
5	能够查找有关工程教育课程(项目)的信息	0 1 2 3 4 5 6 7 8 9
6	为了目标有自己的五年规划	0 1 2 3 4 5 6 7 8 9
7	选择了一个你父母不认可的专业或者职业	0 1 2 3 4 5 6 7 8 9
8	能准备一份好的简历	0 1 2 3 4 5 6 7 8 9
9	如果你对自己所从事的职业不满意就改变职业	0 1 2 3 4 5 6 7 8 9
10	即使在就业市场中你喜欢的专业领域已逐渐变为冷门,你仍选择这个专业	0 1 2 3 4 5 6 7 8 9
11	能准确评估自己的能力	0 1 2 3 4 5 6 7 8 9
12	能从你的老师那里得到推荐信	0 1 2 3 4 5 6 7 8 9
13	如果你在专业的某一方面有学习困难,能决定所采取的步骤	0 1 2 3 4 5 6 7 8 9
14	会选择一份职业,里面大多数员工都是异性	0 1 2 3 4 5 6 7 8 9
15	如果你不能得到第一选择,那么可以鉴别出某些合理的专业或者职业选择	0 1 2 3 4 5 6 7 8 9
16	如果你不喜欢你的第一选择,会改变专业	0 1 2 3 4 5 6 7 8 9
17	能弄清楚自己是否有能力顺利地完成数学课	0 1 2 3 4 5 6 7 8 9
18	很清楚为了实现自己的目标,哪些能够失去,哪些不能够失去	0 1 2 3 4 5 6 7 8 9
19	能找到并且会去使用学校就业办公室	0 1 2 3 4 5 6 7 8 9
20	能确定自己的理想工作	0 1 2 3 4 5 6 7 8 0 9
21	能从你正在考虑的潜在职业清单中选择一份职业	0 1 2 3 4 5 6 7 8 9
22	描述你想从事的职业/岗位的工作职责	0 1 2 3 4 5 6 7 8 9
23	能成功地掌控求职面试流程	0 1 2 3 4 5 6 7 8 9
24	能从你正在考虑的潜在专业清单中选择一个专业	0 1 2 3 4 5 6 7 8 9

---

[1] Bandura, A. Self-efficacy: Toward a unifying theory of behavioral change. Psychological Review[J]. 1977, 84 (2): 191~215.

[2] Zhongmiao Sun, the effects of design thinking on students' career self-efficacy in career guidance courses[D]. The University of Pacific, 2019. Retrieved from https://scholarlycommons.pacific.edu/uop_etds/3607.

[3] Betz, N.E., & Luzzo, D.A. (1996). Career Assessment and the Career Decision-Making Self-Efficacy Scale[J]. Journal of Career Assessment. 4 (4), 413~428.

续表

序号	条目	信心程度
25	第一次被拒绝之后能够再次向研究生学校提出申请	0 1 2 3 4 5 6 7 8 9
26	能在图书馆找到你感兴趣的职业信息	0 1 2 3 4 5 6 7 8 9
27	能够查找一个职业在20世纪80年代的就业趋势	0 1 2 3 4 5 6 7 8 9
28	能列出几个自己感兴趣的专业名称	0 1 2 3 4 5 6 7 8 9
29	会为了自己真正喜欢的工作搬家到另外一个城市去生活	0 1 2 3 4 5 6 7 8 9
30	能在一份职业中判断出什么是自己最看中的部分	0 1 2 3 4 5 6 7 8 9
31	能够坚持从事于你的专业或职业目标即使你受到挫折	0 1 2 3 4 5 6 7 8 9
32	选择一份你喜爱的、适合你生活方式的职业	0 1 2 3 4 5 6 7 8 9
33	会计划不属于你专业内容的课程作业,但能够在未来的职业中帮助你	0 1 2 3 4 5 6 7 8 9
34	能确定自己最擅长的学科	0 1 2 3 4 5 6 7 8 9
35	能识别出与你职业发展潜力有关的老板、公司和单位	0 1 2 3 4 5 6 7 8 9
36	会反抗你的父母或者朋友想让你从事超出你能力范围的职业或者专业	0 1 2 3 4 5 6 7 8 9
37	为了完成你所选择的专业能确定你所需要的步骤	0 1 2 3 4 5 6 7 8 9
38	能列出几个自己感兴趣的职业名称	0 1 2 3 4 5 6 7 8 9
39	能选择出适合你能力的专业或者职业	0 1 2 3 4 5 6 7 8 9
40	为了达到职业目标能确定你是否需要在研究生或者职业学校进修	0 1 2 3 4 5 6 7 8 9
41	选择一份适合你兴趣的专业或者职业	0 1 2 3 4 5 6 7 8 9
42	会选择最好的专业,即使它会花费你更长的时间去获取学位证书	0 1 2 3 4 5 6 7 8 9
43	会参与一项工作并获取关于你未来职业目标的工作经验	0 1 2 3 4 5 6 7 8 9
44	能查找有关研究生院或专业学校的信息	0 1 2 3 4 5 6 7 8 9
45	能了解从事某一职业人群的年平均收入	0 1 2 3 4 5 6 7 8 9
46	会向老师询问与所学专业相关的研究生学校和相关就业机会	0 1 2 3 4 5 6 7 8 9
47	能够和你正在考虑攻读专业的系里的教师交谈	0 1 2 3 4 5 6 7 8 9
48	能定义出自己想要的生活方式	0 1 2 3 4 5 6 7 8 9
49	能确定自己是喜欢与人合作还是更喜欢与信息打交道	0 1 2 3 4 5 6 7 8 9
50	能与一位已经在你感兴趣的领域中工作的人交谈	0 1 2 3 4 5 6 7 8 9

注:职业自我效能感量表放在生涯篇的最后,主要作用在于测评学生对于生涯篇内容的理解、掌握和实施,从而评估本部分课程内容(包括:第二章 认识自我;第三章 职场环境探索;第四章 人职匹配;第五章 职业决策;第六章 行动计划和风险评估)的有效性。

二、职业自我效能感量表解读

(1) 根据认识自我、职场探索、目标选择、职业决策、行动计划五个方面相对应的题目及测评目的(见表6-6),得出总分数。

表 6-6　职业自我效能感量表评分汇总

题 目	测评目的	得分(总和)
11、17、18、20、28、30、34、38、48、49	认识自我——自我评估、分析能力：通过了解自己的职业兴趣、能力、价值观等来自我评价	
2、5、22、26、27、44、45、46、47、50	职场探索——信息搜索能力：通过与职场人士交谈，搜索自己感兴趣的职业、专业的相关信息，锻炼自己的信息搜索能力	
1、7、10、14、21、24、32、39、41、42	目标选择——人职匹配能力：将自身特质与职业或者专业所需特质进行匹配	
3、4、9、13、15、16、25、29、31、36	职业决策——问题解决能力：当目标遇到困难时自己的处理方式方法，以及如何做出决策	
6、8、12、19、23、33、35、37、40、43	行动计划——制订计划能力以及实施能力：如何根据职业目标制订并实施计划，寻找相关的实践机会，投递简历及面试	

(2) 表 6-6 中，分数较低的部分代表自己的不足之处。看一下自己具备了哪些方面的知识和能力，哪些方面还有待提升，在本书接下来的篇章中将有目的地深入学习。

三、案例分析

赵声做完职业自我效能感量表之后，发现自己对于简历制作、面试、创业等方面的能力有所欠缺，所以有目的地对接下来的"职场篇"和"创业篇"认真学习起来。

四、课堂活动

用思维导图法画出自己在职业自我效能感量表中的不足之处，并写出计划实施的方向。

想一想，做一做

做完整个生涯规划书之后，测评一下自己的职业自我效能感，找出不足之处，确定未来的学习方向。

第二篇

职场篇

第七章 职业素养

第一节 职业素养的内涵及功能

【课程目标】
1. 了解职业素养的构成。
2. 了解职业素养的特征和功能。

一、职业素养的构成

2021届我国普通高校毕业生总规模909万,同比增加35万,面临的就业形势严峻复杂,大学生就业难已经不再是新鲜的话题。在大学生毕业数量逐年递增的同时,社会上许多企业单位却处于"招工难"的状况。事实表明,当前高校毕业生在职业素养方面很难满足当下企业单位的招人、用人的需求,从而导致了这种现象的产生。培养大学生的职业素养已经成为当下众多高校亟须解决的首要问题。

对于"素养"一词,《现代汉语词典(第7版)》中的解释为"平日的修养",《辞海》解释为"经常修习培养"。从词的本义角度来说,"素养"是指人通过长期的学习和实践(修习培养)在某一方面所达到的高度。它是指一个人在品德、知识、才能和体格诸方面先天性的条件和后天性的学习与锻炼的综合结果。职业素养的组成,如表7-1所示。

表7-1 职业素养的组成

职业素养	构成要素	获得途径
外在职业素养	由职业人的形象、资质、知识和职业技能等要素构成	可以通过各种学历证书、职业资格证书来证明,或者通过专业考试来验证
内在职业素养	由职业人的道德文明、守法意识、对待职业的态度和观念等要素构成	这部分较难得到测量,不能通过简单浅显的说教而得到改变,往往需要经过当事人自己的切身感悟和实际实践才能真正得到改变,占整座冰山的7/8。内在职业素养是不能直接观察到的,能够让人直接观察到的只是一小部分。内在职业素养是职业内在规范及要求在每个个体身上的内化,也是从业人员在职场过程中体现出来的综合能力素质[①]

一般来讲,职业素养由两部分组成:一部分是外在职业素养,另一部分是人们看不见、内在的素养,外在职业素养和内在职业素养共同构成了职业人所应具备的全部职业素

---

① 王玉明. 职业素养[M]. 北京:中国劳动社会保障出版社,2020.

养。①美国著名心理学家麦克利兰提出的素质冰山模型可用来分析个体素质结构。浮在水面以上的部分是外在职业素养,相对比较容易通过特定的培训来改变、发展和提升,占整座冰山模型的1/8;隐藏在水面以下的部分是内在职业素养。

职业素养的构成,具体体现在学习能力、沟通能力、组织协调能力、意志品质、进取心和求知欲、敬业精神、责任意识,团队意识等。②

二、职业素养的特征

职业素养的特征如表7-2所示。

表7-2 职业素养的特征

特 征	具体表现
普适性	不同种类的职业对于岗位的具体要求是不相同的,但是对于职业基本素养的要求却是一致的。对于任何一个职场人士,就要务实、协作、敬业、诚信,这对于任何一种职业来说,都是基本要求,也是每个人进入职场生涯中必须具备、掌握的基本素养
稳定性	在长期工作生涯中的日积月累,一个人的职业基本素养会逐渐形成,一旦形成,便固定下来,它具有相对的稳定性
发展性	社会的进步和发展对人们不断地提出新的要求;同时人们为了更好地适应、满足社会的发展需要,也在不断地提升自我的素养③
内在性	从业者在漫长的职场生涯活动中,经过自身的长期学习,不断地加强认识和切身实际体验,知道怎么做是合适的,怎样做又是不合适的,从而有意识地强化、积淀这些心理品质

三、职业素养的功能及举例

1. 职业素养的功能

职业素养的功能(见表 7-3)可以作为职业内在的规范和要求,是一个人在从业过程中所表现出的综合品质,这种品质具有相对稳定性,对工作的影响起决定性作用。很多企事业单位之所以招不到满意合适的人选是因为没有找到具备良好职业素养的大学毕业生,当今很多企业已经把职业素养作为对人进行评价的重要指标。职业素养是职业内在转化的要求和规范,是职业人在工作过程中所表现出来的综合素质。④

表7-3 职业素养的功能

功 能	具体体现
协调功能	职业素养能够调节复杂职场中人与人、人与社会之间的纵横交错的关系,使人们之间能够为宏观的大目标、大方向互帮互助、友好和谐地相处,进而推动整个社会的有效合理运转

---

① 王玉明. 职业素养[M]. 北京:中国劳动社会保障出版社,2019.
② 刘兰明. 职业基本素养教育探究——兼论职业教育"关键能力"[J]. 中国高教研究,2011(8).
③ 刘兰明. 职业基本素养[M]. 北京:高等教育出版社,2020.
④ 庄明科,谢伟. 大学生职业素养提升[M]. 北京:高等教育出版社,2015.

续表

功 能	具体体现
规范功能	职业素养具有使职场中人们的职业品质、行为模式趋于规范的功能,社会中每一个从业者和单位组织都要按照职业素养的基本要求去规范职业素养。职业素养的内在活力正在于它可以有效约束人们的行为,使国家、社会、团体组织能够合理运转
教育、反馈功能	这个功能对于我们大学生很重要,有利于督促我们系统全面地对自我职业素养进行一定的自我反省和能力提升

2. 华为用人、识人的 5 项素质

华为用人、识人的 5 项素质为主动性、概念思维、影响力、成就导向和坚韧性,如表 7-4 所示。①

表 7-4 华为用人、识人的 5 项素质

素 质	具体表现
主动性	人在工作当中不惜投入更多的精力,善于发现和创造新的机会,提前预测事情发生的可能性,采取行动,从而提高工作绩效,避免问题的发生或创造新的机遇。这种主动不只是简单地积极行动,而是强调要有结果,要有预见性,而且这种预见性要产生好的结果
概念思维	概念思维是一种识别表面上没有明显联系的事情之间内部联系的本质特征的能力,也就是说在面对不确定现象的时候,能找到里面的要害,高屋建瓴,一语道破。这是一种大的思考结构,要根据有限的信息做出全面的判断
影响力	施加影响的能力,是试图去说服、劝服、影响他人,留下印象,让他人支持自己观点的能力。影响力其实是人与人之间的一个场。这个场是一个人魅力所构成的天然资源,是一种人和人相互影响的方式。影响力的难点在于:主观上我们想让别人接受我们的观点,但是客观上我们又没有权力将自己的意愿强加给别人
成就导向	拥有完成某项任务,或在工作中追求卓越的愿望。也就是说,一个人对自己的定位是小富即安,还是愿意从事具有挑战性的工作。成就导向高的人在工作中会强烈地表现自己的能力,并且不断地为自己树立标准。这就是我们经常讲的自驱力
坚韧性	在艰苦或不利的条件下克服自身困难,努力实现目标;面对他人的敌意,能保持冷静和稳定的状态,忍受这种压力。聪明人往往韧性不够,韧性够的人冲劲又往往不足,但最终能成功的人不一定极为聪明,却一定要能坚持。因此,坚韧性是成功的基础。一个人只有坚持才能成功,没有经历过困难,没有经历过磨炼,是不可能走向成功的

通过华为用人、识人的 5 项素质,我们可以看出:当今企业已经把职业素养作为录用大学毕业生的重要指标,不再局限于对我们的知识和技能考察,而是对我们的求职动机、个人品质、价值观、自我认知和角色定位等方面进行综合考虑。这决定了我们发展职业素养的必要性和紧迫性。职业素养将决定我们今后的职业生涯所能取得的成就和所能达到的高度,也是同一职业、同一岗位区分孰优孰劣最为重要的指标。古今中外,那些在某一职业或行业有所建树的人,无不是在职业素养方面超越了其他人。职业素养高的工作者能较

---

① 冉涛. 华为灰度管理法:成就华为的基本法则[M]. 北京:中信出版集团,2019.

好地掌控和完成工作，取得满意的业绩；职业素养偏低的工作者往往达不到既定目标，表现也不尽如人意。

四、案例分析

汽车服务专业三年级的夏宇在实习的时候了解到目标公司对人才选择的要求主要有：对公司的前景有所了解、有创造力、能灵活适应各种变化、具有凝聚力、带领团队共同进步、行动迅速、有步骤、有条理、有系统；是非分明，敢于并能做出正确的决定，品行端正、诚实、值得信任、尊重他人、具有合作精神。同时这家公司在招聘时特别注重这样一个素质：看这个人有没有发展意识，既要发展自己，同时也必须发展别人。了解到这些信息后的夏宇意识到：职业素养是职场生涯健康持续发展的关键能力和必要品格。当个体面对职场变换和职业变迁时，职业素养能够实现职场经验与能力的直接迁移。它可以更好地促进自己在新的职场生涯中稳定生存和快速发展。职业的成功与否与自己是否具有良好的职业素养有着密切的联系，它关系着自己的健康成长，也决定着能否顺利就业和适应岗位。良好的职业素养，不仅有利于自己对知识和技能的学习，还有利于稳定个人职业和规划职业生涯。夏宇觉得培养和提高自己的职业素养尤其紧迫且势在必行，在日常生活中自己会继续培养各方面素养，无论是从书本还是实践中自己都要善于学习，提升自己的潜在能力。

五、课堂活动

用思维导图法列出以下问题的答案。
(1) 什么是外部职业素养？什么是内部职业素养？
(2) 职业素养的特征是什么？
(3) 职业素养具有哪些功能？

想一想，做一做

你认识到职业素养的重要性了吗？你是怎么理解职业素养的含义的？

第二节　大学生职业素养现状及提升途径

【课程目标】

1. 了解大学生职业素养现状。
2. 掌握大学生提升职业素养的途径。

职场成功的
奠基石——
职业素养

一、大学生职业素养现状

大学生职业素养现状如表 7-5 所示。

表 7-5　大学生职业素养现状

内　容	具体表现
职业素养认知意识不足	部分大学生虽然意识到在校期间提升技能的重要性，但对提升职业素养的重要性却认识不足。有部分毕业生对自身职业生涯缺乏理性分析和认识，自我价值认知过高，自我定位不合理，还有部分大学生缺乏对隐性职业素养的认知。除了对专业知识的专注，许多大学生看到的也是浮现在表面的显性职业素养，看不到内在职业素养对其职业发展的重要性
职业素养有待提升	很多大学生缺乏吃苦耐劳、爱岗敬业、无私奉献的精神。随着信息科技和互联网的不断发展，一些学生喜欢在虚拟的网络空间中冲浪、发泄，因而缺乏人与人之间的沟通交往能力，不懂得社会交往规则，缺少团结协作、互利共赢的团队合作精神。这使得很多大学生不能安心工作，与企业所要求的团队协作格格不入。有些大学生由于缺乏合理的时间观念和独立自主的自学能力，往往把大量时光浪费在不必要的事情上，导致专业基础知识学习不扎实，基础能力欠缺。大学生基础知识和专业能力的缺乏不仅影响大学生总体实力的提高，也导致大学生职业素养与就业能力的不足。这些职业素养的缺失，必然导致大学生在求职过程中遇到阻碍，无法顺利就业
职业素养培养的社会实践不足	社会实践是提高大学生职业素养的重要途径，它符合理论教育与生产相结合的教育规律，是理论知识在实际工作中的运用。社会实践能够深化大学生对知识的理解，提高大学生运用知识的能力，从而激发大学生的职业热情。部分学生校企合作的时间较短，学生的职业素养在实践过程中很难得到提升。部分大学生受享乐主义等不良思潮的影响，对参加社会实践积极性不高，在实践过程中未能将理论知识与社会实践进行有效融合，从而影响了个人职业素养的提升[①]

二、提升自身职业素养的途径

1. 全面了解自己的职业个性

了解职业个性是大学生职业素质教育的关键点。职业个性对个人事业的成功与否有密切的联系。人的个性影响职业行为习惯，每个人都有自己独特的能力模式和人格特征，人们要想在职业生活中充分地施展自己的个性特点，实现自己的个性要求，获得尽可能大的自由感、满足感和适应感，那么在择业前，就应该了解自己所属的个性类型及其职业适应性。在校期间，大学生要明确自己是一个什么样的人，将来能够做什么，准备做什么样的人。我们要认识自己的脾气、气质、性格和禀性，以及兴趣、需求、动机、价值观等个体特征和个性倾向。

职业素质培养的目的就是要解决大学生的兴趣、能力与工作机会相匹配的问题，帮助大学生寻找与其特性相一致的职业。霍兰德兴趣偏好量表、迈尔斯·布里格斯性格量表等对学生理解什么是职业个性都具有一定的帮助和指导作用。通过课堂上的"职业角色扮演"活动，模拟实际工作中的一些典型场景，使大学生能够体验到真实工作中的感受，以锻炼自己的管理能力、合作意识、守时诚信、责任心和人际交往技能等方面的素养。

我们需要重视提高其职业道德、职业思想等，养成良好的行事习惯和职业作风，如未

---

① 杨琰. 知识·能力·素质·素养：教育价值追求的不同阶段转向[J]. 教育理论与实践，2018(28).

来社会岗位所需要的责任心、敬业精神、团队意识、职业操守等个人品质。一个人素质的高低，是通过自己的努力学习、实践，获得一定知识并把它变成自觉行为的结果。大学生职业素质的高低也是自身努力的结果。因此，一要早做职业生涯准备。大一为职业生涯探索期，在此阶段大学生需要重新认识自己，认识专业和职业，认识现实社会，思考未来的发展方向；大二为职业定向期，大学生要从个人特质、所学专业、社会环境出发，综合分析确定自己的职业目标；大三为分化期，主要是确定毕业去向。大学生必须对自我人生、就业方向和职业生涯有一个明确合理的规划，通过多渠道来了解就业创业的相关信息，掌握足够的技能，与时俱进，以更快、更好地适应社会角色的转变。[①]

2. 积极参加课外实践活动

只有在真实或者尽可能贴近真实的职业情境中，才能培养职业素养，使大学生真真切切地感受职业，感受自我，感受社会和各种岗位的需求。通过参加这些活动可以从内心认识到职业素养对自己未来就业和职场成功的重要作用。参加学生社团举办的大学生职业素养的实践活动。主动参与到这些活动中来，坚持理论与实践相结合，不断提高自身的实践能力。学生可以通过寒暑假实习来锻炼自己的协调能力、与人沟通能力、创新能力、组织管理能力和自我管理能力等。在实践活动中提升自己的责任意识，使得我们具有独立自强、坚持不懈的品德，从而为形成较好的职业素养打下坚实的基础。

3. 牢固树立终身自主学习的观念

终身教育是指人们在一生各阶段当中所受各种教育的总和，是人所受不同类型教育的统一综合。它包括教育体系的各个阶段和各种方式，既有学校教育，又有社会教育；既有正规教育，也有非正规教育。主张在每一个人需要的时刻以最好的方式提供必要的知识和技能。终身教育思想成为很多国家教育改革的指导方针，目的是培养自由、平等、博爱的公民，以推动人类进步的进程。终身学习可以促进职业素养的全面发展。自学，是独立获得知识和技能、培养能力、锻炼品德的一种自觉的学习活动。这种自学能力包括：能独立确定学习目标，能对教师所讲内容提出怀疑，查询有关文献，确定自学内容，将内容表达出来与人探讨，写学习心得或学术论文等。

大学生已经具备了一定的独立思考能力，在参与课堂学习的过程中，在研读教材、提出问题、分析问题、解决问题等学习活动中，不断提高自学意识和自学能力。现在的社会对员工在文化素质、职业技能、社会意识、职业道德、心理素质等方面都有一定的要求，终身自主学习是一切有求学需求的学生可在自己需要的任何时候进入学习状态，以适合自己的方式参与学习过程。它突破了传统思想的束缚，采用多样的组织形式。大学生要学会学习，养成自学的习惯，树立终身学习的意识，利用一切教育学习资源，全面提升自己的职业素养。

4. 学会积极主动、坚持不懈

机遇是影响职业生涯的偶然因素，但是对个人的职业生涯而言，有时又具有决定性的

---

① 熊冠恒. 学生综合素养的理解及培养——兼析深圳提出的中小学生综合素养提升行动[J]. 深圳信息职业技术学院学报，2014(4).

作用。机遇是随机出现的、具有偶然性因素的事物,它包括社会各种职业对一个人展示的随机性的岗位,或者说是一个人能够就业和流动的各种职业岗位,也包括能够给个人提供发展的职业境遇。机遇本身是客观存在的,但机遇只垂青那些有准备的人。个人的积极主动会导致寻求到新的发展机会、或者自己创造机会。许多事业上成功的人,不是靠家庭、亲友的帮助,也不依赖社会给予的现成机会,而是靠自己的努力奋斗和开拓进取。坚持不懈的过程是培养一个人坚忍不拔的性格、锻炼百折不挠的意志、不断获得战胜困难的信心和勇往直前的精神力量的过程。机会往往是坚持不懈努力的结果,只不过有的机会看起来并不是那么明确直接。"从哪里跌倒从哪里站起来""简单的事情做到极致"。世界上美好的事物都是时间和耐性的结果,而坚持不懈是其精髓。所以我们大学生一定要学会积极主动、坚持不懈,做一件事就把它做好,在这个过程中自己的职业素养也会得到持续发展。①

弗兰克原本是一位受弗洛伊德心理学派影响颇深的决定论心理学家,但是,他在纳粹集中营里经历了一段凄惨的岁月后,开创出了独具一格的心理学流派。弗兰克的父母、妻子、兄弟都死于纳粹魔掌,而他本人也在纳粹集中营里受到严刑拷打。有一天,他赤身独处于囚室之中,突然意识到了一种全新的感受。也许,正是集中营里的恶劣环境让他猛然警醒:在任何极端的环境里,人们总会拥有一种最后的自由,那就是选择自己态度的自由。弗兰克的意思是说,在一个人极端痛苦无助的时候,他依然可以自行决定他的人生态度。在最为艰苦的岁月里,弗兰克选择了积极向上的态度。他没有悲观绝望,反而在脑海中设想,自己获释以后该如何站在讲台上,把这一段痛苦的经历介绍给自己学生。凭着这种积极、乐观的思维方式,他在狱中不断磨炼自己的意志,直到自己的心灵超越了牢笼的禁锢,在自由的天地里任意驰骋。

弗兰克的案例告诉我们做事情要积极主动,不能半途而废,要认准方向坚持不懈。半途而废的原因有很多,但不同的原因中必有一个是未能坚持不懈。事物都有一个从量变到质变的过程,"书读百遍,其义自见"是由浅入深的,而滴水成河是由少积多的过程。丰富的经验是建立在不断实践的基础上,渊博的知识是学习、学习、再学习的知识累积的结果。

5. 做好从学生到职业人的转化

现代大学生的特点是张扬个性,彰显自我风格,追求与众不同。这种风气与氛围培养了不少"特别"的大学生。但工作岗位不是上演个人秀的舞台,因此,刚刚迈上工作岗位的大学生们一定要注意自我形象问题,做事一定要低调,要少说多看,锐气藏于胸,和气浮于脸,才气见于事,义气施于人。对于大多数刚刚走上工作岗位的毕业生来说,除了工作能力之外,还要有实干精神,懂得人际沟通,做好自己不愿做的事,学会妥协,向职场妥协,向现实妥协。

从浮躁的心态向逐步理性化转换。转型需要时间,与企业的磨合需要时间,积累经验也需要时间,具备竞争力同样需要时间。要给自己融入职场的时间,需要过渡的过程。哪怕时间很短,这个过渡的过程必须经过。企业会给实习生时间和机会,但自己不能以此为

---

① 杨帆,权全,王冲,等. 新时代大学生就业能力的影响因素与开发路径探析[J]. 中国校外教育,2020(15).

借口,要积极努力,从浮躁的心态中走出来,尽快进入符合企业要求的状态,这是理性化的成熟表现。企业看重应届大学生,主要就是看到了隐藏在这些年轻人身上的"发展基因"。实习是一个大学生走向社会的阶梯,如果实习好了,机遇也就会随时光顾你。不管什么用人单位,都需要一个谦虚谨慎、好学上进的员工;勤奋刻苦,把远大志向落到实处、树立责任感、执着追求事业的态度。对待实习兢兢业业,最后就能留在实习单位。大学生进入就业大军时需要自己判断、自己选择。[①]

三、案例分析

应用心理学专业大二的学生石业有一个舍友,日常沉迷于网络游戏、微博、朋友圈等新媒体软件,平时和同学聊天说自己心目中的好工作就是薪资、福利待遇好的工作岗位。在了解了职业素养的重要性之后,石业意识到缺乏职业素养会对大学生的就业和未来发展有较大影响。他从心里深深地感觉到,这位舍友还需要把时间多花在职业素养的培养上,可以增加企业顶岗实习的机会,不断提升自己的感知、认知、实践动手、创新思维等职业能力,同时锻炼自己吃苦耐劳、脚踏实地、不骄不躁、诚实守信、团队意识等职业素养,在活动中体验各种角色,尝试各种类型的工作,在实践活动中学会与人交流、学会合作。各种社会调查活动、公益服务活动以及勤工助学活动等,都有助于提升大学生的领导与管理能力、解决问题能力、自我发展能力、人际技能、基本技能以及整体的就业能力。

四、课堂活动

回忆自己过往的经历,在班级分享,你通过什么活动提升了自己的职业素养?你认为在职场生涯中,重要的职业素养有哪些?

想一想,做一做

自己哪种职业素养是你当下迫切想要改善的?你要通过哪些途径提升自己的这种职业素养?

---

① 李平平. 大学生职业素质视角下的就业能力培养问题分析[J]. 戏剧之家,2020(17).

第八章 职场礼仪

第一节 求职礼仪

【课程目标】

1. 认识礼仪的重要性。
2. 掌握求职仪态礼仪的要求。
3. 认识求职善后礼仪的重要性和常规要求。

迈向职场的
通行证——
求职礼仪

一、大学生学习求职礼仪的重要性

礼仪，是中华传统美德宝库中的一颗璀璨明珠，是中国古代文化的精髓。身居礼仪之邦，应为礼仪之民。知书达礼，待人以礼，应当是当代大学生的一个基本素养。然而，在大学校园中仍有许多不知礼、不守礼、不文明的行为，还有许多与大学生面试礼仪修养、与精神文明建设极不和谐的现象。可见大学生礼仪的重要性，对大学生进行社交礼仪教育具有跨时代、跨世纪的特殊意义。因为社交礼仪教育不仅是素质教育的必需，而且也是社会文明进步的强烈要求。

不管是社会交往还是求职面试，都与礼仪脱不了关系，孔子曰："不学礼，无以立。"孟子曰："君子以仁存心，以礼存心。仁者爱人，有礼者敬人。爱人者，人恒爱之，敬人者，人恒敬之。"礼仪是一种典章、制度，包括人的仪表、仪态、礼节等，用以规范人的行为、举止，调整人与人之间的关系。

求职礼仪是公共礼仪的一种，它是求职者在求职过程中与招聘单位、接待者、招聘者接触过程中所应具备的礼貌行为和仪表规范。它通过求职者的应聘材料、应聘语言、仪态举止、仪表服饰等方面体现出来，是求职者文化修养、道德水准、个性特征的体现。因此，它对于求职者能否实现自身愿望，能否被理想的单位所录用起着重要作用。大学生学习求职礼仪的重要性具体如表 8-1 所示。

表 8-1　大学生学习求职礼仪的重要性

求职礼仪的重要性	具体表现
有利于与他人建立良好的人际关系	任何社会的交际活动都离不开礼仪，而且人类越进步，人们就越需要礼仪来调节社会生活。礼仪是人际交往的前提条件，是交际生活的钥匙。让大学生学习礼仪的基本规范和知识，帮助学生掌握交往技巧，积累交往经验，在交往过程中学会遵循相互尊重、诚信真挚、言行适度的原则，就能很快与交往对象接近，使他们觉得你是熟悉他们、理解他们、尊重他们的

续表

求职礼仪的重要性	具体表现
有利于促进大学生的社会化	人在社会化过程中，需要学习的东西很多，而礼仪教育是一个人在社会化过程中必不可少的重要内容。因为礼仪是整个人生旅途中的必修课。任何一个生活在某一礼仪习俗和规范环境中的人，都自觉或不自觉地受到该礼仪的约束。自觉地接受社会礼仪约束的人，就被人们认为是"成熟的人"，符合社会要求的人。反之，一个人如果不能遵守社会生活中的礼仪要求，就会受到人们的排斥，社会就会以道德和舆论的手段来对他加以约束
个人良好素质的体现	在众多求职者中，如何脱颖而出，"击败"竞争对手，是大学生求职面临的重要问题。而求职礼仪，体现大学生尊重他人的良好素质、待人接物的礼貌修养，是面试重要的组成部分，应给予充分重视
成功走向职场的通行证	在求职过程中，初入职场的求职者，往往会感到困惑和担忧：我的表现是否得体；我的表述面试官是不是听懂了；我回答得不好会不会被面试官一票否决；等等。通过有意识的礼仪训练，求职礼仪是可以得到显著提升的，良好的求职礼仪是大学生成功走向职场的"通行证"

二、大学生求职礼仪中的问题

大学生毕业时都面临着求职面试的问题，在求职面试的过程中，有很多学生因求职礼仪的欠缺而与心仪的工作失之交臂。求职礼仪存在的问题主要有以下几个方面，如表 8-2 所示。

表 8-2　大学生求职礼仪中存在的问题

问　题	具体表现
事前准备不充分导致缺乏信心	大学生求职过程，不仅是对个人知识能力的考验，更是一场个人心理素质的较量。良好的心理素质可以帮助你冷静思考，选择合理有效的方式去应对。但心理素质弱的人，容易畏葸不前、忙中出错、越忙越乱，不能正确、完整地表达自己，从此陷入恶性循环之中，将本来的"一手好牌"打坏了，懊悔自责，甚至一蹶不振。另外，对面试成功缺乏信心，也是当代大学生"慢就业"现象产生的原因之一。由于缺乏客观合理的评估，有的同学宁愿选择做一只"埋头的鸵鸟"，拒绝走向社会，拒绝成长，拒绝责任，成为"啃老族"[①]
不注重个人形象设计	良好的个人外在形象，往往比个人简历、文凭、证书等的作用更直接，没有一家人事经理会录取一个穿着脏皮鞋、头发乱蓬蓬、不修边幅的应聘者。大学生在求职面试时如不注意修饰、化妆、仪态、服饰等穿戴方面的礼仪，就会犯一些错误，如浓妆艳抹、发型邋遢、服装颜色搭配混乱、身穿过于时尚不合时宜的服装、佩戴太多的饰物等，都会给面试官留下不好的印象，从而让机会与自己擦肩而过，留下遗憾
言谈行为举止欠妥	言谈举止是一个人精神面貌的体现，不仅反映了个人的文化修养，也表现出与人交往的诚意。从求职礼仪上讲，对一个人的评价，往往来源于对他的一言一行、一举一动的观察和概括。夸夸其谈、不用敬语、大声喧哗、左顾右盼、小动作、抠鼻子、挖耳朵等不雅的行为举止，都是求职礼仪中的大忌。俗话说"站有站相，坐有坐相"，不仅是日常生活中对人们的行为要求，更是求职过程中的制胜法宝[②]

---

① 金正昆. 大学生礼仪[M]. 北京：中国人民大学出版社，2011.
② 徐爱琴. 实用礼仪学[M]. 杭州：浙江大学出版社，2005.

在求职面试的过程中，一个人的外在形象不仅能反映出人品与修养，也会影响面试官的最终决定。第一次见面，主面试官往往会根据求职者的外在形象来判断求职者的身份、地位、学识和个性。因此，正确树立面试信心，是走好求职路的第一步。如今的面试并非"求"职，而是候选人与用人方的双向选择，候选人大可不必有自卑心理、恐慌心理，认为"矮人一等""在人屋檐下，难免要低头"，但也不可过于自负，认为"此处不留爷，自有留爷处"。面对强压，的确需要一颗"大心脏"去面对，放平心态，镇定自若，才能展示最好的自己。在某种程度上，面试是面试官与候选人的一次角力和较量，知己知彼方能百战不殆。因此，只有对对方和自身有全面、充分、客观、系统的了解和认识才能立于不败之地。可见案头工作必须做足。

三、求职者的仪态礼仪

1. 充分的事前准备是求职成功的基础

大学生对于应聘求职岗位，应尽可能多地获取相关资料。在信息时代，这不是一件困难的事情，比如岗位所处行业的宏观环境、未来的发展走势，用人单位的历史沿革、价值观及用人理念，所应聘岗位的用人标准、软硬素质要求及竞争环境等。提前做好这些功课，能够加深对应聘单位和岗位的理解，确认这是否是自己心仪的并且能够适应、胜任的工作，避免在求职过程中进行"海投"，浪费精力。如果在面试过程中面试官问到相关问题，或者作为候选人能够在应答中自然带出，也能体现候选人对用人单位的重视，增加面试官的好感度，也增强自己的自信心。[1]求职前充分的事前准备如表8-3所示。

表 8-3 求职前充分的事前准备

内 容	具 体 做 法
备好简历	一份完整、合格的应届大学生求职简历是面试的"敲门砖"，应包括但不限于姓名、性别、出生年月、籍贯、民族、是否为党员、求职岗位及地点(是否服从调配)，及身高、体重、业余爱好及特长、学习经历、社团经历、实习实践经历、过往奖惩情况、已获取的资格证书，并附标准证件照。排版要注意清晰简洁，不必过度修饰，更不可无中生有
打好自荐腹稿	充分盘点自身优势劣势，并准备相关的事例佐证材料，以备询问。自我介绍中可以包含过往的求学经历、社团经历、实习经历，突出重点，切忌"流水账式"的平铺直叙。也不必"背稿"，以免过于死板或临时"忘词"带来的尴尬，以致不能做到随机应变
提前印好相关资料	提前打印、复印相关资料，如学位证、毕业证、外语等级证书、计算机等级证书、奖状等，随身携带，准备签字笔、面巾纸、胶水、证件照备用，避免忙中出错，手忙脚乱

2. 良好的个人形象是求职成功的前提

设计好职业化的外在形象。初次见面，面试官会根据过往经验和阅历，依据候选人的外在形象对其综合素养、发展潜力等做出主观判断，形成心理定式，这就是所谓的"第一印象"。有时，这种直接的感观印象在无形中左右着面试官的判断。因此，学生面试前要注意设计符合自身定位的职业化形象。很重要的一件事是，着装要得体，不仅要和应聘的

---

[1] 朱燕. 现代礼仪学概论[M]. 北京：清华大学出版社，2010.

职位相吻合,也要和现场气氛相匹配。男生可选择深色西服套装,注意保持衬衫领口及皮鞋鞋面的洁净,整体着装从上往下不得超过三种颜色;女生可根据季节的特点,选择适合自己的服装,如职业套装等,不得穿过于薄、露、透的衣服。[①]面容淡妆即可,男生注意一定不要留胡子,保持面颊的洁净;女生切忌浓妆艳抹,更不要涂抹过于艳丽抢眼的指甲油,要给人以清新淡雅之感。发型整洁,发型发饰避免过度夸张。男生的发型发式一般要求干净利落、整洁自然,不宜过长;女生长发短发皆宜,长发尽可能扎起来。不要染发和烫发。[②]

3. 优雅的言谈举止是求职成功的关键

优雅得体的言谈举止包括如表 8-4 所示的几个方面。

表 8-4 优雅得体的言谈举止

言谈举止	具体表现
守时并安静等候	一旦和用人单位约好面试时间后,一定要提前 5~10 分钟到达面试地点,以表示求职者的诚意,给对方以信任感,同时也可调整自己的心态,作一些简单的仪表准备,以免仓促上阵,手忙脚乱。为了做到这一点,一定要牢记面试的时间、地点,有条件的同学最好能提前去一趟,以免因一时找不到地方或途中延误而迟到。如果迟到了,肯定会给招聘者留下不好的印象,甚至会丧失面试的机会。宜稍早到达,提前准备,这也有助于候选人平复心情,调整心态。如因特殊情况迟到,应及时与面试官取得联系,并在面试中进行必要的解释,消除误会。如因对方原因造成的时间延迟,也应表达体谅,安静等候
聆听并适当应对	认真倾听是对发问者最大的尊重。首先,准确领会对方意图才能有的放矢地选择应答方案,为自己赢得更充分的时间,并要保证"脑子"走在"嘴"前面,说出去的话都要经过思考,减少不必要的失误。其次,聆听对方的过程中,要注意表情自然,稍带微笑,专注对方,适当给予眼神或动作上的反馈,表现出自己尊重对方、关注对方的意见和感受。如没听清楚或有疑问,可礼貌性发问,不要过于羞涩。适当地发问也表达了我们在认真思考,希望给出真实完整的答案
坦率并态度真诚	候选人在面试中应该尽可能做到真诚坦率,避免浮夸、急于求成,否则即使侥幸成功,也会在工作的"试金石"的磨炼中原形毕露。用人单位对于应届毕业生所能达到的水平和具备的能力,有合理的心理预期
不要有一些小动作	手:这个部位最易出毛病。如双手总是不安稳,忙个不停,做一些玩弄领带、挖鼻孔、抚弄头发、掰关节、玩弄考官递过来的名片等动作。脚:神经质般不停晃动、前伸、翘起等,不仅人为地制造紧张气氛,而且显得心不在焉,相当不礼貌。背:哈着腰,弓着背,这么做是不合适的。眼:或惊慌失措,或躲躲闪闪,该正视时却目光游移不定,给人缺乏自信或者隐藏不可告人秘密的印象,极易使面试官反感;另外,若死盯着面试官的话,又难免给人压迫感,招致不满。脸:或呆滞死板,或冷漠无生气等,如此表情怎么能打动面试官?行:其动作有的手足无措,慌里慌张,明显缺乏自信,有的反应迟钝,不知所措,这样很不合适

面试时,候选人是否守时是面试官评价其对面试看重程度及责任感高低的判断依据之一。候选人可以留心面试单位是否有"文化墙"、宣传海报、企业介绍、企业内刊等供员

---

① 林友华. 社交礼仪[M]. 北京:高等教育出版社,2005.
② 尹菲,武瑞营. 形体礼仪[M]. 北京:机械工业出版社,2009.

工阅览，利用等候的这段时间对企业做更多了解，以增加谈资，加深认识。在回答问题时，可以用这样的话："请问刚才的问题是在问……吗"；"对于这个问题，我的理解是……"；"关于……问题我是这样想的，如果您有其他想了解的情况，我可再进一步说明"；等等。在回答问题组织语言时，要注意条理性、逻辑性，抓住重点，避免冗长的铺陈、事无巨细，可采用"第一、第二、第三……""首先、其次、再次、最后"等表述较好的呈现方式。另外，应尽量避免绝对性的表述，思虑周全。[1]在回答问题时，知道就说知道，不知道也可以说不知道，也可以说"对这个情况，我还不是特别了解，但今后我可以多多学习"。[2]

在面试的过程中，自始至终保持斯文有礼、不卑不亢、大方得体、生动活泼的言谈举止，不仅可大大提升求职者的形象，而且往往使成功的机会大增。

综上所述，机会留给有准备的人，没有人在求职路上能做"常胜将军"，每次面试都应结合自身与岗位、单位的情况进行合理预期，把每一次面试都当作成功路上重要的经验积累，不气馁，坚持才能胜利。大学生只要通过有意识的求职礼仪训练并将其运用于求职实践中，就能更好地抓住机遇，走上成功的职业之路。

四、求职善后礼仪

许多求职者只留意求职时的礼仪，而忽略了求职后的善后工作，而求职善后这个环节也能加深别人对你的印象。面试结束并不意味着求职过程的结束，也不意味着求职者就可以袖手以待聘用通知的到来，有些事情你还得去做。求职善后礼仪如表8-5所示。

表8-5　求职善后礼仪

求职善后礼仪	具体方法
感谢	为了加深招聘人员对你的印象，增加求职成功的可能性，面试后两天内，你最好给招聘人员打个电话或写封信表示谢意。感谢电话要简短，最好不要超过5分钟。感谢信要简洁，最好不超过一页。感谢信的开头应提及你的姓名及简单情况，然后提及面试时间，并对招聘人员表示感谢。感谢信的中间部分要重申你对该公司、该职位的兴趣，增加一些对求职成功有用的事实内容，尽量修正你可能留给招聘人员的不良印象。感谢信的结尾可以表示你对自己的素质能符合公司要求的信心，主动提供更多的材料，或表示能有机会为公司的发展壮大做出贡献[3]
不要过早打听面试结果	在一般情况下，考官组每天面试结束后，都要进行讨论和投票，然后送人事部门汇总，最后确定录用人选，这个阶段可能需要三五天的时间。求职者在这段时间内一定要耐心等候消息，不要过早打听面试结果
整理心情	面试结束后，你已经完成一次面试，但这只是完成一个阶段。如果你同时向几家公司求职，则必须整理心情，全身心投入第二家公司的面试，因为未有聘书之前，仍未算成功，不应放弃其他机会

---

[1] 卢良志，张明. 公务员如何行使好礼仪[M]. 北京：海潮出版社，2005.
[2] 熊卫平. 现代公关礼仪[M]. 北京：高等教育出版社，2014.
[3] 尹菲，武瑞营. 形体礼仪[M]. 北京：机械工业出版社，2009.

续表

求职善后礼仪	具体方法
查询结果	一般来说，你如果在面试两周后或在主考官许诺的通知时间到了，还没有收到对方的答复时，就应该写信或打电话给招聘单位或主考官，询问面试结果
做好再次冲刺的思想准备	应聘中不可能个个都是成功者，万一你在竞争中失败了，也不要气馁。这一次失败了，还有下一次，就业机会不止一个，关键是必须总结经验教训，找出失败的原因，并针对这些不足重新作准备，"吃一堑，长一智"，谋求东山再起[①]

面试后表示感谢是十分重要的，面试主考官的记忆是短暂的。感谢信很可能是你最后的机会，它能使你显得与其他想得到这个工作的人大不一样。因为这不仅是礼貌之举，也会使主考官司在作决定之时对你有印象。一封标准的感谢信应包括如下一些内容：感谢某人为你提供了面试的机会；概括一下面试内容；说明你需要有关面试主考官的任何信息；最重要的是说明你的技能。在最后一段要写上这个工作为什么非常适合你，你过去有过哪些经验。

五、案例分析

大学二年级的石业上课时看到老师分享的一个面试案例：休息室里坐满了等候面试的人，有人充满自信，志在必得；有人紧张异常，一遍遍地背着自我介绍。面对众多的求职竞争者，李小倩不以为然地笑笑，从包里拿出化妆盒补妆，又用手拢拢头发，心想："我高挑的个子，白皙的皮肤，还有这身够靓的打扮，白领丽人味道十足，舍我其谁！"听到面试官叫李小倩的名字，李小倩便从容进入考场。按面试官的要求，李小倩开始做自我介绍："各位好！我是师大中文系毕业班的学生李小倩。在校期间，我的学习成绩优良，曾担任两届学生会文艺部部长，我还有很多业余爱好，比如演讲、跳舞、还拿过奖呢。对于我的公关才能和社交手腕我是充满自信的。"一边说着，李小倩一边从包里拿出市交谊舞大赛和校演讲比赛的获奖证书，化妆盒不小心跟着掉了出来，各式的化妆用品散落一地。她乱了手脚，慌忙捡东西，抬头对着面试官说："不好意思。"面试官们不满地摇头。面试官甲："小姐，麻烦你出去看一下我们的招聘条件，我们这里是研究所，你还是另谋高就吧。"石业看完这个案例后，分析造成这种结果的原因。首先，这里是研究所，打扮靓丽不是关键，而要看能力是不是够。其次，在研究所工作，需要有条不紊，而李小倩连自己的包都不能打理妥当，研究所的工作肯定更不能胜任，也一定不能打理好。李小倩的求职准备不充分。她所介绍的内容明显与所要应聘的工作不相符，只是普普通通的自我介绍。最后，石业总结：案例中的李小倩不符合招聘条件，是因为她的求职准备工作做得不够充分，这说明她不太懂礼仪之道。

六、课堂活动

小组讨论：

---

① 张晓梅. 职场形象设计手册[M]. 北京：化学工业出版社，2011.

(1) 你意识到求职礼仪的重要性了吗？它具体表现在哪些方面？
(2) 大学生求职礼仪存在哪些问题？
(3) 求职善后礼仪具体该怎么做？

想一想，做一做

假设第二天你就要去职场面试了，在求职前需要做好哪些准备？

第二节 职场礼仪

【课程目标】

1. 了解职场中的各种礼仪要求。
2. 掌握职场礼仪技巧。

职场礼仪，是指人们在职业场所中应当遵循的一系列礼仪规范。学会这些礼仪规范，将使一个人的职业形象大为提高。职业形象包括内在的和外在的两种主要因素，而每一个职场人都需要树立、塑造并维护自我职业形象的意识。

一、手机礼仪

随着手机的日益普及，无论是在社交场所还是工作场合放肆地使用手机，已经成为礼仪的最大威胁之一，手机礼仪越来越受到关注。在国外，如澳大利亚电信营业厅就采取了向顾客提供"手机礼节"宣传册的方式，宣传手机礼仪。

在公共场合特别是楼梯、电梯、路口、人行道等地方，不可以旁若无人地使用手机。

在和别人洽谈的会议中，最好的方式是把手机关掉，起码也要调到振动状态。这样既显示出对别人的尊重，又不会打断发话者的思路。而有些人在会场上铃声不断，并不能反映"业务忙"，反而显示出你缺少修养。在一些场合，比如在看电影时或在剧院使用手机是极不合适的，如果非得回电话，采用静音的方式发送手机短信是比较适合的。[①]

无论业务多忙，为了自己和其他乘客的安全，在飞机上都不要使用手机。使用手机时，特别是在公共场合，应该把自己的声音尽可能压低，而绝不能大声说话。

二、沏茶礼仪

我国历来就有"客来敬茶"的民俗。早在 3000 多年前的周朝，茶已被奉为礼品与贡品。到两晋、南北朝时期，客来敬茶已经成为人际交往的基本礼仪。当今社会，客来敬茶更成为人们日常社交和家庭生活中普遍的往来礼仪。俗话说：酒满茶半。奉茶时应注意：茶不要太满，以八分满为宜。有两位以上的访客时，用茶盘端出的茶色要均匀，并要左手捧着茶盘底部，右手扶着茶盘的边缘，如有茶点心，应放在客人的右前方，茶杯应摆在点

---

① 金正昆. 商务礼仪[M]. 北京：中国人民大学出版社，2007.

心右边。上茶时应以右手端茶，从客人的右方奉上，并面带微笑，眼睛注视对方。①

沏茶是家庭礼仪中待客的一种日常礼节，也是社会交往的一项内容，不仅是对客人、朋友的尊重，而且能体现自己的修养。

三、敬酒礼仪

敬酒也就是祝酒，敬酒可以随时在饮酒的过程中进行。要是致正式祝酒词，就应在特定的时间进行，并不能因此影响来宾的用餐。祝酒词适合在宾主入座后、用餐前开始，也可以在吃过主菜后、甜品上桌前进行。

在饮酒时特别是祝酒、敬酒时进行干杯，需要有人率先提议，可以是主人、主宾，也可以是在场的人。提议干杯时，应起身站立，右手端起酒杯，或者用右手拿起酒杯后，再以左手托扶杯底，面带微笑，目视其他特别是自己的祝酒对象，嘴里同时说着祝福的话。

有人提议干杯后，要手拿酒杯起身站立。即使是滴酒不沾，也要拿起杯子做做样子。将酒杯举到眼睛高度，说完"干杯"后，将酒一饮而尽或喝适量。然后，还要手拿酒杯与提议者对视一下，这个过程就算结束。

在中餐里，干杯前，可以象征性地和对方碰一下酒杯；碰杯的时候，应该让自己的酒杯低于对方的酒杯，以表示对对方的尊敬。用酒杯杯底轻碰桌面，也可以表示和对方碰杯。当你离对方比较远时，完全可以用这种方式代劳。如果主人亲自敬酒干杯后，要求回敬主人，和他再干一杯。

一般情况下，敬酒应以年龄大小、职位高低、宾主身份为先后顺序，一定要充分考虑好敬酒的顺序，分清主次。②

四、握手礼仪

握手礼是流行于许多国家的一种见面、离别、祝贺或致谢的礼节。此礼源于原始社会，人们扔掉棍棒武器而相握结好的动作。

现代的握手礼，双方往往先打招呼，然后相握致意。

晚辈与尊长相握，晚辈宜稍躬身迎握。握手礼的顺序，应是主人、尊长、女子先主动伸出手，客人、晚辈、男子再予以迎握。

握手礼还可表示向对方进行鼓励、赞扬、致歉等。

正确的握手方法是：时间宜短，要热情有力、目视对方。

五、如何处理找领导的电话

（1）若熟人找领导且领导在的话，就立即转告，让领导接电话。当需要把电话转给领导时，在传达电话前，要清楚表达，同时，要把从对方得到的消息，简洁、迅速地传达给

---

① 吴晓蓓. 以就业为导向的《商务礼仪》课程改革及实训研究[J]. 黑河学院学报，2019(1).
② 杨雅蓉. 高端商务礼仪与沟通[M]. 北京：化学工业出版社，2019.

领导，以免对方再重复一次，同时让你的领导有个思想准备。

(2) 若领导正忙或已出差无法接电话时，可让对方留言，表示会主动联系。

(3) 若对方要求找其他人通话时，应马上帮助传达。

(4) 若对方要找的人不在时，应温和地转告对方，并可主动提出是否需要帮助，是否可找别人通话以及告知对方的电话号码等，以便再与其联络，绝不要简单答"他不在"，这样会显得鲁莽而无礼。要是对方有留言，必须确实记住留言的内容。具体留言内容如下。

(1) 何时何人来的电话？

(2) 有何要事？

(3) 需要回电话吗？

(4) 回电话的对象是谁？如何称呼？

(5) 对方电话号码？

(6) 是否再打过来？

记完后要复述一遍，并请其放心，一定转告，然后把留言条放到留言对象的桌上，以便他回来后能看到。

六、接电话礼仪

电话被大家公认为是最便利的通信工具，在日常工作中，使用电话的语言很关键，它直接影响着一个公司的声誉；在日常生活中，人们通过电话也能粗略地判断对方的人品、性格。因而，掌握正确的、礼貌待人的打电话方法是非常必要的。打电话看起来很容易，对着话筒同对方交谈，觉得和当面交谈一样简单，其实不然，打电话大有讲究，可以说是一门学问、一门艺术。接打电话的基本礼仪如表8-6所示。

表8-6 接电话的基本礼仪

项 目	具体操作方法
及时接听	如果受话人正在做一件要紧的事情不能及时接听，代接的人应妥为解释。如果既不及时接电话，又不道歉，甚至极不耐烦，就是极不礼貌的行为。尽快接听电话会给对方留下好印象
自报家门	一拿起电话就应清晰说出自己的全名，有时也有必要说出自己所在单位的名称。同样，一旦对方说出其姓名，你可以在谈话中不时地称呼对方的姓名
转入正题	当接听电话时，应立即做出反应。一个好的开场白可能是："您需要我做什么？"当你觉得对方有意拖延时间，你应立即说："真不巧！我正要参加一个会议，不得不在5分钟后赶到会场。"这样说会防止你们谈论不必要的琐事，加速商务谈话的进展[①]
随时记录	在手边放上纸和笔，随时记下你所听到的信息。如果你没做好准备，而不得不请求对方重复，这样会使对方感到你心不在焉，没有认真听他说话

---

① 汪连天. 职场礼仪心得[J]. 礼仪讲堂，2009(3).

七、乘坐电梯礼仪

使用楼梯和自动扶梯时，不论是上楼还是下楼，主人应走在前面。这样做可使主人到达目的地后迎接并引导客人。在楼梯上催促他人是危险而不礼貌的。要么放慢脚步，要么超过他人，但不要强迫他人加速。电梯门打开时，先等别人下电梯。此时可用手扶着电梯门边上的橡胶条，不让门关上，使大家有足够的时间上电梯。不要往电梯里面挤。如果人很多，你可以等下一趟电梯。走进电梯后，应该给别人让地方。先上的人站在电梯门的两侧，其他人站两侧及后壁，最后上的人站在中间。下电梯时，根据你所站位置，应该先下，然后为客人扶着门，并指明该往哪个方向走。如果你够不着所去楼层的按键，可以请人代劳，并向他致以谢意。在电梯里面不要大声谈论有争议的问题或有关个人的话题。[①]

八、交换名片礼仪

(1) 首先要把自己的名片准备好，整齐地放在名片夹、盒或口袋中，要放在易于掏出的口袋或皮包里。不要把自己的名片和他人的名片或其他杂物混在一起，以免用时手忙脚乱或掏错名片。

(2) 不要在一群陌生人中到处传发自己的名片，这会让人误以为你要推销什么物品，反而不受重视。在商业社交活动中尤其要有选择地提供名片，才不致使人以为你在替公司搞宣传、拉业务。

(3) 除非对方要求，否则不要在年长的主管面前主动出示名片。

(4) 递交名片时要用双手或右手，用双手拇指和食指执名片两角，让文字正面朝向对方，递交时要目光注视对方，微笑致意，可顺带一句"请多多关照"。

(5) 接名片时要用双手，并认真看一遍上面的内容。如果接下来与对方谈话，不要将名片收起来，应该放在桌子上，并保证不被其他东西压住，使对方感觉到你对他的重视。

(6) 破旧名片应尽早丢弃，与其发送一张破损或脏污的名片，不如不送。[②]

九、案例分析

大学四年级的施华和实习生 A 一起在某公司实习，这个公司的场地构造颇为特殊，进门的玄关旁边有一个座位。刘女士是公司的财务，不用和项目组的同事坐在一起，便被安排在玄关旁边的座位上。每次上班进门，施华看见刘女士，总是热情地打招呼，但实习生 A 却总是招呼也不打一声，头也不点一下，就走进去了。实习生 A 可能以为刘女士只是一个相当于前台的阿姨，所以极为不屑。过了几天，大家终于明白刘女士的真实身份：并非什么接接电话、收收快递的阿姨，而是掌管大家每个月工资的"财政大臣"。于是，实习生 A 立刻对刘女士献起殷勤来，在人前人后将"刘老师"叫得响亮。可是，刘女士心里却

[①] 杨雅蓉. 高端商务礼仪与沟通[M]. 北京：化学工业出版社，2019.
[②] 金正昆. 商务礼仪[M]. 北京：中国人民大学出版社，2007.

非常反感。在这个案例中,新人刚进职场,礼貌很关键,人际关系一定要妥善处理,不能以貌取人。这关系到大学毕业生留给公司的第一印象,可不是闹着玩的。对于实习生 A 来说,或许真的只是她的一时疏忽,但是一开始就给人不好的印象,这样需要日后加倍地表现才能改变人家对她的不好印象,这样得不偿失,而且不以貌取人、尊重他人是最基本的礼貌。而施华刚进职场,却一视同仁,不以貌取人。刚毕业的大学生在职场中,各方面的礼仪都要做到位,要好好树立自己在公司的第一印象。

十、课堂活动

小组讨论:
(1) 什么是职场礼仪?
(2) 你知道哪些职场礼仪?哪些是需要自己加强学习的?
(3) 电话礼仪中,哪些留言内容需要确切记录?
(4) 接电话的基本礼仪是什么?

想一想,做一做

假设你和同学进行模拟场景的活动:交换名片。请同学们思考,需要注意些什么?

第九章 简历制作

第一节 简历基本要素和遵循的原则

【课程目标】

1. 了解简历的基本要素。
2. 了解创作简历应遵循的原则。

成功面试的
助推器——
优质简历

简历是用人单位了解求职者的主要渠道,并决定求职者是否有机会进入到面试环节。一份杰出的求职简历是打开职业大门的关键。简历的核心就是自我推销,求职中你可能面临数百甚至数千名竞争者,因此必须设法展现自己的能力,引起用人单位的注意。在招聘人员的选拔过程中,简历是你完全可以掌控的一部分,至于撰写得如何,与你求职前的准备工作成正比。

一、大学生简历制作中的问题

大学生简历制作中的问题如表 9-1 所示。

表 9-1　大学生简历制作中的问题

问　题	具体表现
简历不"简"	简历是对一个人的学习、工作、生活经验等的重点描述,重在"简",因此制作简历时首先要精简。但一些大学生在创建简历时经常追求完美,为了充分展现自己,将自己的简历堆满太多的细节
求职意向不明确	求职意向反映了求职者的职业目标。但据调查,大部分毕业生在简历中只是列举了自己的学习与工作经历、奖项、自我评价等,并没有写清自己的求职意向,这样会使雇主觉得该毕业生目标不明确,不清楚自己的职业定位
内容不真实	求职过程中细节很重要,大学生渴望得到工作,在简历中会过度包装自己,出现一些不实信息。一些大学生为了获得面试机会,故意放大其优点将自己包装起来,甚至捏造事实来掩盖真相,结果却适得其反。简历的好坏取决于这份简历与其本人是否相符,是否展示了应聘者的最佳特点

用人单位通常通过简历来了解大学生的基本情况以及与职业的匹配度,对于相对缺乏工作经验的大学生来说,他们的能力往往很难通过简历表达出来,大段叙述很难给用人单位留下印象。大部分用人单位在筛选简历时如果没有看到明确的求职意向或应聘岗位,则会直接跳过并忽略。求职意向是简历的灵魂与核心,简历的其他内容都是围绕其展开,明确的求职目标会让用人单位感受到求职者的诚意,同时也会增加求职成功的机会。若求职者的真实情况与简历不符,在面试的过程中被面试官发现,就会对求职者的印象大大降低。[1]

---

[1] 李瑞瑞,郑琴琴. 基于提高大学生就业竞争力的简历制作研究[J]. 读与写(教育教学刊),2018(8).

二、简历的基本要素

简历的基本要素如表 9-2 所示。

表 9-2　简历的基本要素

基本要素	具体要求
个人资料及联系方式	电话号码是最重要的，邮箱和在线沟通工具也是很好的补充
求职意向及工作目标	至少你要让用人单位明确知道你是来求职什么工作的，你的简历应适合你所求的职位，在简历中你必须描述你能胜任该工作的条件，越具体越好。你的简历需要有一个特定的具体的目标。你到底想得到什么样的工作，不应当留给用人单位去猜测
入职资格或个人评价	提出你的意向和目标后，你应该证明你有达到这个目标的能力。资格包括学历、工作经历乃至性格。这是非常重要的部分，把这部分写好了，用人单位才有兴趣继续看你的简历
工作经历	这是简历的核心部分，在描述你的工作经历时，要写明从事的工作，列明你在公司的职责，注意突出重点，责任的描述之后应该紧跟工作业绩。简历中尽量提供能够证明自己工作业绩的量化数据，比如拓展了多少个新的市场客户，年销售业绩达到多少万元，每年完成了多少项目等。不管你负责什么工作，只有在你描述了做得怎样之后才有意义。可以问问自己：需要我做的是什么?我怎么做的?做得怎么样?我体现了什么价值[①]
学历	全日的或在职的都可提及
证书	把你所得的证书和执照全列上，如学位证书、岗位合格证书、专业职位聘用证书、外语等级证书、计算机等级证书和驾驶执照等
外语	除母语之外的其他语言，对涉外工作是非常有必要的，在其他活动中也有帮助。在简历中要提到你能熟练运用的外语的程度。掌握多门外语更好
技能	很多专业性的工作需要你掌握许多专业技能，不妨针对性地列举主要的几项技能和自己掌握技能的程度如何
兴趣爱好	在简历中提及良好的习惯和健康的爱好。其实这些兴趣爱好可以表现自己的个性，也辅助说明自己对职业的适合程度，面试官也许从中可以找到和你的共同点，增加认可度
照片	主要考虑应聘工作以及自身条件来作恰当取舍

三、制作简历应遵循的原则

制作简历应遵循的原则如表 9-3 所示。

表 9-3　简历编写的核心原则

原　则	具体内容
真实性原则	简历是你交给企业的第一张"名片"，不可以撒谎，更不可以掺假，但我们可以进行优化处理。求职简历重在客观、真实地"介绍"自己，因为简历是人力资源了解你的第一个途径，简历上的内容是他面试提问的依据，所以凡是体现在简历中的事情，一定要能够在面试环节说得清楚，千万不要一味夸大甚至造假[②]

---

① 胡鹏. 简历：让你脱颖而出[M]. 北京：机械工业出版社，2008.
② 梁云思. 大学生求职简历制作普遍存在的问题及对策分析[J]. 新校园(阅读)，2017(8).

续表

内容	具体方法
针对性原则	制作简历时可以事先结合职业规划确定出自己的求职目标，做出有针对性的版本，运用专业的语言向不同企业递送求职简历，用人单位都是有备而来的，简历上必须注明自己的求职目标，切忌含糊。需要对所应聘的企业进行背景调查，对人力资源进行调查，甚至要了解这个企业的对标企业。官网、论坛、熟人等都可以成为信息渠道，在掌握了充分的信息后，制作的简历会更有针对性[1]
价值性原则	把最有价值的内容放在简历中，无关痛痒的不需要浪费篇幅，语言讲究平实、客观和精练，太感性的描述不宜出现

在简历中要学会放大自己的优点，尽量用事实说话，而不是主观感受。我们要用数字化的方式去表现自己，而不要写流水账。比如我们举办一个活动，一周的时间完成了多少工作量，可以用这样的数据来说话。比如你唱歌好听，不要一味强调自己唱歌多么好听，而可以写参加过学校的校园歌手比赛，获得了第几名的好成绩，尽量用一个个真实的事例来体现，这样会更有说服力。可以重点突出在学校时的学生会工作和实习、志愿者、支教等工作经历，不单单是陈述这些经历本身，更重要的是提炼出自己从中得到了什么具有价值的经验，而这些收获能让你在今后持续发挥效用。[2]一份简历打天下的海投方式早已经被淘汰了，如果你还固执地坚持着，不对自己进行职业定位，不经思考就投送简历，不去了解用人单位的聘任条件，也不事先了解企业的招聘情况，随大流地盲目投递，结果必然造成简历屡屡石沉大海没有回音。此外，量身定制。一定不要把同一份简历递送给众多的企业，给不同企业的简历一定要有不同的侧重。在这方面可以采用目标单位的 LOGO、企业色彩、企业网页版等来设计制作出个性化、私人订制的简历。[3]

四、视频简历制作方法

视频简历的出现丰富了求职者的求职体验。在录制视频简历时我们要提前做好准备，控制信息，语速不要过快。视频简历制作的注意事项如表 9-4 所示。

表 9-4 视频简历制作的注意事项

注意事项	具体操作方法及好处
用专业的拍摄设备	可以保证视频的清晰度和稳定性
选择好拍摄环境	建议大家选择明亮的环境，能够突出主体并展示个人职业匹配度的环境，同时要注意服装道具的使用，这些可以充分表现出一个人的性格及爱好
把控好时间	单个视频镜头的时间不宜过长，尽量控制在 5 秒以内。视频镜头的切换要与文案保持一致，通常一个镜头只有 2~3 秒。对于视频整体的时间建议控制在 60~90 秒
字幕要美观大方	尽量在所有的语言声音部分都加上字幕，以保证信息传递的准确清晰。字幕通常用白色或者黑色的小号字体，以免影响视频观看[4]

---

[1] 张凯. 大学生如何写好简历[J]. 读与写(教育教学刊), 2010(01).
[2] 宏宇. 怎样写好求职简历[J]. 广西质量监督导报, 2004 (4).
[3] 程林盛. 怎样写好求职简历[J]. 中国大学生就业(综合版), 2017(13).
[4] 赵鸣. 如何指导大学生撰写有效求职简历[J]. 现代语文(教学研究), 2015(07).

总之，就业力的核心是应聘能力，制作一份出彩的求职简历则是提升应聘能力的关键。简历设计制作的本质是要引起用人单位招聘人员对应聘毕业生的兴趣。鉴于目前就业仍然是买方市场的形势，高校毕业生亟须在求职简历的要素内容、格式版式等制作方面精雕细琢、精益求精，以期实现个人顺利就业和满意就业。①

五、案例分析

大三的夏宇在实习的时候，人事经理告诉他一些案例，有的大学生急切地想要获得面试机会，得到心仪的工作，就在简历中编造经历和项目，比如获得过哪些荣誉或得到过哪些证书，或者曾经在哪些比较知名的组织担任过重要的角色，希望借助这些"经历"来获得面试机会。还有的只注意检查简历的内容，而忽略了排版和细节，导致简历中出现一些明显的错误，比如错别字、编号等。人事经理语重心长地告诉夏宇，大学生求职没有工作经历是很正常的，千万不要为了凸显自己的与众不同而弄虚作假。个人简历是对你各方面情况的如实反映，它向用人单位提供了有关你工作能力等方面的重要信息。简历一定要实事求是。如果你的介绍有失真的情况，将严重影响求职的成功和入职后的发展。因为人力资源看过的简历太多，很快就能分辨简历上写的经历是真实的还是虚假的，遇到有编造情况的简历，会第一时间淘汰，甚至还会加入到企业的黑名单。夏宇听后很有启发。

六、课堂活动

小组讨论：
(1) 简历的概念是什么？
(2) 大学生简历制作中存在哪些问题？
(3) 简历有哪些基本要素？具体要求是什么？
(4) 制作简历有哪些核心原则？
(5) 视频简历制作的注意事项有哪些？

想一想，做一做

按照要求制作一份自己的个人简历。

第二节 中英文简历制作的差异

【课程目标】
1. 了解中英文简历的差异。
2. 掌握中英文简历撰写需要注意的细节。

---

① 王阮芳，孙明. 大学生求职简历的制作方法与投递技巧[J]，中小企业管理与科技(下旬刊)，2014(12).

一、中英文简历的差异

中英文简历在结构和表达的基本内容上是基本相同的,但如果认为"英文简历是对中文简历的简单照搬,仅仅做翻译工作就可以了"则是错误的。中英文简历存在一定的差异,具体如表 9-5 所示。

表 9-5　中英文简历的差异

项　目	具体体现
作用不同	对于国有企业或国内的公司、事业单位等,在招聘有明确要求的情况下,英文简历通常起到对中文简历的补充作用,用来辅助说明你的能力,尤其是英文能力的强弱。而对于外资企业或外国企业,英文简历是求职的必备选项。外企 HR 一般主要看求职者的英文简历,你的所有能力、素质的展示可能就来自于你的英文简历
表达方式不同	英文简历应该符合英国人的习惯,而中文简历要符合中国人的阅读习惯
侧重点不同	英文简历的侧重点在于关键词(Key words)和动作词(Action words),它们能清楚地说明你的工作以及做得好的原因,最能表现你的素质,有助于突出你的技能

二、中英文简历撰写需要注意的细节

1. 撰写中文简历要注意的细节

个人中文简历及其说明信是对你的情况的介绍。简历是用人单位了解你的最初途径,如果写得不好,你将失去面试的机会,因而简历可能成为用人单位对你唯一的了解。

一份成功的中文简历应注意的细节如表 9-6 所示。

表 9-6　一份成功的中文简历应注意的细节

项　目	具体操作方法
身份的证明	把你的姓名、住址和电话号码写在封面,应使用全名。简历上最好只注明家里的电话号码,避免招聘方打电话到你办公室的尴尬
受教育的程度	注明你就读过的学校(名称和地址)。然后是学业成绩。一般来说,人们希望把所取得的学位都写上。如果你取得了某个学位,应把全称写出来。每一个条目都必须注明日期。在这一部分,还可以写上你取得的某项成就或者获得的荣誉
继续教育	你参加过的与该工作有关的其他辅导或培训课程也应该反映出来,并注明完成的日期。如果目前正学的某一科目,你就应把将要完成的日期写出来。例如,计算机文字处理,将于明年 1 月完成
工作或业务经验	对于大多数用人单位来说,这一部分是个人简历的"核心",你应把获得的所有工作经验都写进去
从事志愿者工作的经历	如果你从事过与你所找的工作有联系,或你认为有助于你未来的用人单位更好地了解你的某种志愿者工作,你也应该把这一部分写在你的个人简历中,其要求是同职业或工作经历的部分
职业与非职业性活动	如果你是一名经验丰富的求职者,在简历中就应该介绍你所参加过的职业与非职业性活动,这些活动必须是你亲身经历的,且最好能引起招聘者的兴趣

续表

项　目	具体操作方法
证书/许可证	在这一部分，把你获得的证书和执业许可证附列上。例如：注册会计师、律师等
研究工作及成果	把你做过的重大研究项目写进你的个人简历。要注明你的姓名及项目合作者的姓名，用大号字体写出项目名称及该项目的赞助商(如果无赞助，请注明)。最后注明你完成该项目的时间
说明部分	对求职可以做出特别的说明，且这些说明与你的工作有关，并能引起招聘者的兴趣，那么，你的简历上也应包括这部分
推荐信	推荐信往往是简历中的最后一部分。可另行附在简历的后面

需要强调的是，关于简历中的核心内容"工作或业务经验"：首先应该是你最近工作的单位，并附上所在地区。然后注明你的职位及任职时间。应按时间倒序排列，先是你最近的工作经历，接着是以前的。如果在你的工作履历中出现空档，即有一段时间没有做任何工作，你也应把时间注明，不要只写年代。最好把你工作的日期写准确，并做好准备，回答一些预想不到的问题。兼职或季节性工作的日期也应写清楚。其次就是对你做过的工作进行详细的介绍。大多数人往往认为这一部分比较难写。描述的逻辑性要强有力，文字尽量简洁、明了、准确，应该突出体现你的技能，另外，你还应做到以下几点。

(1) 最重要的技能列在最前边，然后按轻重次序排列。

(2) 简历中不要使用简语。

(3) 避免使用代词——我、我的、他、她、他们、她们的等。

(4) 如果你在某单位担任过多种职务，就把这些职务及工作经验一一罗列出来。

(5) 如果你在某一机构做临时雇员，就把此机构作为你的雇主。如果你在某一组织工作的时间较长，那么，就把这段时间内的工作进行详细介绍。

(6) 如果你有多种工作经验或者如果你正准备换个工作，又或者你过去所做工作与你目前正在寻找的工作无任何联系，那么，在写简历时，就要把你的工作经历进行分类或分组。[①]

2. 撰写英文简历要注意的细节

一份简约明快的英文简历是进入外企的敲门砖。外企之所以希望投递给他们的是英文简历，是因为他们想借此检验一下应聘者的英文水平，只有具有一定英文交流能力的应聘者才能适应他们公司的工作环境。还有一些公司，比如外贸公司，他们的业务范围要求员工具有一定的英文交流能力，所以往往也会要求应聘者用英文撰写简历。

英文简历虽然没有固定格式，但却有必备的要素，通常包含 personal information, education background, work experience, scholarship, achievement, skills, qualification, objective 和 hobbies。[②]

在教育背景和工作经历部分，通常会采用倒序，将最高学历放在最前面，突出求职者

[①] 布伦达·格林. 一击即中：成功进入 500 强企业的简历[M]. 罗妍莉译. 北京：中国发展出版社，2005.

[②] 云蒙. 求职英语导航——实用新视野英语导航丛书[M]. 合肥：中国科学技术大学出版社，2001.

在这方面的优势；尽可能将和应聘工作有关的工作经历放在最前面。①当然，对于应届生来讲可能缺乏工作经历，可以将自己的实习经历和在校期间担任学生会或者科协职务所做的工作写在里面。这一部分要用点句(bullet point)，避免大段文字，点句长度以一行为宜，涉及动词的要注意时态问题：目前的工作或实习用一般现在时，以前的学习和实习经历用一般过去时。

在介绍教育背景时，可参考的格式为：September 2016-June 2019, Jiangsu Maritime Institute. Major: Electronic Commerce. Specialized courses: Finance, Computing, International Trade and Commerce，etc. 介绍工作经历时可参考的格式为：June 2019-Present, assist with clerical duties in Wal-Mart.②

接下来介绍自己在校期间所获得过的奖学金和成就，可以按照学期顺序逐一列举，也可以将分量较重的写在最前面。

然后是个人技能和资历，这部分对于工作经历比较少的求职者，比如应届生，非常重要。由于缺乏相关工作经验，高校毕业生可以认真研究职位的特点和要求，将自身技能和应聘职位所需要的技能进行更好的关联。这部分可参考的格式为：Experienced with Microsoft Office, strong interpersonal skills and knowledge of E-Commerce.

在求职目标部分，需写明部门与职务，每个单词的第一个字母需大写，比如 Manager Assistant, International Business Department. 对于职位不明确的求职者，也可写一下求职方向，如 Administrative Assistant in a business environment.③

最后是兴趣爱好，求职者可根据自身情况列举，应该积极向上体现热爱生活，如 reading, jogging, traveling, playing basketball, etc.

以上是一份英文简历通常所包含的内容。除此之外，对于简历内容的编辑也是十分重要的。④英文简历需要注意的细节主要有以下几点。

(1) 无拼写错误。

(2) 避免明显的语法错误。

(3) 字体，建议用 Times New Roman。字号，一般最好用 10.5 号，即五号。不过，在学生简历中也可用 12 号字，即小四号。

(4) 纸的规格，至少是 80 克，或 100 克左右。纸张的尺寸，A4，即长为 29.7 厘米，宽为 21 厘米。

三、案例分析

英语专业的宋鑫今年读大学二年级，她想在暑假期间去一家外企公司兼职实习，但不太了解怎样才能写出一份好的英文简历。老师和她分享了以下一份英文简历。

---

① 胡鹏. 简历：让你脱颖而出[M]. 北京：机械工业出版社，2018.
② 陈鹏震. 英文求职信与求职面谈英语会话[M]. 香港：香港商贸出版社，1991.
③ 胡鹏. 简历：让你脱颖而出[M]. 北京：机械工业出版社，2018.
④ 王伟. 英文简历应该怎样写?[J]. 中国对外贸易，2019(3).

ALEXANDER M. MATTHEWS

Local Address	Permanent Address
123 Turner St. N.E. #5	4097 Back Creek Rd.
Blacksburg, VA 24060	Bishopville, MD 21813
(540) 961-2469	(410) 512-3167
Email: alexmatthews@vt.edu	

OBJECTIVE	To obtain a position in the design field, with emphasis on continuing development of technical and computer skills.
EDUCATION	Bachelor of Architecture, May 2003 Virginia Polytechnic Institute & State University (Virginia Tech), Blacksburg, Virginia GPA: 3.1/4.0 Dean's List last 3 semesters Washington/Alexandria Architecture Consortium, Alexandria, Virginia, Spring 2002 Extensive studies of architecture within the urban environment Construction site visits to embassies and Washington historic restoration projects European Study Abroad Program, Fall 2001 Traveled through 10 European countries exploring a wide variety of cultures Studied architecture through photography, painting, and sketching
COMPUTER SKILLS	HTML, AutoCAD R14, Adobe Photoshop, Adobe Pagemaker, Adobe Illustrator, Microsoft Word, PowerPoint
DESIGN SKILLS	Sketching, modeling, photography and darkroom procedures, photographic manipulation, wood and metal shop experience, graphic printmaking, pottery
EXPERIENCE	PGAL Architects, Alexandria, VA, Summer 2002 Worked on design development for Ramp Control Tower, Philadelphia Int'l. Airport Drafted site plans, floor plans, sections, and elevations Created site and building models for presentations Brown Residence Renovation, Chantilly, VA, Summer 2001 Worked with owner to create new design for house renovation project Created a model of the new design for owner Davis, Bowen, and Friedel, Inc., Salisbury, MD, Summer 2000, January 2001 Produced drawings and colored renderings for a wide variety of projects Responsible for altering red-lined construction drawings, as well as creating new construction drawings from on site measurements. Created a proposal which won a major new commission for the firm Paul Kratzer and Co., Salisbury, MD, Summer 1999 Assisted in the creation of advertising campaigns Produced layouts and graphics for printed advertisements

ACTIVITIES & AWARDS	American Institute of Architecture Students Habitat for Humanity Volunteer Coalition for AIDS Awareness at Virginia Tech Gamma Beta Phi National Honor Society Golden Key National Honor Society Winner of Virginia Tech Tyssowski Scholarship Winner of 2000/01 American Institute of Architects Scholarship Dean's List last three semesters

通过案例宋鑫明白了英文简历是求职者展示资历、技能和经历的文件，是向潜在用人单位推销自己的一种方式，也是求职者给用人单位留下的第一印象，要专注于专业呈现申请职位最相关的技能和经历，简洁明了。在个人信息部分，一般需要简要介绍一下自己，这部分应该注意的是英文时间的表达。在英文里，日期不能都用阿拉伯数字写。另外，需注意标点符号，逗号加在年份前面，日和月之间不需要加任何标点。在教育背景和工作经历部分，通常会采用倒序，将最高学历放在最前面，突出求职者在这方面的优势；按照时间的前后顺序将最近的工作经历放在最前面。对于缺乏工作经历的宋鑫来讲，她会将自己在校期间学生会所担任的工作写在上面。她明确了这一部分用点句，避免大段文字，点句长度以一行为宜，涉及动词的还要注意时态问题：目前的工作或实习用一般现在时，以前的学习和实习经历用一般过去时。

四、课堂活动

用思维导图写出以下问题的答案。
(1) 中英文简历有哪些不同？具体体现在哪些方面？
(2) 要想写好一份成功的中文简历，有哪些细节需要注意？
(3) 撰写英文简历注意的事项有哪些？

想一想，做一做

对于简历中的核心内容"工作或业务经验"，哪些可以体现我们的技能？

第十章 面 试

第一节 面试的基本类型和面试准备

【课程目标】
1. 掌握面试包括的基本类型。
2. 了解面试前需要做好的各种准备、心理的调试等。

一、面试的基本类型

1. 结构化面试

结构化面试一般由多个试题组成,分别用以测评不同要素,具有结构化、规范化的特点,主要体现在考评要素结构化、面试试题结构化和评分标准结构化上,如表10-1所示。

表10-1 结构化面试具体体现

结构化面试	具体体现
考评要素结构化	工作分析是录用考试最基础性的工作和前提,然后在此基础上,结合对从业者的具体职位说明及专业学识和技能方面的要求,分析、筛选、整合、概括出面试考核要素,对每一个要素一一作出定义,并设置权重,以便考官对应试者的行为表现进行观察评估
面试试题结构化	不同类型的题目与测评要素相适应。通常在编制题目时会围绕测评目的,依据测评要素,进行总体设计,试题之间既是相互独立,又是有机构成,互相关联的。测验问题是基于职位职责的,即要从岗位的职责、职能、职权中引申出问题;问题是系统编制出来的,目的是考查具体的资格条件,即能力、素质的水平;问题能根据已确定的标准来对应试者的反应进行评分
评分标准结构化	在结构化面试过程中,考官在对应试考生答题的质量和外在表现等综合素质进行分析、判断后,结合考官本人的职业素养来评价考生总体成绩。一般结构化面试的评分参考标准采用等级制的评分方式,即设"好、中、差"三等(或"优、良、差")。每一等级下设几条具体的参考标准,考官根据参考标准在一个幅度内打分

结构化小组面试是应试者在回答问题中各个面试要素所体现出的能力和水平,而不是应试者在某个题目中回答的质量。[①]结构化面试比传统的面试具有更好的构想效度和预测效度,主要原因有:结构化小组面试与传统的结构化面试相比,在操作环节上增加了考生之间的互动,这种互动使得诸如人际沟通能力、应变能力和语言表达能力这种复合素质中的情感成分在面试现场得到充分的展示,便于考官把握。传统的面试现场考生容易表现出答题模式化和套路化;而在结构化小组面试中,考生之间的互评是针对考生现场答题内

---

① 朱正键. 面试中存在的主要问题与对策[J]. 人力资源管理,2013(02).

容,考生事先是无法准备的,更能表现出考生的真实素质。①

2. 无领导小组讨论

(1) "无领导小组讨论"是近年来被企事业单位广泛使用的人才测评和人才选拔方式。它是指将数名被评价者(每组一般是 5~7 人)组织起来,让其围绕给出的既定问题展开自由讨论,且不指定讨论的主持人,即无领导。在讨论中,被试成员自由发挥,评价者对被评价者的组织协调能力、领导能力、人际交往的意识与技巧、对资料的理解和利用能力、辩论说服能力及非语言沟通能力等方面的能力、素质和个性特点进行观察,由此来综合评价被评价者之间优劣的一种测评方法。无领导小组讨论虽然有着其他人才测评方法不可比拟的优势,但该测评方法在国内还未形成较为专业细致的研究与实践,在具体操作过程中仍会产生一些偏颇和困难,因此,对该测评方法进行进一步的研究和探讨就显得尤为重要。②

(2) 无领导小组讨论作为一种有效的测评工具,它最大的特点就是人际互动性和可比较性。应试者需要在与他人的沟通和互动中表现自己,无领导考查的维度也多与人际交往有关,如语言表达能力、人际影响力等。在无领导小组讨论中,评分者是依据应试者实际表现出来的行为特征来对其进行评价的,在多个考生讨论过程中,能观察到考生之间的相互作用,能使考生在相对无意之中充分地显露自己各个方面的特点,以便能够使考官依据考生的行为特征来对其进行更加全面、合理的评价,对预测考生在真实团队中的行为有很高的效度,因而评价更加客观和准确。在小组讨论过程中,应试者往往会处于压力情境下,难以掩饰,往往会在无意之中表现出自己各方面的优点和缺点,能对竞争同一岗位的考生的表现进行同时比较。

(3) 无领导小组讨论往往围绕一个既定问题展开,且该问题可根据工作性质、人才需求等方面综合设计,具有较强的针对性。在整个过程中,每个参与者自由发表意见,最后形成团队的统一意见,这种群体讨论并制定决策的方式,在某种程度上与一个单位或企业在工作中进行问题商讨和决策极为相似。这个过程能在很大程度上反映出应试者在综合分析、组织协调、沟通说服、团队协作等方面能力素质的优劣水平。

(4) 无领导小组讨论作为一种开放性的测评方式,相对于传统笔试和结构化面试,它能测试出更多潜在的个人素质水平,比如在讨论中如何处理冲突,能否主动把握机会,能否进行有条理的辩论和说服,能否进行有效合作等。整个过程所有被评价者会进行频繁互动,能使他们在相对无意之中暴露自己各个方面的特质,这对于预测真实团队中的行为也具有很高的效度。③

在讨论中被评价者地位平等、角色平等,可以不受约束,充分展示自己。在此过程中,角色如何分配、讨论如何推进、问题怎样解决全由被评价者自身推动和决定,并无外在因素的影响,所以在某一层面上所有的被评价者在地位上和在可发挥的机会上都是平等的。在传统面试中,评价者有可能产生刻板印象、第一印象等"偏误",而在无领导小组讨论中,评价者主要从可观察、可比较的行为表现中观察应试者实际表现出来的行为特

---

① 陈社育. 结构化小组面试的效度研究[J]. 中国考试,2020(07).
② 齐振江. 公考面试无领导小组讨论的注意事项[J]. 人才资源开发,2020(12).
③ 刘慧,徐鑫,刘小刚. 无领导小组讨论在人员选拔中的应用探讨[J]. 安徽电气工程职业技术学院学报,2020(4).

征，对他们在各个维度、各个环节进行综合比较和评价，做出较为公平的判断。[1]

3. 情景模拟面试

情景模拟面试，是设置一定的模拟情况，要求被测试者扮演某一角色并进入角色场景中，去处理各种事务及各种问题和矛盾。考官通过对考生在情景中所表现出来的行为进行观察和记录，以测评其素质潜能，或看其是否能适应或胜任工作。和其他考试形式相比，情景模拟测试具有针对性、真实性和开放性等特点。[2]针对性表现在测试的环境是仿真的，内容是仿真的，测试本身的全部着眼点都直指拟任岗位对考生素质的实际需求。需要指出的是，有时表面上所模拟的情景与实际工作情景并不相似，但其所需要的能力、素质却是相同的。这时，表面的"不像"并不妨碍实质上的"像"。真实性表现为考生在测试中所"做"的、所"说"的、所"写"的，与拟任岗位的业务直接地联系着，犹如一个短暂的试用期，其工作状态一目了然。开放性表现在测试的手段多样、内容生动，考生作答的自由度高、伸缩性强，给考生的不是一个封闭的试题，而是一个可以灵活自主甚至即兴发挥的广阔天地。[3]

1) 情景模拟面试的主要方式

情景模拟面试的主要方式如表10-2所示。

表10-2 情景模拟面试的主要方式

方 式	具体内容
角色扮演法	事先向考生提供一定的背景情况和角色说明，模拟时要求考生以角色身份完成一定的活动或任务。例如，接待来访、主持会议、汇报工作等
现场作业法	提供给考生一定的数据和资料，在规定的时间内，要求考生编制计划、设计图[4]表、起草公文和计算结果等。被普遍应用的计算机操作、账目整理、文件筐作业都属于此类形式
模拟会议法	将若干考生(10人左右)分为一组，就某一需要研讨的问题或需要布置的活动或需要决策的议题，由考生自由发表议论，相互切磋探讨。具体形式有会议的模拟组织、主持、记录及无领导小组讨论等

2) 情景模拟面试的步骤

情景模拟面试的步骤如表10-3所示。

表10-3 情景模拟面试的步骤

步 骤	具体内容
工作分析	工作分析又称职务分析或职位分析，它是一种应用系统方法搜集、分析、确定组织中职位的定位、目标、工作内容、职责权限、工作关系、业绩标准、人员要求等基本因素的过程。通过工作分析可以获得职位说明书，为情景模拟面试提供相应岗位的员工胜任特征模型。工作分析主要通过访谈法、问卷法、观察法、工作日志法等一系列方法来搜集工作分析的有关信息，并制定相应的职位说明书。在具有某职位说明书的企业，只需从中提取相应的员工胜任特征即可，但在缺少某职位说明书的企业，就必须做工作分析[5]

---

[1] 夏小汝. 无领导小组讨论在企事业人员招聘中的应用探究[J]. 就业与保障，2020(03).
[2] 金瑜. 心理测量[M]. 上海：华东师范大学出版社，2001.
[3] 倪峰. 情景模拟面试在人员选拔中的应用[J]. 管理学刊，2011(3).
[4] 顾海根. 人员测评[M]. 合肥：中国科学技术大学出版社，2005.
[5] 彭剑锋. 人力资源管理概论[M]. 上海：复旦大学出版社，2005.

续表

步　骤	具体内容
胜任特征的制定	对每一个职位来讲，并不是职位说明书中所有的员工胜任特征都是核心特征，这需要根据职位的具体情况对员工胜任特征进行定位。所谓胜任特征定位，就是对每个职位的员工胜任特征进行综合分析后确定其主次顺序。定位的主要方法有相对比较法、小组评价法等。因此，对于相近的职位来讲，可以使用同一组情景模拟试题进行测评。只要根据职位员工胜任特征的不同定位，就能有效地区分不同职位需要的人才。很多中小企业做一次人员选拔，就可以选拔出不同职位的人才，这样，既提高了选拔的效率，也减少了招聘费用[①]
面试试题的编制	情景模拟面试试题的编制以员工胜任特征为依据。通过对面试情景进行信息搜集，主要采用"头脑风暴"法、关键事件法、案例分析法等编制面试试题。首先，要求情景模拟面试试题所测评的要素与职位需要的胜任特征相吻合。由于每个情景模拟面试试题所包含的测评内容是有限的，并不能通过一道试题测评全部的职位胜任特征，因此，要保持情景模拟面试测评的完整性，需编制几个或一组情景模拟试题来满足测评所需。其次，情景试题要使测评具有隐蔽性。试题设计需要将所测评的职位胜任特征隐含在情境中，让被试者意识不到情景试题所要测评的内容
评分标准	情景模拟面试以员工的胜任特征作为测评内容，其评分标准也来自胜任特征的评价等级。首先，把每一个胜任特征分别作为情景模拟面试的评分维度。维度的评分主要以等级量表式作为评分标准，一般采用五级量表式或七级量表式。每一个维度都设计一个评分量表，量表上的每一个等级描述均通过对其胜任特征典型行为的客观描述性说明来加以界定，在评分时作为主试者对被试者的实际表现的参考依据。其次，确定每一个评分维度的权重，以胜任特征定位作为依据来设计权重。确定维度权重的方法主要有主观经验法、专家调查加权法、AHP 层次分析法等。最后，依据权重分配各评分维度的分数，再把各评分维度的分数分配到其评分量表的评分等级中[②]

　　情景模拟面试最终通过维度评分求得被试者的总评分，但仅靠定量判断并不能达到测评目的，因此需要有定性判断加以补充。应该通过主试者对每一位被试者进行总体评价获得定性判断。只有把定量和定性结合起来，才能确保人员选拔过程的客观性和结果的准确性。

4. 压力面试法

　　压力面试法是考察面试者承压能力的一种面试方法，是指有意制造紧张，以了解求职者将如何面对工作压力。面试人通过提出生硬的、不礼貌的问题故意使候选人感到不舒服，针对某一事项或问题做一连串的发问，打破砂锅问到底，直至无法回答。其目的是确定求职者对压力的承受能力、在压力面前的应变能力和人际关系能力。一般人在情绪不稳定的时候最容易体现真实的自己。应对压力面试最好的办法就是平时有针对性地训练自己的心理素质，培养自己的抗压能力，同时，在面试中要时刻保持冷静的头脑。

5. 行为面试法

　　行为面试法是通过一系列问题如"这件事情发生在什么时候？""您当时是怎样思考的？""为此您采取了什么措施来解决这个问题？"等，收集考生在代表性事件中的具体

---

① 倪峰. 情景模拟面试在人员选拔中的应用[J]. 管理学刊，2011(24).
② 顾海根. 人员测评[M]. 合肥：中国科学技术大学出版社，2005.

行为和心理活动的详细信息。基于考生对以往工作事件的描述及面试官的提问和追问，运用素质模型来评价应聘人员在以往工作中表现的素质，并以此推测其在今后工作中的行为表现。通过对所收集信息的对比分析，可以发现杰出者普遍具备而胜任者普遍缺乏的个人素质即资质，也就是我们经常说到的冰山模型中水面以下的那部分素质。行为面试法可以较全面、深入地了解考生，从而获得一般面试方式难以达到的效果。因而这种方式也就越来越多地被商学院面试人员所应用。

二、面试准备

1. 信息准备

针对你确定的目标，对用人单位的具体情况事先要通过各种关系予以了解，包括生产规模、技术设备、管理水平、对人才的使用与培养、同行业中的位置、发展前景等情况。必要时可亲自到实地考察，这样在应聘时才能有的放矢。例如，在招聘现场，一家沿海城市的家用电器公司是以质量第一享誉国内外的著名企业，这家企业在北京招聘应届毕业生时，总要问及一个问题："你对我公司有何了解？"回答了解不多或不了解的人很快就被淘汰出局，那些对公司有深入了解的毕业生备受青睐。能够熟练地讲述用人单位的详细情况，极大地缩短了考官与应试者之间的距离，这样的毕业生能不受欢迎吗？单位的需求，即这个单位最需要什么样的人。每个单位的侧重点都有所不同。外企、民营企业看重员工的创新意识、开拓精神；中国银行则侧重于员工的勤奋、朴实，是否具有一定的政策理论水平和业务水平，能否处理比较复杂的问题。求职应聘，是一个了解自己、了解用人单位，向用人单位展示自己能力与素质的面对面的接触。只有做好了充分的准备，知己知彼，才能用特色和真才实学为自己铺就成功之路。世间的岗位有千万种，对应聘者的素质要求自然也多种多样、各有侧重。

两个同一专业的同学应聘同一个职位，这个职位与他们所学的专业正好对口。第一个面试者在一小时的面试过程中，天南海北高谈阔论，没有展示自己专业方面的特长，使人觉得他是一个面面俱到但没有突出能力的人。而另外一个面试者，并没有讲述那么多，在很短的时间内，根据招聘岗位所需要的技能，结合自身曾经的实践经历，展示了他在这方面的能力。于是第二个面试者得到了这个职位。后来第一个面试者得知这一消息时，不由惊讶："这样的能力我也有，只是当时我没有讲啊！"

应聘时不一定面面俱到，但要找准应聘的岗位所必需的能力，做好精心的准备，突出你所具有的这种能力，展示出你使人动心的"亮点"。这就好比卖东西，要先了解顾客想要买什么样的东西，尽量把顾客想要的、感兴趣的东西介绍出来，才能激发顾客的购买欲。如果把什么东西都一一展示或者一直在介绍顾客不想要的东西，就不可能达到最佳的效果，甚至还会起负面作用。

2. 材料准备

参加面试要准备好推荐表、协议书、个人简历、自荐信、成绩单、荣誉证书、身份证等材料及复印件。如果应聘外资企业，最好将自荐信、个人简历等材料翻译成外文。对自己的原始材料一定保存好。有个别毕业生不慎将材料丢失或东西被盗，给自己的求职带来很大的影响。

3. 形象准备

参加面试时，要挑选一套最能够体现自己修养和气质的服装。服饰要得体、整洁大方。发型要自然、简单、朴素。男士衬衫要换洗干净，皮鞋要擦亮；头发要梳齐，要把胡须刮干净。女士不能穿过分前卫新潮的服装，若感觉脸色不佳则可化淡妆，不可过分修饰。总之，着装要协调统一，同所申请的职位相符。在参加面试前，最好先观察一下自己的形象或请别人帮忙找出不足的地方。另外，还应保证面试前充足的睡眠。[①]

4. 心理准备

参加面试时的心理准备有以下方面。

（1）保持良好的心态。
（2）提前到场。
（3）带一张报纸或书，在等候时翻阅。
（4）以一颗平常心对待面试，做好承受挫折的准备。
（5）给单位和自己一个正确的评价，有信心但不自负。
（6）面试前做几次深呼吸。
（7）主动与主面试官进行目光交流，消除紧张情绪。
（8）压力大时，不妨借助间隙去发现其他应聘者的服饰、言语、体态等方面的缺点，提高自己的心理优势。[②]

5. 开场结束，提前演练

准备开场白，说明你对面试很重视，说明你是有备而来，不会打无准备之仗。你可以表示，"能够参加面试我感到很高兴"或"非常感谢各位领导给我这样一个面试机会"。在面试之前，准备一个简短的自我介绍腹稿是必要的，同时也应该为一些典型提问准备好答案，并尽可能地考虑面试中可能会遇到的问题。进行适当的模拟面试训练，这样效果可能会更好。进行了充分的准备，在面试中就会谈吐自如、文雅幽默，从而赢得主考官的欣赏。面试结束临走前，要礼貌地表示感谢，更要反复强调自己对这份工作的渴望及能够胜任的信心。比如说："非常感谢您（贵公司）给我的指点，希望有机会为贵公司效力，再见。"最好事先准备10个可能被问的问题，同时也准备5个询问对方的问题。[③]

当然，机遇总是青睐有准备的人，在寻找机遇、把握机遇的过程中，有两点是始终离不开的，那就是自身真正的能力和永恒的信心。携上你的能力与信心，做一个有心人。现在的你还会让机遇从你身边悄悄溜走吗？

三、案例分析

大学二年级的石业在上课中，老师分享了一个案例。小 B 是一个热门专业的本科应届毕业生，这位学生得知，中国银行某省分行将在学校举行招聘会，会前他做了准备。面试

---

① 李保城，刘效强. 大学生职业发展与就业指导[M]. 济南：山东人民出版社，2014.
② 高洪海，于雷. 大学生就业指导[M]. 济南：山东人民出版社，2014.
③ 田丽娟. 如何做好面试前的准备[J]. 智富时代，2018(03).

时，行长提的第一个问题是："你为什么选择我行作为你的应聘目标？"小 B 讲了自己的理解，他把自己对求职目标的选择界定在以下三个方面：第一，对金融业的热爱，想在金融系统工作；第二，银行可以使自己很快地积累经验，提高素质；第三，中国银行是中国对外金融业务的窗口，自己所学的是涉外专业，希望从事与此相关的金融业务。行长说："许多大学生在求职时，都把中国银行的工作想得十分浪漫而富有激情，而实际上，工作是很单调、很平凡的，对这一问题你是如何看的？"小 B 重点强调了自己踏实勤奋的品格，并表明了自己想为中国银行服务的热忱和态度。行长几次对他表示赞许。中国银行对人员的要求与其他单位有所不同。不久，小 B 接到了银行的录用通知。石业分析这个案例，觉得这位面试成功的小 B 在面试前做了充分的准备工作，对银行工作的特点进行了充分的了解，以一个勤奋、团结的形象出现在领导面前。而且小 B 在回答面试问题的时候，条理清晰，也很有诚意。小 B 在与行长的谈话中，有意识地强调了自己是银行所需要的类型，所以这次面试是成功的。石业觉得这些面试成功的注意事项是值得自己学习的。

四、课堂活动

小组讨论：
(1) 面试有哪些基本类型？
(2) 结构化面试的具体表现是什么？
(3) 情景模拟面试的步骤有哪些？

想一想，做一做

假设明天你要进行面试，你的心理准备有哪些？

第二节 面试技巧和注意事项

【课程目标】
1. 掌握面试问题回答技巧。
2. 了解面试时的注意事项。

获取职位的
敲门砖——
面试技巧

一、面试时自我介绍技巧

自我介绍时，应届毕业生可以从学习经历、实习实践经历、个人特点三个方面进行匹配论述，突出个人亮点，同时遵循论证原则和峰值效应。

1. 学习经历

学习经历主要包括专业方向、学习成绩、学习习惯和学习方法，具体内容如表 10-4 所示。

表 10-4　学习经历的介绍技巧

内　容	具体表现
专业方向	当岗位与求职者的专业相关度高时，尽量体现这一优势。如某学生应聘景观设计工作，可介绍专业的学习经历、参加专业比赛的过程和发表的专业论文。若职位与专业匹配度不显著，则弱化专业或者不体现
学习成绩	避免盲目罗列获得的奖学金、成绩分数，可结合其他几点，形成一个案例，论证个人能力
学习习惯	对于学习成绩不理想、应聘职位和专业不相关的毕业生，考虑从学习习惯角度进行介绍。如在过去 10 年的时间里，保持着当日事当日毕或每天撰写工作日志的习惯，给面试官留下该习惯会在未来工作中带来某种价值的印象
学习方法	个人学习方法的介绍参照以下事例：某学生每次考试都能拿一等奖学金，他的学习方法是学期中浏览全书，作出总体规划与细分，列出重难点，逐个击破。期末之前，将重难点进行温习，短时间完成一门专业课的复习。不论学习什么科目，从全局出发，对脉络框架进行规划，再挨个深入练习，既能做到对微观知识的掌握，也能做到对宏观知识的把控

2．实习实践经历

明确与职位相关度高的信息，切忌罗列所有项目。以真实的工作经历为论据，彰显自身亮点。若将某实践经历放在自我介绍的开头或结尾，并通过一个高度总结的短句，重复强调自身优势，可以实现自我介绍的峰值效应，引领面试官的提问朝着对求职者有利的方向发展。

3．个人特点

一是应聘者求职时要考虑自身性格特点、兴趣与工作匹配。如操作类岗位要求长时间与物打交道，这与喜欢和人打交道、擅长表达的人是冲突的。如果求职者违背这一规律从事该职位，未来职业发展可能会受限。所以应聘前，最好将个人兴趣和性格进行评估，不要盲目。

二是思想认知方面。这里的思想认知是指求职者应对党和国家的大政方针、对成为一名优秀共产党员的高尚情怀有充分理解，个人必须具备正确的价值观，有较强的思想觉悟。

三是兴趣特长。不论什么性质的企业，都会举办年会、运动会等活动，有舞蹈、钢琴、篮球等特长的应聘者，在各方面条件不错的基础上，这些兴趣特长将成为吸引面试官的亮点。有了这些附加值傍身，更容易通过考核。

以上是应届毕业生求职前梳理信息的三个方向，综合了匹配、论证原则和峰值效应。需要强调的是，自我介绍时所给出的事例，应详细、真实地说明事件发生的背景、任务、行为和结果，也就是按照 STAR(Situation, Task, Action and Result)法则阐述，以数据来量化展示结果，论证个人工作能力强、交际能力强、有团队合作精神等特质。

自我介绍总结的具体操作为：列出一张表，左边一栏是"公司及岗位需求"，右边一栏是"个人匹配项"，这些匹配项从学习经历、实习实践经历、个人特点等三个方面去归纳。多个"个人匹配项"中，明确一到两个点，通过具体事例进行论证，作为自己的突出亮点。按照每分钟 200 字的语速，分别撰写 1 分钟和 3 分钟的自我介绍。自我介绍的过程，是论证自身具备岗位需要的能力的过程。实际生活中，不论是求职面试，还是参加考试、升学，或者日常交友，做好这一点，一个成功的机会就离你不远了。[①]

二、面试问题回答技巧

1. 把握重点，简洁明了，条理清楚，有理有据

一般情况下回答问题要结论在先，议论在后，先将自己的中心意思表达清楚，然后再做叙述和论证。否则，长篇大论，会让人不得要领。面试时间有限，如果多余的话太多，就容易跑题，甚至将主题冲淡或漏掉。这一点在做自我介绍时尤其需要注意。

2. 讲清原委，避免抽象

用人单位的提问总是想了解一些面试者的具体情况，切不可简单地仅以是和否作答。面试者应针对所提问题的不同，对有些问题需要解释原因，有些则需要说明程度。不讲原委，过于抽象的回答，往往不会给主面试官留下具体的印象。

3. 确认提问内容，切忌答非所问

面试中，如果对用人单位提出的问题一时摸不到边际，以至于不知从何答起或难以理解对方问题的含义时，可将问题复述一遍，并先谈自己对这一问题的理解，请教对方以确认内容。对不太明确的问题，一定要搞清楚，这样才会有的放矢，不至于答非所问。

4. 有个人见解，有个人特色

用人单位有时接待面试者若干名，相同的问题问若干遍，类似的回答也要听若干遍，因此，用人单位会有乏味、枯燥之感。只有具有独到的个人见解和个人特色的回答，才会引起用人单位的兴趣和注意。

5. 知之为知之，不知为不知

面试时遇到自己不知、不懂、不会的问题时，回避闪烁、默不作声、牵强附会、不懂装懂的做法均不足取，诚恳坦率地承认自己的不足之处，反倒会赢得主面试官的信任和好感。

三、面试时心理调节技巧

由于面试成功与否关系到求职者的前途，所以大学生面试时往往容易产生紧张情绪。有些大学生可能由于过度紧张而导致面试失败，因此必须设法消除过度的紧张情绪。这里介绍几种消除过度紧张的技巧，供同学们参考。

（1）面试前可翻阅一本轻松活泼、有趣的杂志。这时阅读书刊可以转移注意力，调整情绪，克服面试时的怯场心理，避免等待时紧张、焦虑情绪的产生。

（2）面试过程中注意控制谈话节奏。进入面试场所，致礼落座后，若感到紧张先不要

---

① 徐楠楠. 大学生求职面试时的自我介绍技巧[J]. 人才资源开发，2020(9).

急于讲话，而应集中精力听完提问，再从容应答。一般来说人们精神紧张的时候讲话速度会不自觉地加快，讲话速度过快，既不利于对方听清讲话内容，又会给人一种慌张的感觉。讲话速度过快，还往往容易出错，甚至张口结舌，进而强化自己的紧张情绪，导致思维混乱。当然，讲话速度过慢，缺乏激情，气氛沉闷，也会使人生厌。为了避免这一点，一般开始谈话时可以有意识地放慢讲话速度，等自己进入状态后再适当增加语气和语速。这样，既可以稳定自己的紧张情绪，又可以扭转面试的沉闷气氛。

（3）回答问题时，眼睛可以看着提问者的额头。有的人在回答问题时眼睛不知道往哪儿看。研究证明，魂不守舍、目光不定的人，使人感到不诚实；眼睛下垂的人，给人一种缺乏自信的感觉；两眼直盯着提问者，会被误解为挑衅，给人以桀骜不驯的感觉。如果面试时把目光集中在对方的额头上，既可以给对方以诚恳、自信的印象，也可以鼓起自己的勇气，消除自己的紧张情绪。

四、案例分析

大学四年级的施华有一位舍友小 C，准备去外企面试，她对于外企的英语面试试题有些担心，不知道如何才能做出较好的回答。

老师和她分享了一些英文面试问题及回答。

Q：What contribution did you make to your current (previous) organization？（你对目前/从前的工作单位有何贡献？）

A：I have finished three new projects, and I am sure I can apply my experience to this position. （我已经完成一个新项目，我相信我能将我的经验用在这份工作上。）

Q：What do you think you are worth to us？（你怎么认为你对我们有价值呢？）

A：I feel I can make some positive contributions to your company in the future. （我觉得我对贵公司能做一些积极性的贡献。）

Q：What make you think you would be a success in this position？（你如何知道你能胜任这份工作？）

A：My graduate school training combined with my internship should qualify me for this particular job. I am sure I will be successful. （我所接受的研究生教育及实习工作，使我适合这份工作。我相信我能成功。）

Q：What is your strongest trait？（你个性上最大的特点是什么？）

A1：Helpfulness and caring.（乐于助人和关心他人。）

A2：Adaptability and sense of humor.（适应能力和幽默感。）

A3：Cheerfulness and friendliness.（乐观和友爱。）

Q：How would your friends or colleagues describe you？（你的朋友或同事怎样形容你？）

A：(pause a few seconds)（稍等几秒钟再答，表示慎重考虑。）

A：They say Mr. Chen is a friendly, sensitive, caring and determined person. （他们说陈先生是位很友好、敏感、关心他人和有决心的人。）

施华和小 C 一起学习了这些英文面试试题，觉得需要提前做好准备，回答问题时还需要口齿清晰，语言流利，文雅大方。交谈时要注意发音准确，吐字清晰。还要注意控制说话的速度，以免磕磕巴巴，影响语言的流畅。忌用口头禅，更不能有不文明的语言。语气平和，语调恰当，音量适中。面试时要注意语言、语调、语气的正确运用。打招呼时宜用上语调，加重语气并带拖音，以引起对方的注意。自我介绍时，最好多用平缓的陈述语气，不宜使用感叹语气或祈使句。声音过大令人厌烦，声音过小则难以听清，施华和小C意识到还需要注意听者的反应。听者心不在焉，可能表示他对自己这段话没有兴趣，你得设法转移话题；侧耳倾听，可能说明由于自己音量过小使对方难以听清；皱眉、摆头可能表示自己言语有不当之处。根据对方的这些反应，就要适时地调整自己的语言、语调、语气、音量、修辞，包括陈述内容，这样才能取得良好的面试效果。

五、课堂活动

小组讨论：
(1) 面试时自我介绍的技巧有哪些？
(2) 面试时心理调节的技巧是什么？

想一想，做一做

面试自我介绍时，你准备怎样进行匹配论述，突出个人的亮点？

第十一章 团队建设与管理沟通

第一节 团队概述

【课程目标】
1. 了解团队的定义、有效团队的基本特征。
2. 了解团队精神的作用。
3. 了解团队建设的要素和建设途径。

一、团队的定义

团队是由一群具有优势互补才能的人组成，致力于共同的宗旨和目标，合理利用每个成员的知识和技能而协同工作，并且愿意共同承担责任的正式群体。其特点是：优势互补、共同目标、相互协作、共担责任。与普通的工作群体不同的是，团队能够快速组建、部署、强化、解散，共同分担了领导角色；团队成员不仅要承担个人责任，还要承担团队责任，工作也由团队集体完成；工作绩效以评估集体工作的成果来直接衡量。团队和一般群体不同，它是一个有机整体，团队成员除了具有独立完成工作的能力之外，同时具有与他人合作共同完成工作的能力。团队的绩效源于团队成员个人的贡献，同时永远大于团队成员个人贡献的总和。而群体中成员没有协同工作的要求，群体的绩效是群体成员个人绩效的总和。

二、有效团队的基本特征

建立团队首先要确立团队共同的目标，建立团队管理的机制。一个优秀的团队主要有以下几个特征。

1. 相互信任

信任是团队成员之间进行有效沟通的基础，建立并维护这种信任需要管理者特别关注，管理者要想在团队中建立信任，就要做到言行一致，在进行团队管理时公开透明，把整个团队的共赢作为重要目标。一个相互信任的团队具有很强的凝聚力，以及群体认同感。[1]

2. 明确的目标

管理学大师曾说过，如果你想留住人才，就应该让他们感觉到他们的工作有意义，让他们产生一种自己在从事一份重要工作、实现自己的价值的感觉。设立目标是开展工作的

---

[1] 彭薇. 团队管理的问题与策略[J]. 商场现代化，2008(27).

基础，也是员工为之奋斗的动力。当团队成员共同确立清晰具体的目标，就会相互合作、相互配合，向着同一个目标努力，这样可以提高工作效率。①

3. 良好的沟通

沟通具有多种方式，可以通过面对面交谈、电话交流、圆桌会议等，是人与人之间思想和感情的传递和交流，有效的沟通能够增进团队之间的感情。一个优秀的团队之中，成员之间应准确地表达和理解彼此的意图，高效完成任务。沟通不到位，很可能造成某个环节出现问题，导致目标无法完成。决策沟通是领导和员工之间的枢纽，善于与团队成员沟通的领导者更能获得团队的支持和拥护，持续不断的沟通更能增强成员的归属感、认同感、凝聚力。

4. 一致的承诺

社会惰化的现象出现在很多企业当中，即个体在团队群体中工作没有独自工作那么努力，这种现象很可能会降低群体生产率。团队精神是构建企业内部团结的保证，一致的承诺体现了团队成员的忠诚度和奉献度，意味着成员是否愿意用极大的精力和热情去实现目标，服务于团队。

5. 合适的领导者

组织需要一个合适的领导者，有效的领导者可以激发出团队成员的最大潜力，为团队组织确定方向，协调团队人际关系，解决各种冲突。有效的领导者可以进行自我管理、为人正直且具有一定的知识技能，能够为员工营造和谐的发展环境，懂得如何激励员工，激发其工作动力。明确领导核心，强化领导责任，更能塑造团队意识，发扬团队精神。②

6. 来自各方面的支持

有效的团队应该通过适当的培训，具备完善的绩效考核体系，良好的团队需要严格的纪律进行规范，以及可以提供支持的人力资源体系。管理者应该鼓励团队成员积极探索、不断创新，并做好铺垫和善后工作，预测、评估、弥补失败可能带来的影响和后果。③

三、团队精神的作用

一个良好的团队可以提高成员的工作能力和工作绩效，团队精神可以使组织充满活力、凝聚力和战斗力，团队力量的发挥是组织赢得市场竞争的必要条件。团队精神强调的是组织内部成员间的合作态度，为了一个统一的目标，成员自觉地认同肩负的责任并愿意为此目标共同奉献。团队精神是企业文化的重要组成部分。在组织中培养员工的团队精神，对于提升员工的职业道德水平和绩效能力具有积极意义。

(1) 目标导向功能。团队精神的培养，使员工能够齐心协力朝着一个目标努力，整体的目标分解成各个小目标或工作任务，在每个员工身上得到落实。

---

① 王敏. 浅谈现代企业团队的建设与管理[J]. 北方经贸，2008(12).
② 邓铭. 论如何有效进行团队管理[J]. 山东纺织经济，2015(4).
③ 苑鑫艺. 如何有效地进行团队管理[J]. 国际公关，2019(3).

(2) 凝聚功能。任何组织群体都需要一种凝聚力,传统的管理方法是通过组织系统自上而下的行政指令,淡化了个人感情和社会心理等方面的需求,而通过团队精神对群体意识的培养,通过员工在长期的实践中形成的习惯、信仰、动机、兴趣等文化心理,来沟通人们的思想,引导人们产生共同的使命感、归属感和认同感,来逐渐形成共同的价值观和行为规范,产生一种强大的凝聚力。

(3) 激励功能。团队精神要求员工积极进取,自觉地向优秀的员工学习,从而得到团队的认可,获得团队中其他员工的尊敬,以实现激励功能。

(4) 控制功能。个体行为需要控制,群体行为需要协调。用团队精神所形成的价值观念和组织氛围去影响和约束员工的个体行为。制度约束是外在硬性的,而意识约束是内在软性的,这种控制更为持久,也更深入人心。①

四、团队建设的途径

1. 人际关系途径

通过开展良好的交流与培训,实现成员间充分的理解和尊重,形成相互信赖的气氛,公开、坦诚地讨论团队内部的关系与冲突,确保团队成员能够以诚实的私人方式进行相互交往,来推动团队工作。②

2. 任务导向途径

根据团队所要完成任务的需要,按照技能和技能潜力选拔队员,研究完成此项任务所需要的技能和工作流程,形成具体的目标,并确立指导方针和行为准则,以保证任务的顺利完成。③

3. 价值观途径

团队建设的核心任务是在成员之间就共同价值观和某些原则达成共识,建立明确具体的团队目标,使全体成员努力为实现此目标而协同工作。团队共识必须具有在未来进一步发展的能力,以适应新的环境和新的情况。

五、案例分析

大学二年级的高创,在最近的社团工作中很苦恼,他现在是学生会主席,但感觉某些部门和自己沟通不畅,有些活动不能及时完成。在学习了本章内容后,他明白了沟通具有多种方式,可以通过面对面交谈、电话交流等,是人与人之间思想和感情的传递和交流,有效的沟通能够增进团队之间的感情。一个优秀的团队之中,成员之间要能够准确地表达和理解彼此的意图,高效完成任务。沟通不到位,很可能造成某个环节出现问题,导致目

---

① 赵占和. 培训对加强企业团队管理模式构建的意义[J]. 科技与企业,2014(3).
② 何富春. 团队管理在战略管理中的重要性[J]. 现代经济信息,2009(21).
③ 严梅福. 团队管理与团队建设[J]. 湖北大学成人教育学院学报,2004(2).

标无法完成。决策沟通是领导和员工之间的枢纽，善于与团队成员沟通的领导者更能获得团队的支持和拥护，持续不断的沟通更能增强成员的归属感、认同感、凝聚力。高创明白组织需要一个合适的领导者，有效的领导者可以激发团队成员的最大潜力，为团队组织确定方向，协调团队人际关系，解决各种冲突。高创明白自己需要明确领导核心，强化领导责任，更能塑造团队意识，发扬团队精神。这样才可以得到来自各方面的支持。

六、课堂活动

小组讨论：
(1) 团队的含义是什么？
(2) 团队精神的作用有哪些？

想一想，做一做

你觉得有效团队的基本特征是什么？

第二节 大学生人际沟通

【课程目标】

1. 了解沟通的概念和意义。
2. 了解沟通的过程和要素。

人际关系的
催化剂——
良好沟通

一、沟通的概念

沟通，是语言信息(说与写)和非语言信息(如肢体语言、表情、腔调、速度、语气等)的表现，是将个人整体的内在想法表现于外，让双方能充分了解彼此，进而达成具有建设性共识的双向互动的过程。沟通包括两个方面：意义的传递与理解。

沟通本质上是指换位思考，即站在对方的立场去思考问题。换位思考就是善待他人，善待顾客一定能带来销售和利润的增长，善待自己的员工一定可以提升经济效益和道德水平。道德的层次：在"道德底线"上，"必须而坚决地"做到"己所不欲，勿施于人"；在"道德中线"上，"慷慨而适当地"做到"己所欲，施于人"；在"道德高线"上，"适当而慷慨地"做到"人所欲，施于人"。

二、沟通的意义

(1) 良好的沟通对于一个组织就如血液对于生命，沟通能力=人际关系，沟通能力=家庭和谐，沟通能力=升迁潜力，人们用将近70%的清醒时间进行沟通。

(2) 哈佛大学就业指导小组 1995 年的调查结果显示，在 500 名被解职的男女中，因人际沟通不良而导致工作不称职者占 82%；美国普林斯顿大学对一万份人事档案进行分析，结果发现，智慧、专业技术和经验只占成功因素的 25%，其余 75%决定于良好的人际沟通。

(3) 达利尔·米勒：正式与非正式沟通是企业将自己的经营理念和目标下达给每一个员工的关键手段。

(4) 史蒂夫·迈克高文：敞开沟通的渠道可以增进相互的信任，鼓励创新，消除怀疑和不安全感，帮助构建公司和个人的光明未来。

(5) 基蒂·洛克：领导地位不是单纯靠头衔或职位确立起来的，主要靠有效的沟通技能来树立。

(6) 美国沟通大师柯秉恩：一个人想要在工作上成功，有 85%取决于是否有效地与人沟通以及人际关系的好坏。

三、建设性沟通的原则

1. 对事，不对人

建设性沟通是以问题为导向的沟通，沟通的中心为存在的问题及其解决办法，而不是个人品质。建设性沟通不是人身导向的沟通，人身导向的沟通关注的重点是个人品质，而不是事件本身。即使沟通是正向的（如"你是个出色的人"），若它不与行为或成就联系在一起，也可能被认为是虚言。没有具体的指向的沟通也应与普遍接受的标准或期望结合起来，而不应是个人观点。

2. 真诚，不虚伪

良性人际沟通和人际关系的基础是内外一致，也就是说，语言和非语言的交流应与个人的所思所感一致。在指导和建议下属时，真实、诚恳的语言总是优于虚假、做作的语言。管理者隐藏真实的看法，会给人一种怀有不可告人的企图的印象，下属感到有些东西没被说到。因此，他们并不信任沟通者，并往往致力于去发现隐藏的信息，而不去听或去改善。沟通只有建立在信任和尊重并且被认为信任和尊重的情况下，才会真正成为建设性的。当然，致力于一致性并不意味着一受刺激就发作，也不是不能压制一些不合适的情感。

3. 描述，不评价

评价性沟通常对他人及其行为做出判断或贴上标签："你错了""你不合格"。这些评价会使他人感到受到攻击而抱以一种防卫的姿态。回答可能会是"我没错""我能和你完成此事"。于是，破坏性的人际关系就这样产生了。

一种替代评价的沟通方式是描述性沟通，它能帮助沟通双方减弱相互评价和无穷无尽相互防卫的倾向。

描述性沟通可分为三个阶段：第一步，客观描述需要作修改的事情或行为；第二步，描述对行为或结果的反应；第三步，运用一种更可接受的替代方式。

4. 鼓励，不贬低

日常沟通中，人们对别人的话总是不愿花时间去听、去理解，而是打断、臆测或漠不关心，而他们自己的话常常是自负、不连贯、啰唆、不诚实或教条化。这种贬低性沟通往往激起对自我价值认识、与他人关系的消极情绪，否认他人的存在、独特性和重要性，尤其突出的是以优越感、冷漠、严厉、顽固使别人有被贬低的感觉。

鼓励性沟通使人们感到自己被认可、被承认、被接受和有价值。它有四个特征：平等、灵活、双向、以达成一致为基点。平等即通过平等交流使下属意识到他们有认识问题和解决问题的能力。管理者将下属当作有价值的、胜任的、有洞察力的，强调合作解决问题而不是高高在上。沟通中的灵活即指导者或建议者乐于承认可能存在着别的数据和别的方法，承认他人也能为解决问题和建立关系做出重要贡献。这是一种真正的谦虚，一种对新观点的开放态度。双向沟通是平等和灵活的自然结果。双向交流传达了这样的信息，管理者认可下属的价值。在达成一致情况下表达信息的方式应先指出一致之处，后指出不同之处；说下属时先优点，后缺点；先下一步的准确做法，后以前的错误。其关键点在于帮助下属感觉到自我价值与自信，然后转化为自我激励，然后提高业绩。

5. 特定，不泛指

讲话越有针对性，就越有用。例如，"你不会利用时间"一语太宽泛了，作用不大。而"你今天花了一小时安排会议，而这件事可以由秘书来干"这句话则更具有针对性，能为改变行为提供启示。"这次活动，你 60%的时间都用于评价性议论，而描述仅占 10%"的说法要比"你需要提高沟通技巧"的说法有用得多。

因此，在指导和建议中，特定的陈述非常有用，它关注行为事件，表明行为所处阶段。但如果是讲一些他人不能控制的事，特定的陈述也是无用的。例如"我讨厌下雨天"也许能减轻某人的烦恼，但是谁也没法去改变天气。特定的沟通只有集中于一些明确的问题或一些能干的事才会有效。

6. 连贯，不中断

连贯的沟通就是延续先前的话题，散漫的沟通是指偏离先前的话题。至少有三种情况常常导致沟通中断。第一，缺少说的平等机会。一个人打断另一个人，某人控制了气氛，两人或更多的人想同时说，沟通就被打断了。第二，过长的停顿。一个人在讲话时有过长的停顿，或在答复前有过长的间隙。第三，主题控制导致脱节。当一个人单方面决定下一个谈话的主题时，谈话是中断的。

7. 显现，不隐退

自我显现的沟通，承认思想源于个人而非他人或集体，承担个人评论的责任，使用第一人称的称谓"我""我的"表明了自我显现的沟通。用第三人称或第一人称集体称谓则是自我隐退的沟通，如"我们想""他们说""有人说"。自我隐退的沟通将信息归于不为人知的人、群体或外部资源 (如"许多人认为")过长的停顿。

一个人在讲话时有过长的停顿，或在答复前有过长的间隙，都是中断。停顿不需要完全沉默，这期间可填入"嗯""啊"等语气词，或重复先前说过的话。当一人单方面决定下一个谈话的主题时，谈话将是中断的。例如，个人突然将主题转到与先前所说毫不相干的方面去，或指出应作何回答来控制他人的反应。

自我隐退沟通的结果就是听者弄不清信息要传达的是谁的观点，例如，"如果我不知道要回答谁，我又如何作答复？""如果我不知道意见，我去问谁？"与自我隐退沟通相关的一个暗含信息为"我想与你保持距离"。自我显现的沟通则表明了希望形成关系，作为伙伴帮助者的意愿。①

8. 双方，不单向

以上建设性沟通的七个原则均是指信息的传送，是从指导者或建议者的角度来说的。但是建设性沟通的另一特征是对对方讲话作出适当反应，至少与传送信息同等重要。在任何谈话中，说得最多的人是向他人学得最少的人，因此，一个好的上级必须是一个好的倾听者，而一个好的倾听者往往是一个好的沟通者。②

必须作指导或提建议的合格的管理者，会仔细地从建议、转向、试探、反射等各种反应中选择合适的方式，来阐明沟通，并加强人际关系。建设性倾听者的标志是能对他人的话作出合适的反应，这种倾听传达的意思是："我对你的意见很感兴趣，我认为你的感觉很重要。我尊重你的想法，即便我不赞同，我知道这些想法对你是合适的。我相信你是有贡献的。我认为你的想法值得听听，并希望你能知道我是愿意听的那一类人。"

建设性沟通的八项原则，能帮助管理者在阐明问题、解决问题的同时，使其他人感到自己被承认、被认可、被支持。当然，也有可能由于过分关注如何去实施这些原则而忘了要实现建设性沟通的目标。仅注意沟通技能，而不是真诚地沟通，人会变得做作，表里不一。但是如果这些原则在日常交往中被有意识地执行了，那么，将有助于极大地提高管理者的沟通技能。③

四、案例分析

大学二年级的石业在课上分析了以下两个案例。

案例 1：

美国加利福尼亚大学的学者做了一个实验：把 6 只猴子分别关在 3 间空房子里，每间 2 只，房子里分别放着一定数量的食物，但放的位置高度不一样。第一间房子的食物就放在地上，第二间房子的食物分别从易到难悬挂在不同高度的适当位置上，第三间房子的食物悬挂在房顶。

数日后，他们发现第一间房子的猴子一死一伤，伤的缺了耳朵断了腿，奄奄一息。第三间房子的猴子也死了。只有第二间房子的猴子活得好好的。

石业分析上面这个案例，究其原因，第一间房子的猴子一进房间就看到了地上的食物，于是，为了争夺唾手可得的食物而大动干戈，结果伤的伤，死的死。第三间房子的猴子虽做了努力，但食物太高，难度过大，够不着，被活活饿死了。只有第二间房子的两只猴子先是凭着自己的本能蹦跳取食。最后，随着悬挂食物的高度增加，难度增大，两只猴子只有协作才能取得食物。于是，一只猴子托起另一只猴子跳起取食。这样，每天都能取到够吃的食物，就这样很好地活了下来。

---

① 比斯盖特·舒尔茨. 顶尖管理智慧[M]. 赵丁，译. 北京：地震出版社，2002.
② 兰妮·阿里顿多. 有效沟通[M]. 杨大鹏，译. 北京：企业管理出版社，2001.
③ 殷瑾. 沟通无限——建设性沟通的八项原则[J]. 企业管理，2003(2).

案例 2：

位于宫崎县延冈市的昭和公司和位于长野县冈谷市的平出精密公司，相隔 1200 公里。自 1995 年合作至今，这两个公司已成为密不可分的合作伙伴，这种良好的合作关系奠定于最初几个月所建立的信赖关系。1995 年，昭和公司的社长黑木保善望着公司内闲置的机器，忧心地说：再这样下去，公司终有一天会倒闭。他的公司原是大企业旭化成位于延冈市的外包厂商，专门从事金属切削加工。当日本泡沫经济崩溃后，昭和公司的营业大受影响，黑木社长不得不立即着手开发新的产品，但是却毫无头绪。

就在此时，黑木社长在大阪认识了平出精密公司的社长平出正彦。该公司以精密钣金技术著称，即以镭射加工机切割薄金属板后，将其弯曲，制成电子机器外壳或半导体生产设备中精密零件的技术。黑木社长便向平出社长请教金属加工技术。恰巧平出社长也正想在九州设立生产据点，因此两人一拍即合。

在双方想法一致的情况下，昭和公司与平出精密公司开始踏出合作的脚步。黑木社长挑选三位技术人员进驻平出精密 3 个月，学习精密钣金技术。黑木社长还斥资 1.5 亿日元以上(100 日元约合 7 元人民币)，将新的精密钣金设备引进位于延冈的工厂，表明诚恳合作的心意。从 1995 年开始，平出精密将设计图交给昭和生产，昭和再将产品卖给大型电子厂位于九州的工厂。此后，平出精密持续为昭和的员工进行了 3 年的技术指导，在这 3 年中，两家公司的社长及员工有愈来愈好的交流及沟通方式。

在这个案例中，石业分析：昭和目前的营业额虽然和平出精密合作之前一样是 3 亿日元，但是黑木社长说：“如果没有跟'平出精密'合作，营业额将下降到一半以下，而且，对'旭化成'的依存度已从原来的八成降为现在的两成。"平出精密的社长平出也表示：“开发自有品牌一直是我的梦想，借由'昭和'的协助，我实现了这个梦想。"

从以上两个案例我们可以看出沟通非常重要。

五、课堂活动

小组讨论：
(1) 沟通的概念和本质是什么？
(2) 沟通有什么意义？

想一想，做一做

你能说出建设性原则有哪些吗？

第十二章 压力管理

第一节 压力概述

【课程目标】

1. 了解压力的基本概念。
2. 了解压力的来源和类型。
3. 压力引起的反应。

大学生在日常的生活、学习、感情、就业中，承受着来自各方面的压力，比如背负着父母的期望，稍不用功，成绩就会不够好；由于大学里的同学都来自于五湖四海，各自的经济状况也有差距，难免存在攀比现象；每年大学毕业生都在增加，就业市场竞争加剧；大学生都有自己的想法，同学之间的交往难免有些不合……这些有形或无形的压力如果得不到缓解或释放，就会严重影响大学生的身心健康。压力研究大师汉斯·塞尔耶曾说过：压力就像相对论一样，是一个广为人知，但却很少有人彻底了解的科学概念。

一、压力的基本概念

物质力量的观点：使人感到紧张的事件或环境刺激。
心理学的观点：紧张或唤醒的一种内部心理状态。
生理学的观点：人体对需要或伤害侵入的一种生理反应。
综合的观点：压力是刺激，也是反应，且不止于此。它是一个过程，是个体对被判断为挑战性或威胁性事件的知觉和反应。日常所说的压力，往往是指客观存在的威胁或挑战，我们将此称为压力源。压力源是引发反应的实际事件。

二、压力的来源和特征

1. 压力的来源

先天的生理性的压力反应本身构成了压力的第一个来源。遭遇压力时，身体的调整中心发出信息以调动全身的能量来直面压力，或逃避压力，可以称之为战反应和逃反应。反应包括一系列的变化：瞳孔放大、听觉敏锐、肌肉紧张、心率加快等。这些身体的自然反应可以使人们能够更加有力地应对压力情景，但同时产生紧张感，在体内形成对个体的压力。

压力的第二个来源是环境。环境里各种不可控制和难以控制的事件，或者各种突发事件是压力的主要来源。每个人都会遭遇许多的压力源，作为学生，考试、论文、面试、找工作、交往冲突、社会关系等，其中都可能蕴含着压力导火线。

实际上,压力不仅来自压力源,当我们想象或预期一种威胁情景时也会带来压力感,而且对压力情景的评价会造成不同的压力。它与现实的压力情景给我们造成的压力水平是差不多的。

2. 压力源的特征

当事件具有如表 12-1 所示的三个特征时,容易产生压力感。

表 12-1　压力源的特征

特　征	具体表现
不可控性	一个人越是觉得一件事情无法控制,就越有可能将此事件视为压力。亲人死亡、交通事故、失业,这些事件之所以会给我们造成压力,是因为我们不能控制它们,也没有办法防止它的发生
不确定性	确定性是就能否预见事情的未来发展而言的。能够预期压力事件的发生——甚至在个体无法控制时——也常常能降低压力的程度。一些严重的疾病因为治疗结果的无法确定,常常给病人及其家属带来很大的压力。一些工作也具有很大的不确定性,比如那些需要常年在海上漂泊的海员,时时要承担一定的风险,这种职业对于工作者本人、家人都有很大的压力
挑战极限	一些情景在很大程度上是可以控制或预期的,但是可能仍然被看作是压力。因为有些事情即使投入全力也感到难以应对,这就在考验我们的极限,包括能力的、知识的或是体力的极限,而且可能挑战到我们的自我概念。比如,登山、攀岩、蹦极运动,又如重要的考试,不仅对生理和智力是一种挑战,而且可能威胁到自我信念。但是,这种挑战所带来的压力感往往是积极的,具有促进性,因为它可能使个体对自己产生新的认识

三、压力引起的反应

压力能引起生理和心理两方面的反应,因此压力会造成对生理和心理的一系列影响。如果压力情景持续的时间很长,而个体又没有有效的应对措施时,会引起广泛的生理和心理的失调,影响人的健康。

1. 压力引起的生理反应

在遭遇到压力的同时,身体会自动为应对紧急状况作准备。这时候,肝脏释放出糖分以供给肌肉活动的能量,大量脂肪和蛋白质因为有了荷尔蒙的释放可以随时转换成蛋白质,身体的新陈代谢为生理所需要的额外能量作准备。心率、血压,以及呼吸系统都大大加快和升高,肌肉紧张。同时一些不必要的活动,例如,消化过程大大缩短,唾液和黏液不再分泌,从而使呼吸更加畅通。

2. 压力引起的心理反应

压力同样也会给人们心理上带来一定的影响,影响的程度视个体知觉到压力水平的高低而定。一般来说,适度的压力水平具有促进性,强烈的压力则对人产生不利影响。压力引起的心理反应主要是情绪反应,焦虑对压力源最普遍的反应是焦虑。焦虑是一种刺激源范围很广的不愉快情绪,有人甚至认为苦恼、忧虑、紧张、恐惧等都是不同程度的焦虑,与不同的压力水平相关。愤怒对压力情景的另一种普遍的反应是愤怒,愤怒是在感到挫折和妨碍时常有的反应。比如考试容易焦虑的学生,既担心自己复习不充分,又担心失败的情形。由于这些消极思想塞满了脑子，就很容易分心，导致跟不上课程的进展，或者忽视、误解题目所提供的一些明显信息。一旦焦虑持续，就很难回想起自己本来已经掌握的知识。

四、案例分析

大学四年级的施华临近毕业，感觉自己每天的压力很大，但又不清楚到底压力来自哪里，在了解了压力的相关内容后，她明白了自己的压力可能是来自外部环境。环境里各种不可控制和难以控制的事件，或者各种突发事件是压力的主要来源。就像前文所说的：每个人都会遭遇许多压力源，作为学生，考试、论文、面试、找工作、交往冲突、社会关系等，其中都可能蕴含着压力导火线。压力的第二个来源是她自己的思想。压力不仅来自压力源，而且对压力情景的评价会造成不同的压力。它与现实的压力情景给自己造成的压力水平是差不多的。

五、课堂活动

小组讨论：
(1) 压力的基本概念是什么？
(2) 压力源有哪些？
(3) 压力给我们带来的反应是什么？

想一想，做一做

压力的三个特征的具体表现是什么？

第二节　大学生的压力种类与调节

【课程目标】

1. 了解大学生面临的压力种类。
2. 掌握压力调节方法。

心理健康的调节器——压力管理

一、大学生面临的压力种类

1. 竞争压力

大学生面对的竞争压力来自多方面，包括学习竞争、就业竞争等。大学生是处于青年晚期的特殊知识群体，一方面在智商方面处于较高水平，另一方面在情商方面的发展仍需加强。在大学阶段，加强情绪的自控性，提高人际关系的处理能力、挫折的承受力，增进自我的了解程度以及对他人的理解与宽容，是每一个大学生都应该加强的学习内容。[①]

---

① 杨金焱，吴虓. 学生心理压力的产生及缓解[J]. 教学与管理，2010(36).

2. 就业压力

面对严峻的就业形势,大学生们在人生的十字路口艰难抉择。社会迅速发展带来的机会仍然很多,一些大学生只愿意选择生活条件相对优越的大城市和沿海地区,不愿意深入基层寻求发展,造成"千军万马过独木桥"的严峻局面。一些大学生不愿意放弃不切实际的就业期望值,又难以找到"理想"的工作,只好继续考研或攻博。

大学生感受到就业压力是正常的,适当的压力还可以成为大学生就业的动力。关键的问题在于应该对职业发展做一个规划,应该学会以积极的心态面对问题并进行自我调整。成功的人往往都是有长期时间观念的人,他们在做每天、每周、每月的活动规划时,都会用长期的观点去考量。他们会规划五年、十年,甚至二十年的未来计划。他们分配资源或作决策都是基于他们预期自己在几年后的地位而定。这一研究成果,对于青年大学生的职业、心理成长有着重要的启示作用。

对于个体来说,职业生涯规划得好坏必将影响整个生命历程。我们常常提到的成功与失败,不过是所设定目标的实现与否,目标是决定成败的关键。人生在每一个阶段都会有特定的任务和方向,除了思考在大学阶段自己的目标任务,更要思考将来自己的路要怎么走。这个目标的实现与否,直接引起成就与挫折、愉快与不愉快的不同感受,影响着生命的质量。①

3. 人际交往压力

青年期是人一生中社会交往活动极其活跃的时期。青年人的交往与儿童有很大的差别,随着自我独立意识的增强,青年人的社会交往带有自主的特点。社会交互作用对青年的发展具有非常重要的作用,它是青年社会化发展的一项重要任务。

大学生由于缺乏人生阅历及交往的技巧,与人交往时难免会出现种种的误解与尴尬,因此,应该学会如何维护和改善与他人的关系,从而消除因人际交往障碍而带来的种种烦恼。②

4. 情绪压力

情绪是动机的源泉之一,它能够激励人的活动,提高人的活动效率。适度的情绪兴奋,可以使身心处于活动的最佳状态,进而推动人们有效地完成工作任务。

积极情绪,如热爱与关心、愉快与幸福感、欢笑与幽默感,对一个人的动机具有增力的作用,能使人精力充沛地投身到工作与学习中去。

消极情绪,如焦虑和抑郁,常常会对一个人的学习行为产生阻碍作用,干扰有序的动机性行为,妨碍学习活动的进程,从而降低学习活动的效率。③

---

① 张维香,倪涛涛,焉钰. 大学毕业生情绪管理能力与就业绩效关系的实证研究[J]. 西北成人教育学报,2013(1).
② 郑照顺. 青少年生活压力与辅导[M]. 广州:世界图书出版公司,2003.
③ 朱俊杰. 大学生压力影响因素研究[D]. 南昌:江西财经大学,2017.

二、大学生面对压力调节方法

1. 学习方面

学习方面的具体表现有如下几点。

(1) 了解自我。这是情感智商的核心,主要指能够察觉某种情绪的出现,观察和审视自己的内心体验,监视情绪时时刻刻的变化。

(2) 自我管理。调控自己的情绪,使之适时适度地表现出来;自我激励,能够依据活动的某种目标,调动、指挥自己的情绪。

(3) 识别他人的情绪。能够通过细微的社会信号,敏感地感受到他人的需求与欲望。

(4) 妥善处理人际关系。具备调控与他人沟通时的情绪反应的技巧。

(5) 增强社会适应性。社会适应是人类生存与发展的必要条件,青年人需要不断提高社会适应能力,以应对纷繁复杂社会的种种挑战。

大学阶段,大学生感触最深的压力就是学习压力。过多的学习头绪、过重的学习任务,都给大学生带来巨大的压力。由于学习压力持续时间很长,对人的影响之大不可低估。如何让学习压力转变为积极生活的动力仍然是大学生们必须面对的最基本的任务。

面对学习压力,要注意以下几点。[1]

(1) 压力适度,以适度的紧张面对生活压力,保持最佳的动机水平,以应对复杂的学习任务。

(2) 适应性好,要有条不紊地安排生活和学习。当感到学习有压力时,最好是给自己列出一个清单:你有多少事情要做?做什么?有些知识还不熟悉,原因是什么?对每一门课程,你自己可以做些什么?外界有什么干扰因素?最后制订月、周、日的具体行动计划。

(3) 承受力强,要科学分析和正确评价自己,把精力用在提高自己的学习能力上,踏踏实实地去完成那些对自己具有可行性的事情,发挥自己的长处和优势。

(4) 建立适当的目标,做自己可以左右的、有把握的事情,对自己有一个适当的期望值,这样就可以减轻压力。

可以说,多数大学生具备较强的社会适应能力,他们会不断寻求问题解决的合理方案。但由于缺乏社会经验,大学生们也会遭遇到种种的矛盾困惑,他们更需要社会的支持。此外,大学生还应该积极掌握应付复杂成人社会环境及应对生活中各种压力的方法。我们应端正自己的态度,用发展的眼光看问题。求知是一种乐事,压力与动力并存。大学生在学习中感到有压力是很正常的,这个时候,端正态度显得尤为重要,正所谓态度决定一切。

大学与中学的教学模式相差甚远,这要求大学生转变学习方法以适应大学教学,改变过去那种态度上的被动,从而做到主动自觉。大学生的可塑性强,只要努力完全可以使自己适应大学的学习。

---

[1] 冯英子. 在校青少年压力影响因子及其应对方式[J]. 青少年研究与实践,2019(2).

2. 就业方面

(1) 现在的大学生面临着越来越严峻的就业形势，面对不可知的未来，每个人心中都或多或少地存在着压力。很多同学担心自己将来从事的职业社会地位和收入状况不佳，担心参加工作后不能很好地适应所从事的职业等。对于当今竞争激烈的就业形势，当代大学生应该先就业再择业。

(2) 改变陈旧的就业观念，加强与社会的联系是大学生实现社会化、增强职业适应性的必要条件。以前的大学生是"天之骄子"，毕业不愁找工作。现在大学生多，自从扩招后就更多了，就业形势自然紧张。一般来说，大学生毕业后都是自己谋求工作，学校不再包分配。在僧多粥少的情况下，改变就业观念非常重要。具备了相应的技能和知识，还得要积极主动求职。

(3) 目前大学管理模式相对封闭，与社会沟通联系的渠道相对狭窄，缺乏社会经验。"与外界交往的机会太少""自我发展的空间太小"等，反映了大学生强烈的自我发展需求及与社会接触的愿望，以及对现有大学管理模式的不满心理。

大学已不再是与社会隔绝的象牙塔，大学生必须面向社会、面向未来，不断提高挫折承受能力，学会适应迅速变化的知识社会，应对纷繁复杂社会的种种挑战。目前，大学生正处于人生的黄金阶段，精力充沛，智力聪慧，没有过多的生活羁绊，创造力旺盛，正是学知识、出成果的大好时机。大学生已成为当代整个社会力量中最积极、最富创新精神和最有生气的力量。另外，大学阶段也是人生中极不寻常的时期，由于缺乏对自身成长的科学认识与正反经验，青年人内心交织着种种矛盾。为此，置身于社会剧变的青年大学生需要学会调整心态，以更加积极的姿态适应社会变革发展的趋势。①

3. 人际关系方面

(1) 有的学生在人际交往中存在社交恐惧、羞怯、自卑、嫉妒等不良心理，都不易建立良好的人际关系。应加强自我训练，提高自身的心理素质，以积极的态度进行交往，即要主动交往。

(2) 提高自身的人际魅力。应该说，每个个体都有其内在的人际魅力，它是一个人综合素质在社交生活中的体现。这就使得在校的大学生应该丰富自己的内心世界，从仪表到谈吐，从形象到学识，多方位提高自己。心理学研究表明，初次交往中，良好的社交形象会给对方留下深刻的印象，而随着交往的深入，学识更占主导地位。

(3) 要多为他人着想。一般而言，善于交往的人，往往善于发现他人的价值，懂得接受他人，愿意信任他人，对人宽容，能容忍他人有不同的观点和行为，不斤斤计较他人的过失，在可能的范围内帮助他人而不是指责他人，懂得"己所不欲，勿施于人"。②

4. 情绪方面

首先，要从根本上改善情绪，必须勇于正视自己的情绪。例如，有些人总害怕学习失败，若要消除这种消极情绪，就得先承认自己有这种恐惧的心理。如果认为恐惧是羞耻的

---

① 陶琪. 大学生压力源与自我效能感关系研究[D]. 合肥：合肥工业大学，2007.
② 赵军魁. 当前大学生心理压力成因及对策[J]. 卫生职业教育，2018(18).

事情而不敢正视它，那么最终将无法克服这种情绪。又如，某人对周围的人怀有敌意，却又不承认这种敌意的存在，那么，他会无法消除这种情绪反应，从而造成人际交往困难。正视自己的情绪，意味着能更真实地了解自己，并对客观现实作出更适宜的反应。除了正视自己的情绪，改善情绪的另一关键在于提高思维策略的质量。思维与情绪体验有着密切联系。许多研究揭示：高水平的学习与思考常常伴有强烈满意的情绪体验。当我们焦虑、紧张、忧郁时，往往是由于没能理解信息或还没找到处理它的新方法。因此，战胜消极情绪的根本方法是纠正失真的思维方式。

最后，增加愉快的生活经验对于改善情绪也是非常必要的。生活中的经验是多滋多味的，酸甜苦辣俱全。对个人的身心健康而言，更需要积极、愉悦的情绪体验，可通过设置实际的情境来增加生活中的情趣。①

下面提出一些有益的建议：

(1) 安排较切实的工作和学习计划，改善自己的工作或学习环境，使自己能常常看到取得的进步和成果。

(2) 多和朋友特别是正直、善良的朋友交往，或多参加集体性的活动，使大家能体会到彼此支持和关怀的情谊。

(3) 适度的体育运动和闲暇活动，既有益于身心健康，又能陶冶性情；欣赏优美的音乐，使自己的情绪和它一起流动。②

(4) 阅读文艺作品或观赏戏剧和电影，可以帮助人们通过对主人公的同情和认可而自由地表达感情。若能在以上方面做出妥善安排，可以使生活中充满积极而愉快的经验，并有助于形成乐观的生活态度。③

三、案例分析

大学四年级的施华在了解了压力源后，分析了困扰自己的压力，明白自己最近为什么人际交往方面出现了问题。她意识到改善与他人的关系涉及多种因素，这里着重从对他人行为的知觉与推测来加以认识。对他人的认识与评判难免带有主观或个人的色彩，这实质上也是自我认识的过程。因此，改善人际关系就是双方相互认识、相互作用的过程，其目的是双方受益。要增强对他人知觉的准确性。若要进行成功的人际交往，就必须能够正确地解释、理解和预测他人的行为，而这首先基于准确地知觉他人。可以想象，一个不善于了解、判断他人的人，在与别人的交流中将会陷入多么窘迫的地位。这种人往往会感到孤立无援，不能与别人建立畅通的联系渠道，从而为自我发展设置障碍。

小贴士：正确地认识他人和自己，对于每一个人的发展来说都是非常重要的。只有对他人产生一个良好的印象，我们才愿意与之进一步交往。相信施华会及时调节自己所面对的压力。

---

① 李虹. 压力应对与大学生心理健康[M]. 北京：北京师范大学出版社，2008.
② 常橚月. 大学生心理健康教育中音乐治疗方式初探[J]. 中国培训，2019(6).
③ 张倩. 当代大学生心理压力及疏导对策研究[D]. 长春：东北师范大学，2008.

四、课堂活动

小组讨论：
(1) 大学生面临的压力有哪几种？
(2) 大学生在学习方面的压力可以通过哪些方式改善？

想一想，做一做

如果你最近有一些压力，你能够分析困扰自己的压力是什么吗？你打算通过什么途径得到缓解？

第十三章 时间管理

第一节 时间管理概述

【课程目标】

1. 了解时间管理的含义。
2. 了解耗时因素的种类。
3. 了解时间管理的误区。

时间具有"供给毫无弹性""无法蓄积""无法取代""无法失而复得"等特性，所以时间是最不为人们理解和重视的，也正因为如此，时间的浪费比其他资源的浪费就更为普遍，也更为严重。

因此，当人们无所事事，或者忙得晕头转向却不见成效时，应该暂时停下来审视一下自己的时间利用效率，审视一下自己在时间中所处的角色，寻找一条更为合适的途径，实现自己的目标，追求自己的人生价值。

时间管理的研究在人类历史的长河中早已有之，在新的历史时期又有不同的研究角度和方法。在后工业化时代，时间管理有了不同的解释和说明。许多人觉得时间不够用，每天工作忙得焦头烂额，没有一点头绪，这主要是因为没有科学的理论作指导，没有科学的管理方法，因此大学生学会时间管理显得十分重要。[1]

一、时间管理的含义

"时间管理"探索的是如何减少时间浪费，以便有效地完成既定目标。由于时间所具备的四个独特性，所以时间管理的对象不是"时间"，它是指面对时间而进行的"自管理者的管理"。

时间管理就是时间投入与你想要的目标相关联，可以从两个维度进行比较：其一是时间消耗相同的条件下，看谁的产出最大化；其二是在产出相同的条件下，看谁消耗的时间最小。无论是国家、社会、组织、家庭、个人都要面对这个问题，各类主体都要想方设法实现以最小的代价或花费，获得最佳的结果。人类竞争的实质，就是在最短的时间内做最好的事情。人生最大的成功，就是在最短的时间内达成最多的目标。最快的冠军只有一个，任何领先，都是时间的领先。

时间管理从一般角度而言，主要是指个人的时间管理，有两个角度：其一是科学地管理好时间可以增加生命的长度，也就是说有效管理时间，比别人更多地利用时间；其二是科学地管理好时间可以增加生命的厚度，也就是说有效管理时间，比别人更有效率地利用时间。如果比别人更长地使用时间，比别人更有效率地使用时间，两者进行叠加，会使人

---

[1] 许湘岳，吴强. 自我管理教程[M]. 北京：人民出版社，2011.

活得更有意义，在某种意义而言就延长了人的寿命。

传统的时间管理观念强调以下几个方面的内容。

(1) 强调时间的重要。古人曰"一寸光阴一寸金，寸金难买寸光阴"，这里强调了时间的价值和重要性。

(2) 强调时间流逝的速度。孔子曰："逝者如斯夫！"看到滔滔不绝的江水，想到时间也如流水一样，不断地、快速地流淌，强调了时间的无法失而复得性。

(3) 强调时间管理的计划性。中国古人关于时间管理的最基本方法是计划性，俗语常说"预则立，不预则废"，也就是说在做事之前要有充分的准备和充分的计划，强调了计划的重要性。俗语常说"一年之计在于春，一日之计在于晨"，放到当今竞争激烈的社会中，这句俗语在依然实用的同时，可以稍加变通，改成"一年之计在于去冬，一日之计在于昨夜"，因为到了春天再开始做计划已经来不及了，而要在上年的冬天就要做第二年的计划，同样，一天的计划要在前一天晚上或前一天下班的时候就做好了。也就是所有的计划都要提前做。

在日常生活中始终如一、有的放矢地使用行之有效的方法，组织管理好自己生活的方方面面，最有意义、最大限度地利用自己所拥有的时间，这就是时间管理。时间管理不仅仅是工作的管理，也包含着业余时间的管理；不仅仅是在企业里的管理，同时也包含着家庭生活、业余时间、业余爱好的管理。也就是说，时间管理应该是包含着生活中所有时间的合理利用和支配。

二、时间管理的划分

时间管理的划分是指时间可以花费在不同的事情上，因此就有了工作时间、生活时间、学习时间，具体而言是指工作或学习时间、休闲时间、家庭时间、个人时间、思考时间这几方面的内容。

1. 工作时间和学习时间

时间用于工作或学习，称为工作时间或学习时间，它是为了谋求生存以及充实生活。学习是谋求生存前的准备，或者是工作时的进修，也是为了充实工作技能。工作是个体生命的部分，活到老、学到老的终身学习观念已经来临，应运而生的是学习型个人、学习型家庭、学习型组织、学习型社会、学习型国家。学习的重要性、紧迫性与日俱增，每个人都必须抽出一部分时间来学习新知识、熟悉新事物、掌握新方法，只有这样才能立于不败之地。

2. 思考时间

思考时间就是思考未来的时间，同时也叫发呆时间。思考时间可着重用在计划自己未来的发展，也可以思考以前自己所做的事情是否正确，是不是值得，有什么成功的经验，有什么失败的教训。人的一生一定要有思考的时间，这个时间可长可短，既可以是一年中的某一段时间，也可以是一天中的某一段时间，思考如何改进，思考进退得失，思考个人荣辱问题，思考方法论问题，如何再调整，如何让自己变得更好，可以天马行空地去想象，可以胡思乱想。如果发现了一些好的想法，或者一些好的理念，就应该立刻把它记下来，总结经验，并付诸实施。

3. 家庭时间

家庭是最佳的避风港，只有家人与你没有所谓的利害关系。你要跟家人真心地相处，不要到了需要家人时才回家，才懂得去珍惜亲情，家庭关系的培养至关重要，和家庭、亲人关系的培养如同储蓄，要经常存款，而不是经常取款，一个精神舒畅的家庭成员，才能以饱满的激情投入到工作中去。

4. 休闲时间、个人时间

休闲时间包括休息时间、睡眠时间、体育活动时间、养生时间。人生就像马拉松比赛一样，不能一开始就猛冲，透支甚至浪费了你的体力，要懂得放松，有张有弛，要养成一种良好的睡眠、饮食、休闲、养生以及运动的习惯，才能把自己的身体状况调整到最佳状态，使人生有渐入佳境的感觉。

个人时间是用来养精蓄锐的、充实自我价值的，是完全属于个人独自享受的时间。这个时间段可以搞一些个人的爱好，培养自己的美好情趣。每个人不论是求学还是工作，甚至在家里，都有一些不允许被侵犯的个人时间，利用这些时间人们可以充实自己，只有这样才是懂得生活的意义和存在的价值的。[①]

三、时间管理的误区

1. 没有计划

(1) 由于目标中拟定假设的客观环境发生变动，计划与事实常常难以趋于一致，所以我们必须定期审查我们的目标与计划，做出必要的修正，寻找最佳途径。但如果是处于无计划的引导，则一切行动将杂乱无章，最终走进死胡同。

(2) 不做计划的人只是消极地应付工作，他将处于受摆布的地位；做计划的人则是有意识地支配工作，处于主动的地位，并提高工作效率。

(3) 固然有些事情是易行而难料的，但若过分地强调这一点，则有可能养成一种"做了再说"或"船到桥头自然直"的侥幸心理。

若我们的工作缺乏计划，将导致如下恶果：目标不明确；没有进行工作归类的习惯；缺乏做事轻重缓急的顺序；没有时间分配的原则。

2. 组织工作不当

对于我们每一个人来说，所面临的请托可能来自部属、上司、其他同级管理者或是组织以外的人士。在很多请托中，有一类是职务所系而责无旁贷的；另一类虽然也是职务所系，但请托本身却是不合时宜或不合情理的；还有一类请托属于无义务履行的。经常引起我们困扰的是后两类请托。倘若我们为了想做广受爱戴的好人而有求必应，则各色各类的请托将从四面八方源源涌来。一旦我们办不妥请托的事项，则不仅我们所企求的爱戴将化为乌有，而且会丧失请托者的尊敬。

---

① 韩力军. 时间管理研究[J]. 中小企业管理与科技 (下旬刊), 2016(11).

3. 时间控制不够

很多人在时间管理上最大的恶习就是拖延时间，最后一事无成。在时间控制上容易陷入下面的陷阱。

(1) 习惯拖延时间，成为拖延时间的人。
(2) 不擅处理不速之客的打扰。
(3) 不擅处理无端电话的打扰。
(4) 泛滥的"会议病"困扰。

4. 整理整顿不足

办公桌的杂乱无章与办公桌的大小无关，因为杂乱是人为的。"杂乱的办公桌显示杂乱的心思"是有道理的。让一个没有条理的人使用一个小型的办公桌，这个办公桌会变得杂乱无章，即使给他换一个大型的办公桌，不出几日，这个办公桌又会遭遇同样的命运。

套用"帕金森定律"——"工作将被扩展，以便填满可供完成工作的时间"，我们可以导出"文件堆积定律"——"文件的堆积将被扩展，以便填满可供堆积的空间"。[①]

当你的上司向你索取一份技术资料，你是否能在第一时间从容不迫地递给他？当你需要一份信息时，是否满文件夹地翻个底朝天？[②]

5. 进取意识不强

"人最大的敌人就是自己"。有些人之所以能够让时间白白流逝而毫无悔痛之意，最根本的原因就是个人缺乏进取意识，缺乏对工作和生活的责任感和认真态度。如果我们一直处于迟钝的时间感觉中，换句话说，当你觉得时间可有可无，不愿面对工作中的具体事务，沉溺于"天上随时掉下大馅饼"的美梦，那就需要好好反省了，因为你随时在丧失宝贵的机会，随时可能被社会淘汰！

四、案例分析

汽车服务工程专业的夏宇最近感觉自己的时间不够用，老是有人请他帮忙，他又不好意思拒绝，感觉自己耽误了很多时间。他学了时间管理的误区后，明白了"明智地接受请托"的重要性在于以下几个方面。

第一，"拒绝"是一种"量力"的表现。有的请托若由他人承受可能比你承受更为恰当，你不妨对请托者提出适时的建议。

第二，拒绝是保障自己行事优先次序的最有效手段。倘若因勉强接受他人的请托而扰乱自己的步伐，是不合理的、不明智的。

所以夏宇觉得自己在接受请托之前不妨先问问自己：这种请托属于我的职责范围吗？对实现我的目标有帮助吗？如果接受，将付出什么代价？如果不接受，则需承担什么后

---

① 黄希庭，张志杰. 论个人的时间管理倾向[J]. 心理科学，2001(5).
② 戴维·艾伦. 尽管去做[M]. 张静，译. 北京：中信出版社，2003.

果？经过这一番"成本—效益分析"之后，自己就可以决定取舍了。其实个人的精力都是有限的，尤其是管理者应当学会授权，将主要的精力和时间放在更重要的事情上。

五、课堂活动

小组讨论：
(1) 时间管理的含义是什么？
(2) 时间管理可以划分成哪几个板块？

想一想，做一做

你现在有没有进入"时间误区"呢？

第二节　时间管理的原则

【课程目标】
1. 了解时间管理的原则。
2. 会运用时间管理的原则。

人生效率
加速器——
时间管理

一、时间管理原则之一：明确目标

1. 目标刺激我们奋勇向上

在人生的旅途中，没有目标就好像走在黑漆漆的路上，不知往何处去。美国的一份统计结果显示，一个人退休后，特别是那些独居老人，假若生活没有任何目标，每天只是刻板地吃饭和睡觉，虽然生活无忧，但他们剩余的寿命一般不会超过七年。虽说目标能够刺激我们奋勇向上，但是，对许多人来说，拟定目标不是一件容易的事，原因是我们每天单是忙在日常工作上就已透不过气，哪还有时间好好想想自己的将来。但这正是问题的症结，就是因为没有目标，每天才弄得没头没脑、蓬头垢面，这只是一个恶性循环罢了。另外，有些人没有目标，则是因为他们不敢接受改变，与其说安于现状，不如坦白一点，那便是没有勇气面对新环境可能带来的挫折与挑战，这些人最终只会一事无成。

2. 缺乏目标的人无法发挥自己的潜能

做一个目标明确的人，生活才有意义。然而不幸的是，多数人对自己的愿望，仅有一点模糊的概念，而只有少数人会贯彻这个模糊的概念。

许多年前，某报做过 300 条鲸鱼突然死亡的报道。这些鲸鱼在追逐沙丁鱼时，不知不觉被困在一个海湾里，报道上说："这些小鱼把海上巨人引向死亡。鲸鱼因为追逐小利而暴死，为了微不足道的目标而空耗了巨大力量。"

美国作家福斯迪克说得好："蒸汽或瓦斯只是在压缩状态下，才能产生动力；尼亚加拉瀑布也要在巨流之后才能转化成电力。而生命唯有在专心一意、勤奋不懈时，才可获得成长。"

3. 目标决定我们的将来

赖嘉随父母迁至亚特兰大市时，年仅四岁。他的父母只有小学五年级的学历，因此当赖嘉表示要上大学时，他的亲友大多表示不支持，但赖嘉心意已决，最后果真成为家中唯一进入大学的人。但是一年之后，他却因为贪玩导致功课不及格而被迫退学。在接下来的6年，他过着得过且过的生活，毫无人生目标。他的大部分时间都在一家低功率的电台担任导播，有时也替卡车卸货。有一天，他拿起柯维的第一本著作——《相会在巅峰》，从那时起，他对自己的看法完全改观，发现自己拥有不平凡的能力。重获新生的赖嘉，终于了解到目标的重要性。

赖嘉的目标是重返大学，然而他的成绩实在太差了，以致连续两次遭到墨瑟大学拒绝。在遭到第二次拒绝之后的某天，赖嘉无意间撞见院长韩翠丝，他趁机向她表明心志。结果，院长答应了他的请求，准许他入学，但有一个附加条件：他的平均分数要达到乙等，否则就要再度退学。赖嘉一改过去的散漫态度，以信心坚定、目标明确、内心无畏的姿态，重新踏入校门。他每季平均进修多个学分。经过2年零3个月，他就以优异的成绩取得了学位，紧接着再迈向更高的目标。如今，这个伐木工人的儿子已成为赖嘉博士。

从上面的例子我们可以看出，有目标才有结果，目标能够激发我们的潜能。那么我们究竟如何选择或制定正确的目标呢？

4. 在选择或制定目标时应考虑全面

一是目标要符合自己的价值观；二是要了解自己目前的状况。

成功完全是一种个人现象，只有你所完成的事情和你的价值观相符，你才会觉得成功。为什么有的人成功之后，又会感到空虚？为什么有的人得到名利后，却发现牺牲了更可贵的东西？

邓尼斯可以说是个人制定目标的一个成功的例子。1974年，美国著名证券经纪人邓尼斯从事证券经纪业务6年，以社会标准来看，他是美国中产阶级分子的典范：他拥有一个美满的婚姻、三个聪明伶俐的孩子、一栋房子、两部车，但身体状况亮起红灯。证券经纪人的收入虽然不错，却与他的性格格格不入。他希望活得更扎实，但现在却无法支配自己的命运，这使他觉得受挫。于是，他开始制定自己的目标。他从小就爱好业余无线电，于是他决定创业，成立邓特隆无线电公司，生产并销售"火腿"(指业余无线电爱好者)的设备。

1974年4月，邓尼斯毅然辞去工作，卖掉车子当作启动资金，以信用卡借款，开始在他的地下室生产业余无线电设备。邓特隆无线电公司诞生了。他的许多朋友和亲戚都以忧伤和惊慌的眼光看着他，断定他发疯了。

1974年8月24日，邓特隆无线电公司成交了第一笔生意。1975年4月，公司搬到了俄亥俄州崔斯堡的厂房中。到1975年底，邓特隆无线电公司的营业额超过了100万元。

今天，邓尼斯已是一家资产数百万元的工厂的股东与总裁。

5. 运用SMART原则制定目标

一个目标应该具备以下五个特征才可以说是完整的。

1) 具体的(Specific)

有人说："我将来要做一个伟大的人。"这就是一个不具体的目标。目标一定要具体，比如你想把英文学好，那么你就定一个目标：每天一定要背 10 个单词、一篇文章。

有人曾经做过一个试验，他把人分成两组，让他们去跳高。两组人的个子差不多，先是一起跳过了 1 米。他对第一组的人说："你们能够跳过 1.2 米。"他对第二组的人说："你们能够跳得更高。"经过练习后，让他们分别去跳，由于第一组有具体的目标，结果第一组每个人都跳过了 1.2 米，而第二组的人因为没有具体目标，所以他们中大多数人只跳过了 1 米，少数人跳过了 1.2 米。这就是有具体目标和没有具体目标的差别所在。

2) 可衡量的(Measurable)

任何一个目标都应有可以用来衡量目标完成情况的标准，目标越明确，就越能提供更多的指引就越多。比如，你要盖一栋房子，先要在心里有个底：房子要多大？共几层楼？需要多少间卧室？要木头砌还是钢筋水泥的？坐落地点在哪儿？预算是多少？有了这些明确的标准，你才有可能顺利地盖好房子。

3) 可达到的(Attainable)

不能达到的目标只能说是幻想、白日梦，太轻易达到的目标又没有挑战性。

多年前在美国进行了一项成就动机的试验。15 个人被邀请参加一项套圈的游戏。在房间的一边钉上一根木棒，分给每个人几个绳圈，将它们套到木棒上，离木棒的距离可以自己选择。 站得太近的人很容易就把绳圈套在木棒上，而且很快就泄气了；有的人站得太远，老是套不进去，于是很快也泄气了；但有少数人站的距离恰到好处，不但使游戏具有挑战性，而且他们还取得了成就感。实验者解释这些人有高度的成就动机，他们通常不断地设定具有挑战性，但做得到的目标。

4) 相关的(Relevant)

目标的制定应考虑和自己的生活、工作有一定的相关性。比如一个公司的职员，整天考虑的不是怎样才能做好工作，却一心做着明星梦，又不肯努力奋斗，在一天一天消耗中丧失学习、工作的能力，不思进取，不努力提高自己的业务能力，最终会被公司抛弃、被社会遗弃。

5) 基于时间的(Time-based)

任何一个目标的设定都应该考虑时间的限定。比如你说："我一定要拿到律师证书。"目标应该很明确了，只是不知是在一年内完成，还是十年后才完成。

二、时间管理原则之二：有计划、有组织地进行工作

所谓有计划、有组织地进行工作，就是把目标正确地分解成工作计划，通过采取适当的步骤和方法，最终达成有效的结果。通常会体现在以下五个方面。

(1) 将有联系的工作进行分类整理。

(2) 将整理好的各类事务按流程或轻重缓急加以排列。

(3) 按排列顺序进行处理。

(4) 为制定上述方案需要安排一个考虑的时间。

(5) 由于工作能够有计划地进行，自然也就能够看到这些工作应该按什么次序进行，

哪些是可以同时进行的工作。

究竟该怎样制订计划呢？大致的步骤如下。

(1) 确立目标；
(2) 探寻完成目标的各种途径；
(3) 选定最佳的完成方式；
(4) 将最佳途径转化成月/周/日的工作事项；
(5) 编排月/周/日的工作次序并加以执行；
(6) 定期检查目标的现实性以及完成目标的最佳途径的可行性。

三、时间管理原则之三：分清工作的轻重缓急

1. 一般认为是按照事情的紧急程度来判断

假如愈是紧迫的事，其重要性愈高，愈不紧迫的事，其重要性愈低，则依循上面的判断规则。可是在多数情况下，愈是重要的事偏偏不紧迫。例如，参加管理技能培训、向上级提出改进营运方式的建议、培养接班人等。如果我们按事情的"缓急程度"办事的话，不但使重要的事情的履行遥遥无期，而且经常使自己处于危机或紧急状态之下，最大的恶果是原本重要不紧急的事必然会转化为重要又紧急的事。

举个例子来说，所有主管都承认(包括我们的业务工作人员)业务报告是一件极其重要的事，但若现在距离上交业务报告的时间尚有一个月的话，则一般人大概不会把它视为"今天应该做的事"，更不会把它视为"今天必须做的事"，既然今天可以不做这件事，那么就可以不断地拖延下去。直到截止日期的前几天，他们才如临大敌般地处理"紧急事件"，结果不是迟交了报告，就是草率应付了事。经过一番挣扎之后，他们可能会信誓旦旦地下决心：下次一定要将业务报告提前准备好。但是除非能够彻底地改变按"缓急程度"办事的习惯，否则到了下一次极有可能重蹈覆辙。

2. "第二象限组织法"管理时间

处理事情优先次序的判断依据是事情的"重要程度"。所谓"重要程度"，即指对实现目标的贡献大小。提请注意：虽然有以上的理由，我们也不应全面否定按事情"缓急程度"办事的习惯，只是需要强调的是，在考虑行事的先后顺序时，应先考虑事情的"轻重"，再考虑事情的"缓急"——也就是我们通常采用"第二象限组织法"来进行时间管理。

在图 13-1 中可以清晰表述出"紧急"与"重要"的关系。

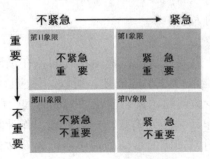

图 13-1 四象限图

1) 第一象限是又紧急又重要的事

第一象限，诸如应付难缠的客户、准时完成工作、住院开刀等。这是考验我们的经验、判断力的时刻，但我们也不能忘记，很多重要的事都是因为一拖再拖或事前准备不足，而变得迫在眉睫。

2) 第二象限是不紧急但重要的事

第二象限主要与生活品质有关，包括长期的规划、问题的发掘与预防、参加培训、向上级提出问题、处理的建议等。荒废这个领域将使第一象限日益扩大，使我们陷入更大的压力，在危机中疲于应付。反之，多投入一些时间在这个领域有利于提高实践能力，缩小第一象限的范围。做好事先的规划、准备与预防措施，很多急事将无从产生。这个领域的事情不会对我们造成催促力量，所以必须主动去做，这是发挥个人领导力的领域。

3) 第三象限是不紧急也不重要的事

我们往往在第一、第四象限来回奔走，忙得焦头烂额，不得不到第三象限去疗养一番再出发。这部分内容倒不见得都是休闲活动，因为真正有创造意义的休闲活动是很有价值的。然而像阅读令人上瘾的无聊小说、毫无内容的电视节目、办公室聊天等，这样的休息不但不是为了走更长的路，反而是对身心的毁损，刚开始时也许有滋有味，到后来你就会发现其实是很空虚的。现在你不妨回顾一下上周的生活与工作，你在哪个象限花的时间最多？

4) 第四象限是紧急但不重要的事

表面看似第一象限，因为迫切的呼声会让我们产生"这件事很重要"的错觉——实际上就算重要也是对别人而言。电话、会议、突来访客都属于这一类。我们花很多时间在这个里面打转，自以为是在第一象限，其实不过是在满足别人的期望与标准。

在划分第一和第四象限时要特别注意，紧急的事很容易被误认为重要的事。其实二者的区别就在于这件事是否有助于完成某种重要的目标，如果答案是否定的，便应归入第四象限。

四、时间管理原则之四：合理地安排时间

按事情的"重要程度"编排行事优先次序的准则是建立在"重要的少数与琐碎的多数"的原理的基础上。举例说明如下。

80%的销售额来自20%的顾客；

80%的电话来自20%的朋友；

80%的总产量来自20%的产品；

80%的财富集中在20%的人手中；

……

80/20原理对我们的一个重要启示是：避免将时间花在琐碎的多数问题上，因为就算你花了80%的时间，你也只能取得20%的成效。所以，你应该将时间花在重要的少数问题上，因为掌握了这些重要的少数问题，你只需花20%的时间，即可取得80%的成效。

掌握重点可以让你的工作计划不致偏差。一旦一项工作计划成为危机时，犯错的概率就会增加。我们很容易陷在日常琐碎的事情处理中；但是有效进行时间管理的人，总是确保最关键的20%的活动具有最高的优先级。

五、时间管理原则之五：与他人的时间取得协作

任何人类的组织，不论大小，都有其周而复始的节奏性、周期性；而我们作为社会或者团体组织中的一员，毫无疑问地要与周边部门或人发生必然的联系。在这种情况下，我们需要互相尊重对方的时间安排，也就是说要与他人的时间取得协作。

认清并适应组织的节奏性与周期性是成功的要素。你也许拥有全世界最伟大的广告构想，但是如果你在各公司都已经做完广告预算后才提出你的构想，你可能就不会有太好的运气，可能要等几个月后，你的构想才会被慎重考虑，当然也可能被扔到垃圾桶里去。同样，当我们需要到某一部门去参观学习，也需要提前与该部门人员进行预约，双方共同达成一个有关时间、地点、人员安排等的约定，否则，突如其来的打扰会令对方措手不及，甚至有可能将你拒之门外。

大家想想，我们是不是也在经常抱怨外部的打扰(如电话、来访等)、突发事件。既然如此，我们是不是也应该站在对方的角度考虑问题，严格要求自己，提前做好计划与安排，与他人的时间取得协作，少一分慌乱，多一分从容。

六、时间管理原则之六——制定规则、遵守纪律

我们在成长的过程中，常被各种纪律所束缚，因为有纪律，才有秩序。在时间管理中，我们同样强调纪律与规则。

世界著名的音乐家莫扎特通常被描述成轻率而任性的天才，然而他从15岁到过世为止，终其一生的作曲数量都是非常固定的，甚至可以用代数方程式来计算。

历史学家梅尔·克朗兹勃待在办公室里的每个早上都写10封信。

杰出的演说学家乔·查伯纳教授要求手下的电话行销人员每个星期一、星期二都要打13个电话，星期三、星期四则是12个，星期五则是用来打电话给这个礼拜没有联络上的人。

很多作家固定在每天某个时段工作，而且在停笔前必须完成一定的字数。这个方法很有效，假如你养成每天写1000个字的习惯，连续一个月后，写1000个字便易如反掌。接着你可以增加字数到大概1200个字，过十几天后，或许可再增加几百字。

因此，我们说，制定规则、遵守纪律的核心主要体现在以下三个方面。

(1) 在进行工作的时候，一定要念念不忘这个工作应于何时截止。

(2) 即使外部没有规定截止的日期，自己也要树立一个何时完成的目标。

(3) 由于不得已的原因而不能按期完成时，一定要提前和相关部门取得联系，将影响缩小在最小范围内。

七、时间管理原则之七：细化时间安排

1. 列时间清单

在我们谈具体的时间管理的方法与技巧之前，有必要先分析一下自己使用时间的方式

和状况。

接下来我们一起来完成如何进行时间使用清单的分析，之后，你会寻找到指引你更适当地运用你的时间的答案。时间使用清单表，如表 13-1 所示。

表 13-1 时间使用清单表

项目活动		每星期估计花费的时间/小时	每星期实际花费的时间/小时	上两项时间的差额/小时	占每星期的总时间的百分比/%
1.公务活动	(1) 通勤				
	(2) 开会				
	(3) 打电话				
	(4) 阅读文件、整理通信				
	(5) 帮助下属				
	(6) 接待宾客				
	(7) 向上级汇报				
	(8) 公务出差				
	(9) 拜访客户				
	(10) 其他工作上的活动				
小计					
2.个人活动	(11) 整理仪容				
	(12) 饮食				
	(13) 睡觉				
小计					
3.家庭活动	(14) 煮饭				
	(15) 洗熨衣服				
	(16) 打扫房屋				
	(17) 杂务与家事				
	(18) 卖杂物				
	(19) 其他的逛街活动				
	(20) 缴款				
	(21) 看孩子				
	(22) 宗教活动				
	(23) 家庭外出				
	(24) 家庭沟通				
	(25) 其他家庭活动				
小计					
4.休闲活动	(26) 听广播与音乐				
	(27) 看电视				
	(28) 休闲阅读				
	(29) 嗜好				
	(30) 观看比赛				
	(31) 运动				

续表

项目活动		每星期估计花费的时间/小时	每星期实际花费的时间/小时	上两项时间的差额/小时	占每星期的总时间的百分比/%
	(32) 休闲旅游				
	(33) 聚会与社交				
	(34) 其他休闲活动				
小计					
5.其他活动	(35) 其他活动				
小计					
时间总计					

2. 写时间日志

列完时间清单之后,再进一步细化到每个时间点,这就是时间日志。一星期时间日志与简略分析表,如表 13-2 所示。

表 13-2　一星期时间日志与简略分析表

时间	周一	周二	周三	周四	周五	周六	周日	活动标号	时间小计/小时
7:00								1. 通勤	
7:30								2. 开会	
8:00								3. 打电话	
8:30								4. 阅读文件、整理通信	
9:00								5. 帮助下属	
9:30								6. 接待宾客	
10:00								7. 向上级汇报	
10:30								8. 公务出差	
11:00								9. 拜访客户	
11:30								10. 其他工作上的活动	
12:00								11. 整理仪容	
12:30								12. 饮食	
13:00								13. 睡觉	
13:30								14. 煮饭	
14:00								15. 洗熨衣服	
14:30								16. 打扫房屋	
15:00								17. 杂务与家事	
15:30								18. 卖杂物	
16:00								19. 其他的逛街活动	
16:30								20. 缴款	
17:00								21. 看孩子	
17:30								22. 宗教活动	
18:00								23. 家庭外出	

续表

时间	周一	周二	周三	周四	周五	周六	周日	活动标号	时间小计/小时
18:30								24. 家庭沟通	
19:00								25. 其他家庭活动	
19:30								26. 听广播与音乐	
20:00								27. 看电视	
20:30								28. 休闲阅读	
21:00								29. 嗜好	
21:30								30. 观看比赛	
22:00								31. 运动	
22:30								32. 休闲旅游	
23:00								33. 聚会与社交	
23:30								34. 其他休闲活动	
24:00								35. 其他活动	

3. 解读时间清单和时间日志

(1) 熟悉并准备一份《时间使用清单表》(见表 13-1)。这份假设的清单是 A 先生制作的。A 先生，35 岁，销售经理，有两个孩子，太太也是职业妇女，所以 A 先生也分担了一些家务。

(2) 在时间清单表格中列出了 35 项每星期中的主要活动，并分成 5 类。希望你按表格的要求依次列出公务活动、个人活动、家庭活动、休闲活动及其他活动等 5 类 30 余项，但你的分类与活动可以和样表不一样。

(3) 在列出所有活动并予以分类后，将每一活动按顺序编号，如表 13-1 所示。

(4) 准备一份《一星期时间日志与简略分析表》(以下简称《时间日志表》)(见表 13-2)，将时间清单表中的活动对应地列在时间日志表上。

(5) 在下周一开始的时候，请注意随时携带你的《时间日志表》，每半小时在《时间日志表》的适当位置记上该活动的标号。例如 A 先生星期一上午 7 点到 7 点半去上班，他就把编号 1 记在星期一上午 7 点的空格里。

(6) 该星期结束时，《时间日志表》的所有空格都应该有一个号码。现在统计每一项活动出现的次数。例如，A 先生在时间表上的第三项活动出现了 15 次，即表示他花了 7 个半小时在工作时打电话，因此 A 先生要在打电话这一栏的"时间小计"中填上 7.5。依上述方法填满《时间日志表》，直到"时间小计"中都有一个数字(可能是零)。

(7) 然后把《时间日志表》中的"时间小计"填到《时间使用清单表》的"每星期实际花费的时间"栏中。

(8) 将"每星期估计花费的时间"减去"每星期实际花费的时间"的余数填在表 13-1 的"上两项时间的差额"栏中。如果是负数，表示你花费在该活动上的时间多于你的估计；如果是正数，则正好相反。

(9) 为每项活动计算出"占每星期总时间的百分比"，计算公式如下：

百分比(%)=每星期实际花费的时间÷168×100

(10) 检查数字。"每星期实际花费的时间"的总计应该等于 168 小时，而"占每星期总时间的百分比"的总计应该是 100%。若有细微差异，不必担心，因为本项练习的目的在于显示你的时间去处，而不是一项只讲究精确的练习。

(11) 再把每一类所有活动的数字相加，并分门别类地制成表格，可对你如何使用时间有一个更清晰的总结。一星期时间总结表，如表 13-3 所示。

表 13-3　一星期时间总结表

项目活动	每星期估计花费的时间/小时	每星期实际花费的时间/小时	上两项时间的差额/小时	占每星期的总时间的百分比/%
公务活动	45	50	-5	29.8
个人活动	45	40	5	23.8
家庭活动	32	46	-14	27.4
休闲活动	40	27.5	12.5	16.4
其他活动	6	4.5	1.5	2.6
总计	168	168	0	100

八、案例分析

汽车服务工程专业的夏宇通过课上老师讲的七个时间管理法则，决定使用时间清单去管理自己的时间。他列出了自己在一星期内花费时间的清单。记录了一星期每隔半小时的所有活动。他体会到时间管理并没有什么高超的技巧，关键就在于持之以恒。自己完成了时间使用清单，并通晓资料，下一步就是应用这份信息，以帮助自己在未来更好地使用时间。夏宇接着拿出几张纸、对自己的时间使用清单以及写下来的目标，进行详细考虑后，写出下列问题的答案。

(1) 我是如何浪费我的时间的？未来有何种途径可预防或减低时间的浪费？

(2) 我是如何浪费别人的时间的？我浪费了谁的时间？我应如何预防不使其发生？

(3) 我现在可以减少哪些活动、哪些活动可以不予考虑或交给别人做？

(4) 别人是如何浪费我的时间的？未来有没有方法减少或排除其发生？如果有的话，是什么方法？

(5) 我做的哪些事既重要又紧急？

(6) 我做的那些事对我的目标是否很重要？

(7) 我是否花费时间追求那些对我很重要的事？如果没有，原因何在？如果有，是哪些事？

夏宇认真分析了这些问题的答案，并计划每 6 个月做一份一星期时间使用清单。在努力拟订计划与设定目标之后，他发现自己的时间管理技巧有了进展，使自己在生活中更好地控制时间，自己也更有成就感。

九、课堂活动

1. 急迫性指数测验：现在大家做一下测试，看看你在做事情的急迫性上是怎样的情况。

急迫性指数测验

选出你最可能作出的反应行为或态度(A=从不；B=有时候；C=常常)

(1) 我在压力之下表现最好。（ ）
(2) 我认为外在环境节奏太匆忙或紧张，以致无法作深入的自我反省。（ ）
(3) 我常因周围的人或事动作太慢而不耐烦。我讨厌等待或排队。（ ）
(4) 我休息时会觉得不安。（ ）
(5) 我似乎永远在赶时间。（ ）
(6) 我常为了完成某项事情而拒人于千里之外。（ ）
(7) 我只要片刻没和办公室联系就觉得不安。（ ）
(8) 我在做一件事时常会想到另一件事。（ ）
(9) 我处理危机时表现最好。（ ）
(10) 处理突发状况的兴奋感，似乎比慢工出细活更让我觉得有成就。（ ）
(11) 我常为了处理突发状况，牺牲和亲友共处的时间。（ ）
(12) 当我为了处理突发状况，必须取消约会或中途离开，我认为别人应该能谅解。（ ）
(13) 我觉得处理突发状况让一天的生活更有意义。（ ）
(14) 我常边工作边吃饭。（ ）
(15) 我一直认为总有一天能做我真正想做的事情。（ ）
(16) 一天下来办公桌上"已办"文件如果堆得高高的，我会很有成就感。（ ）

"A"总数：　　　　"B"总数：　　　　"C"总数：　　　　总得分：
(A=0分；B=2分；C=4分)
0～25分属于低度急迫性心态，26～45分属于强烈急迫性心态，46分以上已经到了严重急迫性的程度。

2. 小组讨论：
(1) 时间管理的原则有哪些？
(2) 如何分清一天中工作的轻重缓急？

想一想，做一做

请看下面的行事次序，看看你自己平时喜欢用哪种方式。
(1) 先做喜欢做的事，然后再做不喜欢做的事。
(2) 先做熟悉的事，然后再做不熟悉的事。
(3) 先做容易的做，然后再做难做的事。
(4) 先做只需花费少量时间即可做好的事，然后再做需要花费大量时间才能做好的事。
(5) 先处理资料齐全的事，然后再处理资料不全的事。
(6) 先做已排定时间的事，然后再做未经排定时间的事。
(7) 先做经过筹划的事，然后再做未经筹划的事。
(8) 先做别人的事，然后再做自己的事。

(9) 先做紧迫的事,然后再做不紧迫的事。

(10) 先做有趣的事,再做枯燥的事。

(11) 先做易于完成的整件事或易于告一段落的事,然后再做难以完成的整件事或难以告一段落的事。

(12) 先做自己所尊敬的人或与自己关系密切的利害关系人拜托的事,然后再做其他人拜托的事。

(13) 先做已经发生的事,后做未发生的事。

以上的各种行事准则,从一定程度上说大致都不符合有效的时间管理的要求。我们既然是以目标的实现为导向,那么在一系列以实现目标为依据的待办事项中,到底哪些应该先着手处理,哪些可以拖后处理,哪些甚至不予处理?

第三篇

创 业 篇

第十四章 创 业 规 划

第一节 创业形势与创业政策

【课程目标】

1. 了解当前的创业形势。
2. 明确国家历年的创业政策。
3. 结合自身实际情况,灵活运用创业政策。

乘政策东风破
创业巨浪(上)

乘政策东风破
创业巨浪(下)

一、后疫情时代大学生创业的经济形势

2020年全球最大的"黑天鹅事件"就是"新冠肺炎疫情",其堪称历史上百年不遇的巨大灾难。这场病毒灾难对人类经济社会、世界经济增长、深层次结构以及全球经济治理等领域都造成了极大的冲击,这场疫情让世界上许多国家深陷危机,进入经济衰退周期,有些国家的国民生产总值缩减了10%左右。它们的衰退必然会对世界经济产生相应的影响。

疫情笼罩下的中国,经济发展形势又如何呢?随着疫情在国内得到有效控制,各行业复工复产进程加快,居民生活秩序逐步恢复,叠加中央和地方以及企业多重活跃市场、拉动消费的刺激政策,自2020年3月以来社会消费品零售总额逐渐回温,同比增速稳步提高。这些成果来之不易,彰显了中国经济的强大韧性。

2021年1月18日国家统计局发布的2020年中国经济年报显示[①],全年国内生产总值达1 015 986亿元,按可比价格计算,比上年增长2.3%。也就是说,在新冠肺炎疫情的大考验之下,2020年中国不仅成为全球唯一实现经济正增长的主要经济体,中国GDP总量也实现了百万亿元的历史性突破。为何在全球经济出现不同程度衰退的大形势下,中国经济却能一枝独秀?这主要得益于:自疫情暴发初期,中国政府就积极果断地采取措施进行疫情防控,民众严格执行卫生部门的防疫指导,政府不计成本救治病患,为困难群体提供生活补助,在上下团结一致的情况下,打赢了此次疫情攻坚战。

2020年12月15日,中国社科院发布的2021年《经济蓝皮书》[②]指出,2021年中国经济增长可达7.8%。此外,国际货币基金组织预测2021年中国GDP将达到8.2%;毕马威中国报告预计中国GDP增速将达到8.8%;德意志银行中国区首席经济学家熊奕表示,2021年中国实际GDP增长率将达到9.5%。

我国后疫情时代的经济形势尽管被全球各界普遍看好,但我们也应该看到中国经济恢

---

① 中国政府网,http://www.gov.cn/zhuanti/2020zgjjnb/.
② 东方财富网,http://finance.eastmoney.com/a/202012141736552765.html.

复的基础尚不牢固，这对于创业者来说，预示着后疫情时代的中国将会是挑战与机遇并存的时代。

二、我国大学生创业的相关政策

创业政策是指政府以支持新创企业为主，为激发人们的创新精神，提高其创业能力而采取的一系列政策措施。大学生要创业，就必须了解国家历年发布的关于大学生创业的政策，明确自己创业的项目可以享受哪些优惠，尽可能地降低创业的风险。

1. 国家关于大学生的创业政策

国家关于大学生的创业政策具体如表 14-1 所示。

表 14-1 国家关于大学生的创业政策

序号	政策	时间	来源	部门
1	要求高校开设"创业基础"必修课	2012 年 8 月	《普通本科学校创业教育教学基本要求(试行)》	教育部办公厅
2	对自主创业高校毕业生进一步放宽准入条件，降低注册门槛，给予小额担保贷款及贴息、税费减免等政策服务	2013 年	《关于做好 2013 年全国普通高等学校毕业生就业工作的通知》(国办发〔2013〕35 号)	国务院办公厅
3	各地有关部门要从普及创业教育、加强创业培训、提供工商登记和银行开户便利、提供多渠道资金支持、提供创业经营场所支持、加强创业公共服务六个方面，为大学生创业提供支持和服务	2014 年 5 月	《人力资源和社会保障部等九部门关于实施大学生创业引领计划的通知》(人社部发〔2014〕38 号)	人社部
4	允许在校学生休学创业	2014 年	关于做好 2014 年全国普通高等学校毕业生就业创业工作的通知(国办发〔2014〕22 号)	国务院办公厅
5	实施弹性学制，放宽学生修业年限，允许调整学业进程，保留学籍，休学创新创业，并设立创新创业奖学金	2015 年	召开发布会	教育部

实践证明，创业对国民经济就业和经济发展具有倍增效应，解决就业难的根本出路在于鼓励年轻人参与创业。然而，改革开放以来，中国的创业大军中，受教育程度不高的草根企业家占大多数，有调查表明，温州市民营企业家中，有学历、有职称的不到三成，高学历者不愿创业经商是造成这一现象的重要原因。年轻人在大学期间接受了高等教育，学到了知识和技能，处于个人特质趋于稳定、走向成熟的关键时期，事实上大学生作为未来

的创业生力军,具备了创业所需的基本能力和知识,扎实的专业基础和综合的思维能力。从当前的社会经济环境来看,大学生创业得到了全社会的大力支持。①

2. 地方优惠政策

按照中央的有关部署和教育部的指导安排,各地推出了一些切合高校毕业生实际需求的创业扶持政策,如上海市政府 2015 年 8 月发布了《上海市人民政府关于进一步做好新形势下本市就业创业工作的意见》(沪府发〔2015〕36 号)(具体内容见附录1)。

在健全鼓励创业带动就业政策体系方面,上海市人力资源和社会保障部门推出了"6+6"的创业扶持政策措施(即 6 条创新政策+6 条完善政策),如表 14-2 所示。

表 14-2 "6+6"的创业扶持政策措施

序号	政策	解读
1	人才引进居住证积分政策	对符合一定条件的创业人才及其核心团队,直接赋予居住证积分标准分值。对经由市场主体评价且符合一定条件的创业人才及其核心团队,居住证转办户籍年限可由 7 年缩短为 3~5 年。对获得一定规模风险投资的创业人才及其核心团队,予以直接入户引进
2	初创期创业社会保险费补贴政策	青年大学生在沪创办 3 年以内的本市小微企业、个体工商户、农民专业合作社、民办非企业单位等创业组织,新招用本市劳动者并按规定缴纳社会保险费的,可按新招人数申请社会保险费补贴。补贴标准为以本市上年职工月平均工资的 60%作为缴费基数计算的单位缴纳社会保险费的 50%,补贴期限最长 3 年,每个创业组织每年最多补贴 2 万元
3	优秀创业项目奖励政策	结合本市产业发展规划,通过组织创业计划大赛、创业新秀评选等方式,在新能源、新材料、生物医药、电子信息、节能环保等战略新兴产业以及文化产业、现代服务业、创新创意产业、互联网、物联网、现代农业等领域中遴选一批优秀创业项目并给予重点扶持。对获得创业计划大赛、创业新秀优胜的创业者,给予一定金额的创业启动金或助力发展金扶持
4	电商创业融资支持政策	对于已进行工商注册登记的网络商户创业者,可同等享受本市各项创业就业扶持政策。对于未进行工商登记注册,但在网络平台实名注册、稳定经营且信誉良好的网络商户创业者,可按规定申请最高 15 万元的创业贷款担保及贴息政策
5	创业孵化基地补贴政策	不断完善各类创业孵化基地(园区)场地扶持、创业辅导、投融资对接等全方位多层次的创业孵化服务功能。组织开展市级创业孵化示范基地的认定工作,委托社会中介机构对创业孵化成效进行分级评估,并根据评估结果每年给予一定金额的运作经费补贴
6	高校创业指导站经费补贴政策	不断完善各级公共创业服务机构政策咨询、创业指导、办事受理、补贴发放等"一站式"公共创业服务;将创业服务工作延伸到高校,与高校合作建立创业指导站,并给予一定的经费支持

---

① 苏文平. 职业生涯规划与就业创业指导[M]. 北京:中国人民大学出版社,2020.

三、案例分析

案例1：大学生在读书期间可以创业吗

2018届网络工程专业的郭书铭同学在读书期间发现自己爱好摄影，于是积极参加各类摄影活动和比赛，期间结识了爱好摄影的小智，2016年，两人成立了"白日梦"摄影工作室。他们一边读书，一边开始自己的创业生涯。依托本校大学生的需求，他们在学校附近的社区租了一套公寓作为工作室，通过宣传，推出了一系列优惠活动。对于在校大学生来说，最吸引人的优惠莫过于"4人行，免费接送"这一条了。也正是这些优惠活动，"白日梦"几乎承揽了本校学生的所有摄影业务。2018年，两人大学毕业后，将工作室正式注册为公司，工作室由原来的一套公寓扩大到两套别墅，如今的顾客群体已经由原来的在读大学生扩展到整个上海市甚至江浙沪周边地区，工作室也由原来的两人增至数十人，业务量每年都在以翻倍增长。如今，在学校举办的各种活动中，同学们还是经常会看到"白日梦"摄影团队活跃在现场的忙碌身影。

解析：教育部在2015年全国普通高校毕业生就业创业工作网络视频会议上提出，要加强创新创业教育，强化学生创业实践和分类指导，建立健全创业成果和学分转换教学管理制度，实行弹性学制，支持大学生休学创业。郭书铭同学在读大二时便开始创业，充分利用了校园资源，确保创业初始阶段的客源稳定，顺利度过了"白日梦"的初创阶段。

思考：根据以上案例，请结合国家对大学生的创业优惠政策及自身实际情况，分析一下如果你打算大学期间创业，哪些优惠政策对你有吸引力？自己已经做了哪些准备？还需要做哪些准备？

案例2：大学生现在创业还有税收优惠政策吗

高创于2020年大学本科毕业后想自己创业，以前的税收优惠政策是否已经取消？大学生创业是否必须是高新项目才叫创业？

【解答】

根据《财政部 国家税务总局关于支持和促进就业有关税收政策的通知》(财税〔2010〕84号)规定，对持就业失业登记证(注明"自主创业税收政策"或附着高校毕业生自主创业证)人员从事个体经营(除建筑业、娱乐业以及销售不动产、转让土地使用权、广告业、房屋中介、桑拿、按摩、网吧、氧吧外)的，在3年内按每户每年8000元为限额依次扣减其当年实际应缴纳的营业税、城市维护建设税、教育费附加和个人所得税。纳税人年度应缴纳税款小于上述扣减限额的，以其实际缴纳的税款为限；大于上述扣减限额的，应以上述扣减限额为限。

根据国家税务总局、财政部、人力资源和社会保障部、教育部《关于支持和促进就业有关税收政策具体实施问题的公告》(国家税务总局公告2010年第25号)有如下规定。

(1) 毕业年度高校毕业生在校期间创业的，可注册登录教育部大学生创业服务网，提交《高校毕业生自主创业证》申请表，由所在高校进行网上信息审核确认并出具相关证明，学校所在地省教育行政主管部门依据学生学籍学历电子注册数据库对高校毕业生身份、学籍学历、是否是应届高校毕业生等信息进行核实后，向高校毕业生发放《高校毕业生自主创业证》），并在学籍学历电子注册数据库中将其标注为"已领取《高校毕业生自主创业证》"。高校毕业生持《高校毕业生自主创业证》向创业地人力资源社会保障部门提出认定申请，由创业地人力资源社会保障部门相应核发《就业失业登记证》，作为当年及后续年度享受税收扶持政策的管理凭证。

(2) 毕业年度高校毕业生离校后创业的，可凭毕业证，直接向创业地县以上人力资源社会保障部门提出认定申请。县以上人力资源社会保障部门在对人员范围、就业失业状态、已享受政策情况审核认定后，对符合条件人员相应核发《就业失业登记证》，并注明"自主创业税收政策"。

四、课堂活动

创业者个性特征测验[①]

请从下列32组句子中选择最能反映你个人观点的选项。

1. A. 工作一定要按时完成。
   B. 我喜欢与优秀的朋友在一起，这样我能够获得他们对我工作的见解与建议。
2. A. 当我的责任增加时，我会感到更加快乐。
   B. 我喜欢把什么事情都事先安排好。
3. A. 我绝不做任何可能使自己遭受损失的事情。
   B. 了解如何赚钱是创业的第一步。
4. A. 不管是多好的事情，如果失败了可能使我受到嘲笑，我就不会冒险去做。
   B. 除了工作之外，我还记挂着家人的安康。
5. A. 我会为自己开创的任何事业而努力。
   B. 我只会做那些使我开心并有安全感的事情。
6. A. 如果我失败了，别人会嘲笑我。
   B. 尽管对自己很有信心，我还是需要别人的建议。
7. A. 遇到困难时，我要找到解决的办法。
   B. 如果在新开创的事业中失败，我会继续做目前的工作。
8. A. 如果我觉得一个想法是好主意，就会去实践这个想法。
   B. 我能够比现在做得更好。
9. A. 工作时，我会注意维系良好的人际关系。
   B. 不管发生什么事，都是我从经历中学习的机会。
10. A. 即使我的努力失败了，我也能从中学到东西。
    B. 我喜欢舒适的生活。
11. A. 我会为比赛获彩票下注，总有一天幸运会落在我头上。
    B. 如果我在工作中失利，我会放弃找出原因。
12. A. 我会尊重我的员工，并对他们一视同仁。
    B. 如果有更好的工作，我会放弃现在的工作。

---

① https://wenku.baidu.com/view/df2490bb6bec0975f465e290.html，百度文库。

13. A. 在实施一个新想法之前，我会慎重考虑。
    B. 如果我的家人/近亲去世，我会参加葬礼，即使有可能导致公司订单延误好几天。
14. A. 只有当我拥有资本时，我才能够发展一份事业。
    B. 我希望自己能够做出重要决定。
15. A. 当别人的好意和信任遭遇背叛时，我不会坐视不理。
    B. 如果事情没有按照我的想法发展，我会寻求其他的替代机会。
16. A. 我可以允许自己犯错误。
    B. 我非常喜欢与朋友聊天。
17. A. 我希望自己的钱能够安全地存在银行里。
    B. 我很认可自己的工作，同时也了解其优劣。
18. A. 我希望能够拥有很多钱，从而过上舒适的生活。
    B. 作决定时，我希望能够得到别人的帮助。
19. A. 人们应该首先照顾好自己的亲人和朋友。
    B. 我喜欢解决难题。
20. A. 即使可能损害自己的利益，我也不会做让别人不开心的事情。
    B. 钱是事业发展的必需品。
21. A. 我希望自己的事业能够很快地发展起来，这样我就不会遇到经济紧张的困境。
    B. 不能因为不成功就去责备自己。
22. A. 我应该能够独立地按照自己的想法去做事。
    B. 只有为自己的未来积累了一大笔钱后，我才会幸福。
23. A. 如果我失败了，通常主要是别人的错误造成的。
    B. 我只会做那些让我感觉舒服且令我满意的事情。
24. A. 开始做一项工作之前，我会认真考虑他是否对我的声誉造成不利影响。
    B. 我希望自己跟别人一样，也买得起昂贵的东西。
25. A. 我希望能够有舒适的房子住。
    B. 我会从失败中吸取教训。
26. A. 我在做任何事情之前都考虑其长期影响。
    B. 我希望每件事情都能按照我的想法进行。
27. A. 金钱能够带来舒适，所以我的主要目标在于赚钱。
    B. 我喜欢在能够经常见到朋友的地方工作。
28. A. 我了解自己正在做的事情，不怕受到别人的批评。
    B. 如果失败了，我会觉得自己非常差劲。
29. A. 遇到困难是常有的事情，我应该尝试去做一些好的新工作。
    B. 在开始做新工作之前，我会采纳有经验的朋友的建议。
30. A. 我的所有经历都会激励我前进。
    B. 我希望能有很多钱。
31. A. 我喜欢每天从容不迫，万事顺利，没有任何烦恼。
    B. 不管遇到多大的障碍，我都将努力达到目标。
32. A. 我不喜欢别人干涉我做事儿。
    B. 为了赚钱我可以做任何事情。

测验的 32 组句子中，A、B 选项的分值如表 14-3 所示。

表 14-3 创业者个性特征测验选项及分值对照表

题号	1		2		3		4		5		6		7		8	
选项及分值	A1	B2	A2	B1	A0	B1	A0	B1	A2	B1	A0	B2	A2	B0	A1	B2
题号	9		10		11		12		13		14		15		16	
选项及分值	A1	B2	A2	B1	A0	B2	A1	A2	B1	B0	A1	B1	A1	B1	A2	B1
题号	17		18		19		20		21		22		23		24	
选项及分值	A0	B2	A1	B0	A0	B2	A1	B0	A1	B1	A1	B1	A0	B2	A1	B1
题号	25		26		27		28		29		30		31		32	
选项及分值	A1	B2	A1	B1	A1	B1	A2	B0	A0	B1	A2	B1	A1	B2	A1	B0

请同学们将所选题项记录在答题纸上，再根据上表各选项分值，相加后得到最终分数。

评分标准：

25 分以下，基本上不具有创业性；

26～36 分，中立；

37～47 分，具有一定的创业性；

48 分以上，非常具有创业性。

想一想，做一做

(1) 你如何看待当前大学生的创业形势？

(2) 你认为自己适合创业吗？为什么？

第二节 创业计划书①

【课程目标】

1. 了解创业计划书存在的问题。
2. 掌握创业计划书的内容。
3. 学会编写创业计划书。

构建导航系统
引领创业之路 1
（创业计划书）

构建导航系统
引领创业之路 2
（创业团队）

构建导航系统
引领创业之路 3
（产品与服务）

构建导航系统
引领创业之路 4
（项目融资与筹措）

---

① 黄华. 如何赢得创新创业大赛[M]. 北京：化学工业出版社，2019.

为了使创业成功，创业者必须根据实际情况，认真分析内部和外部环境因素，通过周密的计划，制定一个实现理想目标的行动方案，这就是创业规划。创业规划犹如创业路上的导航图，如果没有这张导航图，创业之舟就可能随波逐流，达到成功彼岸的可能性几乎为零，除非巧合。

　　或许有人说，计划永远没有变化快，还是走一步算一步吧，这是盲目主义的撞大运思想。固然，有创业规划不一定就能成功，但是没有创业规划，虽然不能说一定不能成功，然而成功的概率却非常小。

　　对于创业者来说，创业规划是创业企业在创业阶段最为重要的文件，潜在的投资者，只有在看到一个较为完善的创业规划之后，才可能考虑投资，更重要的是，创业规划能使创业者保持对其所要奋斗的事业的把握，考察已经完成和将要完成的任务。

　　在所有的创新创业大赛中，项目评审的最重要的材料就是参赛项目的创业计划书。但是很多参赛的选手都写不好这份关键的项目评审材料。有的创业计划书项目内容介绍不完整，有的计划书项目亮点不突出，有的计划书项目优势不明显，有的计划书项目知识产权描述不全面，还有的计划书项目商业模式不清晰等。为了帮助大学生更好地做好创业规划，参加创新创业大赛，我们需要清楚地了解创业计划书都有哪些主要模块，每个模块的编写要点是什么。

一、创业计划书的概念及存在的问题

　　创业计划书，也称创业者的商业计划(Business Plan)，是创业者就某一项具有市场前景的新产品、新服务向风险投资家或潜在的投资者游说，以取得投资的可行性报告。创业计划书是参照一定的标准格式细化了的创业规划，用来阐述新办企业或拟办企业的背景、产品、市场和营销及营运、组织机构、管理方法与理念，而且要对财务风险回报作出定性与定量相结合的分析，其主要目的是说服投资者对新企业进行投资。

　　创业计划书不仅是一种业务构思策划、信息披露和吸引投资者的宣传书，更是以后公司运作的指导书。创业计划对创业者、潜在的投资者甚至新员工都很有价值，他们通过创业计划来了解创业企业的目标。创业计划书既是一项新创业活动前期工作的总结，也是一项创业活动新的开始。

　　在美国，创业计划书起源于商业包装，旨在吸引私人投资者和风险投资家进行投资。在制订创业计划书的过程中，创业者必须思考和分析创业企业创建和运行初期的各个方面，并准备有效的策略去应对可能会出现的不确定性，从某种意义上说，一份好的创业计划书能够帮助创业者避免或减少企业在今后运行中的失败。

　　创业计划书就是我们的创业策划方案，它不仅是创业者的创业指南和实施路径，也是叩响投资者大门的"敲门砖"。创业计划书既是给自己看的，也是给创业合伙人和投资人看的。给创业合伙人看，是为了向对方描述该创业项目未来的发展前景和是否盈利，邀约对方加盟，一起创业；给创业投资人看，是为了获得投资人对项目的认可，争取创业融资。

　　目前，我国绝大部分的创客都没有接受过创业计划的专业培训，创业者不知道该如何进行创业策划，不了解创业策划的过程，不清楚创业策划的重点，不明白创业策划的重要性。从近两年来我校大学生提交的参赛创业计划书中可以发现，大多数创业计划书模块不完整，项目内容的分析不透彻，市场策略的策划不到位，项目风险的分析不全面，编写的创业计划书质量普遍不高(见图 14-1)，在参加创新创业大赛时取得的效果不是很理想，主要存在以下十个方面的问题。

(1) 不会提炼创业项目的产品、服务特色与优势；
(2) 不能清楚地描述市场容量与竞争态势；
(3) 不会用 SWOT、PEST 等管理工具；
(4) 不会组建和包装优秀的创业团队；
(5) 不会制定公司发展战略和市场策略；
(6) 不会采用创新的商业盈利模式；
(7) 不会估算和筹措创业项目启动资金；
(8) 不会制订创业项目的三年发展规划；
(9) 不会完整地分析创业项目存在的风险；
(10) 不会制定有效的风险控制措施和预案。

图 14-1　什么样的创业计划书会被扔进垃圾桶

二、创业计划书的作用

　　创业者为什么要写创业计划书呢？因为创业计划书对于创业者能否创业落地，能否顺利实施中，能否获得创业融资，能否创业生存下去，能否获得创业成功起着至关重要的作用。创业者编写创业计划书的过程，实际上相当于一次在沙盘上模拟创业的实践演练过程。

　　创业者制定策划方案的过程，其实就是在不断地梳理创业项目思路，审视创业项目的成熟性、完整性和创新性，凝练产品与服务的特色和竞争优势，创新商业盈利模式，预测创业实施目标，分析创业中可能存在的风险，制定风控措施，评估创业项目的可行性。

　　编写创业计划书的过程，实际上也是对创业项目的内检和审视过程。当你把项目全部了解清楚了，知道了项目的服务市场在哪里，市场需求在哪里，项目风险在哪里，项目的创新点在哪里，产品和服务优势在哪里，项目瓶颈门槛在哪里，项目的盈利点在哪里，项目的竞争对手在哪里，项目的投入和产出是多少，就可以尝试落地创业实践了。

编写创业计划书是创业者开展创业项目的重要工作和关键环节。创业策划可以帮助创业者梳理创业思路，发现创业项目存在的问题和不足，并及时纠正和完善项目计划和规划中的缺陷。一个成功的创业项目离不开一个好的创业策划，如果你想自主创业并获取创业成功，一定要制定出一个完美的创业策划方案，编写一份高质量的创业计划书。

三、创业计划书的编写

为了提高创业策划质量，将创业计划书的内容编写得更全面，创业思路梳理得更清晰，创业计划的重点内容和亮点凝练得更突出，我们在编写创业计划书时，可以按照下面的编制模块，逐步开展创业策划过程，并在各个模块部分重点加以描述。

编写创业计划书主要包括以下13个重点模块。

1. 计划摘要

创业计划书的创业计划摘要是整个创业计划书的概括与精华提炼，一般字数不能太多，篇幅控制在一页即可。计划摘要的重点是围绕创业项目的社会和经济环境背景情况、市场痛点和市场需求、市场空间容量、产品与服务的内容、创业团队情况、创业项目的优势与特色、创业项目的商业盈利模式、创业项目的投资与回报、创业项目的风险分析以及创业融资计划等主要内容概括描述，要让读者从创业计划摘要中就能清楚地了解创业项目的全貌。

计划摘要是创业计划书全部内容的精华凝练，撰写难度十分大，由于文字描述有篇幅限制，如何把项目的主要内容完整清晰地呈现给大赛评委就十分关键。一般专家评委在审阅创业计划书时，会先看创业计划摘要。如果创业计划书的计划摘要表述不完整、不新颖，创业项目没有亮点，不能吸引眼球，给专家评委的印象就不好，就会影响到项目的比赛成绩。

图 14-2　公司基本情况

2. 公司介绍

公司介绍就是要将创业公司的概况介绍清楚，在对创业公司的描述中，要让专家评委了解创业公司的基本情况(见图14-2)。

公司概况描述主要包括：创业公司的成立时间；注册资金数量；工商注册时是实缴还是认缴；公司人员数量，其中本科、硕士、博士各种学历人员分布情况，初级、中级、高级技术职称人员分布情况；公司的主营业务有哪些；公司的定位是什么；公司的宗旨和经营理念是什么；公司的目标愿景是什么；公司的组织架构是怎样的；在外省市是否设立分公司或办事处；公司有哪些主要客户；公司已经获得哪些资质、信誉、称号和奖励；等等。在介绍公司的科研条件时，还要清楚地描述公司的办公面积、科研仪器型号、数量及公司的科研基础条件。

在介绍公司的知识产权情况时，要把公司正在申报和已经授权的专利、软件著作权、商标注册等情况描述清楚，这样可以反映出公司的技术创新能力和技术壁垒。

公司如果在境外设立了办事处或者研究中心，或已经和境外机构开展项目合作也一定要描述清楚，以突出公司具有进军国际市场的基础。如果创业公司还没有成立，还是个创业团队，那也要介绍创业团队的大致情况，创业团队的成员数量是多少，成员都来自哪里，都是学什么专业的，都掌握哪些专业知识和服务技能等。

3. 产品与服务

产品与服务是创业计划书描述的重要内容，是创业大赛评审的重要指标。我们在描述产品时，不仅要围绕产品材料、产品技术、产品工艺、产品设计、产品质量、产品功能、产品外形、产品尺寸、产品包装等方面进行描述，还要围绕产品的技术水平、产品特色所取得的知识产权以及参加展览、比赛获得奖项等内容来描述。产品与服务的介绍，实际上就是要描述清楚产品是什么，可以用在哪些地方，有哪些性能和功能，可以解决什么问题，要尽可能全面介绍我们的创业项目产品，向评委清楚描述产品的画像。在产品介绍中，可以围绕以下几个方面的内容重点描述。

1) 技术水平

一个项目技术水平的高低，可直接反映出项目的技术先进性。现在很多创业项目涉及新材料、电子信息、智能制造、节能环保、生物医药、电动汽车、文化创意、航空航天等诸领域，都属于具有一定科技含量的科技创业项目。对于这类科技项目，技术水平的描述就显得十分重要。为了清晰地描述项目的技术水平，你可以按照项目产品的技术水平是处于国际领先、国际先进、国内领先、国内先进等四个不同的等级去陈述，如果该项技术填补了国际空白或国内空白，也请一定补充进去。

2) 自主知识产权

项目的知识产权反映项目的创新性。自主知识产权在一定程度上可视为项目保护的壁垒。知识产权的种类较多，可以包括发明专利、实用新型、外观设计等三种专利权，还可以包括软件著作权、公司商标权、版权、工业品外观设计权、集成电路布图设计权、植物(动物)新品种、未披露过的信息(商业秘密)专有权等。

创业项目中常见的知识产权有专利权、商标权和著作权。知识产权是创业项目的竞争优势，也是为项目的跟进者和模仿者设置的门槛。创业项目中，如果有自主发明的专利和软件著作权等知识产权，将会对创业项目的技术创新性和技术竞争力加分。如果创业项目拥有自主知识产权，一定要在创业计划书中加以介绍，描述清楚专利名称和专利号，对于已经授权和正在申请的专利一定要说清楚。一个发明专利相当于六个实用新型或外观设计专利的权重。如果拥有发明专利，技术创新性更高，在创业大赛评审时，评委对具有发明专利的创新性打分会更高一些。对于大学生的创业项目，有些专利属于学校和老师的科研成果专利，并不属于创业团队，为了避免知识产权纠纷，一定要请学校和老师给创业公司或者创业团队一个专利使用授权，签订一份专利使用授权协议。

3) 产品设计与生产

产品设计可以围绕产品图纸设计、制造工艺设计、加工模具设计、工业设计概念设计等方面去描述在设计中会采用哪些设计软件；设计师的专业背景如何；设计师有哪些代表作品；设计师是一个人还是一个团队；设计平台的硬实力和软实力是怎样的；是否采用了类似猪八戒网所用的分包设计模式等；产品的设计所采用的材料是什么，是采用了新材料、复合材料还是功能材料；产品结构是如何设计的，有哪些特点；产品的外观、轮廓和颜色是如何设计的，有哪些新颖的地方；产品的设计是否在满足功能性方面还突出了时尚性、美观性、安全性、便利性和环保性等；在产品的设计中，是否还利用了虚拟现实和增强虚拟现实设计(VR/AR)。

产品生产制造可以重点围绕生产流程、生产工艺、产品检测检疫、产品达标、产品包装与交付发货等方面去描述。由于创业项目大多处于创业初期，创业资金十分有限，实施批量化的产品生产，资金难以保证，且前期投入大，生产成本高，项目建设周期长，所以建议产品设计与生产可以更多地考虑采用 ODM(Original Design Manufacturer)或者 OEM(Original Equipment Manufacturer)方式来实现生产制造过程，在这部分策划中一定要描述清楚 ODM 或 OEM 的具体做法。

实际上，在策划本部分内容时，就是帮助创业者在思考创业产品是如何设计出来的，是由谁来设计的；设计的技术水平如何；设计的创意如何；如果开展批量化设计，平台如何搭建；产品设计出来后，如何保证小批量生产。通过策划的生产流程进一步去验证生产模式是否可行，是否可以顺利实施产品的生产制造；去思考生产中所需要的生产原辅材料、生产设备、生产工艺、生产线、生产厂房、生产能力、技术工人、电水气网络等关键条件因素。

很多大学生的创业项目都是想到了第一步，设计出一个产品，而没有想好如何实现产品的生产，是定制化生产还是小批量生产，定制化生产怎么做？小批量生产又该怎么做？一旦订单增加，现有的生产能力无法保证，又该采取什么样的措施和方法以保证提供给客户质量满意、交货期满意和售后服务满意的产品。对于涉及生产性的项目，由于创业项目没有强大的资金实力，不建议公司自己去租厂房、买设备、建工厂，而应该更多地考虑如何通过与现有的具备生产能力的公司合作，借助现有的厂房、生产加工设备和熟练的技术工人，帮助你完成产品的生产环节，尽可能借机"下蛋"，借力发展。

4) 产品销售服务

产品销售是项目经营中的重要环节，主要包括市场策略、价格策略、渠道策略、销售策略、宣传策略五个方面。

在市场策略方面，由于创业公司规模都比较小，市场竞争力不强，建议尽可能采用蓝海战略，而不要采用红海战略。积极寻找市场的缝隙和空白点，不要过多地与竞争者发生正面冲突，利用公司自己的技术优势和商业盈利模式，迅速占领和拓展市场，形成自己的品牌影响力。

在价格策略方面，要确定公司的产品定位，明确产品的销售对象是谁，是面向高端客户、中端客户还是低端客户，针对不同的销售客户，结合生产成本、市场需求和竞争对手来确定采用什么样的产品价格定位。

渠道策略是市场营销中最常见的营销策略，在互联网日益发达的今天，通过 O2O 线上线下渠道来开展公司业务，进行产品推广与销售已经十分普遍，这就需要你把线上和线下的渠道策略描述清楚，在线上你是怎么做渠道的？在线下你又是怎么做渠道的？通过线上和线下的渠道组合使用，你是如何开展产品销售的？例如在线下你有实体店或体验店，可以搞连锁经营发展加盟店，增加线下的销售渠道；线下你有人脉关系可以进一步扩展你的人脉圈子发展销售渠道，搭建销售渠道网络；在线上你可以建网站开淘宝店，开微店，还可以建微信群和 QQ 群，或者建立网上社区甚至网上销售平台。

在销售策略方面，要考虑采用什么样的销售手段，使用什么样的销售形式；有哪些销售数据作为销售辅助分析；有哪些销售渠道，可以使用的线上和线下销售渠道是哪些；有哪些媒体促销平台可以整合利用，如电视媒体、网络媒体、平面媒体；利用媒体进行广告宣传促销的做法是什么样的；预计可以将产品信息传递给多少人，产生多少直接客户，其中大客户可能会有多少，中客户可能会有多少，小客户可能会有多少；媒体的宣传会发展多少潜在客户；如何对这些潜在客户做进一步的跟进促销服务。

宣传策略是市场营销中最常用的营销策略。公司的宣传策略可以围绕电视媒体、网络媒体、平面媒体和户外媒体这四个维度来进行描述。针对电视媒体如何做促销，如何利用电视台和卫视频道做产品宣传。针对网络媒体如何做促销，除了利用微信公众号，还有哪些可以利用的网络媒体窗口，能否在百度或头条上发布信息，能否在西瓜视频和抖音上做产品宣传。针对平面媒体这些纸媒如何做促销，除了制作公司产品宣传页和海报外，可否在报纸和杂志上策划一些可以植入软文广告的宣传专栏。针对户外媒体如何做促销，除了制作一些易拉宝外，还能否有其他办法，通过户外媒体来加强宣传等。现在楼宇媒体十分普遍，电梯广告随处可见，因此针对宣传策略，一定要能全面系统地介绍。

在营销策略中，还要尽可能结合一些销售的理论工具，如 4P、4C、4R 和 4S 理论，以及销售+互联网的新服务模式，利用微信公众号、微博、QQ 群、网上直播等互联网和移动互联网手段，形成组合营销工具的优势，这样才有可能提高产品的销售能力。

5) 产品与服务的特色

产品与服务的基本画像描述完了还不够，还需要进一步提炼和描述产品服务的特色和优势有哪些，产品与服务的特色是最应引起重视的关键内容。具有特色的产品和创新的特色服务，是项目盈利的关键，也是衡量创业项目质量好坏的一个重要评价指标。创业大赛的评委都会十分关注产品特色与服务模式，询问你的产品特色和核心竞争力，询问你靠什么服务手段挣钱，是否具备持续盈利的能力。我们在描述产品与服务时，要尽可能突出产品的特色是什么，产品的优势是什么，核心竞争力是什么，服务的创新盈利模式是什么，服务特色是什么，这些特色与市场的同类产品服务有什么不同，都有哪些竞争优势。

关于产品的特色我们可以从产品的价格低廉性、使用便利性、节能环保性、安全舒适性、美观时尚性、功能多样性和科技含量等多个方面加以描述。例如，产品的应用面是否足够宽；覆盖面是否足够广，适用哪些不同的领域、人群和消费环境；产品的价格较国内市场同类性能的产品价格是否低廉，比国外同类产品价格低多少；产品在使用时操作是否便利；通过产品说明书和简单的培训，是否就可以学会使用产品；是否具有节能减排的特点，使用后会不会对生态环境造成污染；产品在使用时是否具有舒适性、健康性和安全性，会不会对人身造成伤害。产品的结构和外观设计是否具有时尚、美观、新颖、大方等特点，产品是否采用了一些具有特殊性能的诸如纳米、碳纤维或石墨烯等科技材料；产品的功能性是否足够强大，可以满足不同人群和地域的需求；产品的技术含量是否较高，具有自动化、智能化和信息化等特点；产品是否具有技术壁垒，已经申请并授予专利、软件著作权等自主知识产权。

产品的服务特色，要围绕创新服务模式和特色服务模式去描述。说清楚你的服务是什么样的，你的服务和别人的服务有什么不同，你的服务有哪些特色，有哪些服务的创新性。描述清楚你如何围绕产品定位、价格定位、服务定位开展服务；如何整合优质资源；如何建立渠道去开拓市场，获取用户；以前传统的服务模式是怎么做的，现在借助互联网思维的模式又是怎么做的；是否采用了跨界融合的思想来提升服务能力，是否采用了分享和共享的理念来提高运营服务能力；你能提供哪些增值的服务和高附加值的东西，并采用什么方法来保持住客户的忠诚度和黏性。

4. 创业团队

创业团队是创业项目能否顺利实施的关键，创业团队对于能否有效运营创业项目，实现创业成功至关重要。大赛评委在评价一个创业项目时往往更看重创业团队运营项目的能力，他们认为没有优秀的创业团队，再好的创业项目也不可能运营成功。创业大赛的评委在评审创业项目时，创业团队是重点审核的内容，所以在创业计划书中，创业团队的描述就显得十分重要。那么该如何完整地介绍创业团队，以便把创业团队的优势尽可能展现出来呢？对于大学生的创业项目，除了创业团队的价值观、经营理念保持一致以外，还要保证团队在专业知识、个人能力、社会经验、脾气性格等方面保持互补性。

创业团队的描述可以重点围绕以下几方面进行。

1) 学历专业与技能情况

创业团队创始人和合伙人的专业技术背景、学历背景和个人能力是投资人和创业大赛评委重点关注的内容。在介绍创业团队时，一定要将创业团队成员的姓名、性别、年龄、学校、专业、年级、技能、学历等基本情况描述清楚，明确谁是项目负责人，每个成员各自负责哪些工作，他们分别都有哪些专业特长，包括技术研发能力、软件编程能力、产品设计能力、项目策划能力、信息查询能力、市场营销能力、广告宣传能力、项目执行能力、组织协调能力、财务管理能力、融资筹资能力等。如果有些学生已经毕业工作了几年，最好还要将他所就职的公司描述一下，包括他所从事的工作和取得的成就，特别是如果在 BATJ(指百度、阿里巴巴、腾讯、京东四大互联网公司)和大国企等知名大公司工作过，一定要写上，作为工作能力的参考。

2) 曾经获得的荣誉与奖励情况

创业团队成员以往获得的奖励与荣誉，对于反映成员的素质情况也十分重要。如果创业团队成员，有人曾经获得过某些类别的竞赛荣誉或奖励，也尽可能多地介绍一下，包括曾经获得"挑战杯"创新创业大赛，获"互联网+"创新创业大赛名次，获得过学校授予的"三好学生"荣誉，获得过学习标兵、优秀标兵，获得过数学竞赛名次，获得过演讲比赛名次，等等。

3) 参加社会实践与社团活动情况

创业大赛评委更看好有过社会实践经验的大学生，他们认为，参加过社会实践和社团活动的同学，活动能力和组织能力会更强一些。所以在介绍创业团队时，每个成员参加社会实践与社团活动的情况尽可能详细描述，包括曾经参加过的重大社会实践活动，如参加过什么社团组织，组织过什么活动，甚至当过志愿者，参加过什么活动，等等。

4) 团队合作与组织协调情况

团队成员的共同价值观和经营理念，充满朝气的拼搏和合作精神，善于配合的工作态度以及组织协调的工作能力，是创业团队坚强的战斗力。对于一个初创的公司，成员之间价值观理念的认同、性格的磨合、工作的协同、工作能力的互补，都需要团队成员之间的有效配合。所以这部分内容可以更加全面地反映创业团队的情况，除此之外，投资人更喜欢投资创业团队具有"三老"的特征，即"老同学""老同事""老朋友"。

5) 专业知识与个人能力互补情况

创业公司成立后，会遇到很多跨学科领域的工作，如技术、管理、营销、策划、人力资源、生产、财会、法律等，每个成员不可能完全掌握所有的专业知识和技能，所以在描述创业团队时，要尽可能地将每个成员的专业知识和专业技能呈现出来，从而可以更好地评估创业团队是否具备专业互补、能力互补、优劣势互补，能否达到梦幻组合的状态。理想的创业团队一定是在专业上互补，减少短板的发生。很多大学生创业的公司都是技术性人才出来创业，这些人只懂技术，不懂市场，不懂营销，不懂管理，更不懂财务和法律，创业团队运营项目的能力很弱，因而创业风险很大，投资者一般不会投资这样的创业团队。

6) 抗挫折能力情况

大学生创业不是一件容易的事儿。创业过程中不仅会遇到很大的风险和工作压力，还会遇到很大的阻力和障碍，这对创业者是一种心理上的挑战。投资人最看好的就是那些具有强烈的创业激情和创业梦想，具有坚强的毅力，良好的心理素质，不畏惧创业失败，不服输、不认输的创业者，所以在介绍创业团队时，每个人的抗挫折能力也应该加以描述。从抗挫折能力的描述中可以看出创业团队是否坚强，是否可以面对困难与挫折百折不挠，是否可以经受住创业失败的打击。

7) 创业激情和创业梦想

大学生创业一定要有创业激情和创业梦想，每个创业成员的激情加在一起就是一组火焰，就可以燃烧激情的岁月，书写美丽绚烂的生命篇章。有激情做事和没激情做事的结果是不一样的，有梦想就会有目标，有目标就会有动力，有动力就会积极思考，有思考就会有思路，有思路就会有实践的方向，就有可能通过行动和努力获得成功，所以在介绍创业团队时，团队成员的激情与梦想最好浓墨重彩描述一下。

5. 技术分析

创业计划书一定不要遗漏技术分析，很多参赛的创业项目都属于技术类项目，对于技术类的项目一定要做客观的技术分析，才能确定这个项目技术水平高不高，技术附加值大不大，技术的延伸性、扩展性和兼容性好不好。技术分析可以从以下几个方面去描述。

1) 技术水平

创业大赛评委最关心创业项目的技术水平是怎样的。一般来说，评价一个技术水平的高低，可以用国际领先、国际先进、国内领先、国内先进这四个指标去衡量和比较，看看这个技术处于哪个技术水平阶段。有些技术可能很创新，要做技术查询，查询一下该项技术是否属于填补了国内或国外的空白。有些技术迭代很快，要说清楚该项技术属于第几代技术，有些技术应用面很宽，要说清楚都能延伸扩展应用在哪些领域。对于项目中涉及的关键技术、关键工艺和关键技术参数没必要描述得很具体，以免泄露技术秘密。

2) 项目的创新性

既然是创业项目，就离不开创新。投资人和创业大赛评委也最关心创业项目的创新性在哪里，创新点有哪些。但是很多创业者对于项目的创新点说不清，不知道该如何去分析和陈述。一般来讲，项目的创新性可以围绕技术创新、产品创新、工艺创新、设计创新、应用创新、集成创新、原理创新、模式创新、管理创新、金融创新、组织创新、知识创新、组合创新等方面去分析和描述项目。每增加一个创新性，就给创业项目的创新竞争力加一分。项目的创新性越多，创新点越多，竞争力也越强，创业大赛评委对创业项目的评价也会越高。

3) 自主知识产权

现在我国十分重视原创的自主知识产权技术。如果创业项目拥有自主知识产权，无论是正在申报还是已经拿到国家授权，一定要在创业计划书中注明具有自主知识产权，并且要说明在技术准入上设置了一定的技术壁垒，项目的技术竞争力更强。专利保护的发明创造包括发明专利、实用新型专利和外观设计专利等三种产专利权，还可以包括软件著作权、版权、公司商标权、商业秘密等。有些技术成果已经处于申报专利的过程中，但是还没有被授权，也一定要在项目中描述清楚。一般发明专利较实用新型专利和外观设计专利的含金量更高。创业大赛评委更关注项目的发明专利数量和已经授权情况，对存在知识产权模糊或容易引起知识产权纠纷的情况，在项目中一定要避免。特别是很多大学生的创业项目所使用的技术是指导老师的技术成果，技术成果的知识产权属于学校或老师，一定要说清楚，在创业过程中使用技术成果，需要学校和老师出示一个使用技术的授权证明，作为创业计划书的附件。

4) 技术研发的基础条件

创业项目研发的基础条件，可以从一个侧面反映出创业公司和创业团队的研发能力和研发实力。创业项目的技术研发基础条件包括：用于技术研发的实验室的面积，用于产品研发的设备仪器型号和数量，研发团队成员、学历、职称和曾经承担课题研究及获奖情况，技术研发所产生的专利软件著作权等知识产权数量、类别、名称和编号，已经在著名专业刊物上发表的论文数量，每年用于研发的经费投入情况以及研发的技术成果情况等。

5) 技术的成熟度

很多创业者并不了解技术成熟度的概念，以为有了一个技术就可以研制出满足市场需求的产品，乐观地为客户提供产品服务。其实技术的成熟是一个长期研发、完善改进的过程。技术的成熟度一般分为实验室阶段、样品和样机阶段、小试和小批量生产阶段、中试阶段和大批量量化生产阶段。目前高校的大部分技术成果都属于实验室阶段，个别的技术成果经过研发，已经生产出了样品和样机，但是产品性能还不够稳定，还需要经过小批量生产测试。有些成果与外面的公司开展横向合作，借助企业的生产设备实现小批量生产，它存在工艺不稳定、性能指标不稳定的问题，还需要进一步完善技术和工艺。高校由于只有实验室的研发条件，可以说其技术成果根本达不到产品中试阶段，所以对于创业项目技术成熟度的描述，一定要客观真实地描述研发成果处于什么阶段，是否已经研制出样品或样机，研制的样品或样机的数量是多少，是否已经达到小批量生产能力。

6. 市场环境分析

市场环境分析，是创业计划书的重要内容，创业者在创业项目启动前一定要做好前期的市场调研工作，要通过门户网站、微信、微博、电视、广播、报纸、杂志、广告、会议、展览等各种渠道收集信息，并对项目产品进行全面和认真的市场分析。市场环境分析的主要内容包括以下几个方面。

1) 政策环境分析

创业项目是否符合国家政策扶持方向。

一个好的创业项目必须和国家产业扶持政策和地域发展政策相吻合，要借力国家和地区的政策去发展，就像借东风一样，看看自己的项目是否在风口上，能不能让风"吹上天"。项目启动前，要充分调研创业项目所属领域和行业的发展政策，是处于获得政策支持还是处于政策的限制，是否有发展扶持基金或税收减免优惠政策等。

2) 市场容量分析

创业项目地市场空间是否足够大。

创业项目启动前，除了研究国家和地区的产业扶持政策外，还要分析市场痛点在哪里，市场需求在哪里，市场空间有多大。如果市场容量不大，需求不足，这个项目就做不大，做不起来就容易遇到天花板。

例如市场空间只有1亿元，而同时有10家竞争对手在做类似项目，平均每家也就做到1000万元，所以你一定要深入分析一下市场痛点在哪里，市场需求在哪里，有多少需求属于刚性需求，有多少需求属于潜在需求，目标客户和潜在客户大概能有多少，这个项目每年能产生多少销售额，每年的市场容量有多大，每年能增长多少。一般来说，投资人投资的项目市场空间不低于10亿元，随着互联网和移动互联网的广泛应用，投资人更看好市场容量在30亿元以上的项目。我们很多参赛的项目会涉及教育培训、智能机器人和智能家居领域，对于你的项目市场空间情况，你需要认真分析一下你的细分市场领域到底有多大的市场空间。

3) 竞品分析

除了政策分析和市场空间分析外，第三个最重要的分析要点就是竞争对手分析。项目产品目前的市场竞争对手有多少家，都分布在哪些地区，他们推出的产品技术属于什么样的情况，产品质量和服务如何，产品的售价是多少，他们采用什么样的产品促销方式，他们的商业模式是怎样的，他们的强项在哪里，优势是什么，他们的弱点和不足是什么，他们的资金、人才、技术、品牌、服务、渠道到底是一个什么样的情况，我们和这些竞品对比有哪些优势与不足，我们是否有可能超越他们，我们需要采用哪些市场战略和营销策略才能战胜竞争对手。如果创业项目进入了竞争激烈的红海，公司提供的服务产品市场已经有了，就有很强很多的竞争对手，那就要从对方的产品、技术、研发、质量、服务、物流、价格、交货期、市场策略、品牌宣传等多方面进行考察，从而制定出适合自己的市场战略。如果公司进入的是竞争很少，甚至还是一些空白的蓝海市场，那么你需要采用哪种价格策略和营销策略，需要设计什么样的营销商业盈利模式，需要制定什么样的蓝海战略来尽快占领市场，培育公司品牌。在竞品分析中，可以围绕项目的技术水平知识产权、设计能力、研发能力、生产成本、功能性能、产品质量、产品寿命以及产品的环保性、安全性、便捷性、廉价性等方面进行比较。

4) 产品定位分析

创业项目一定要有清晰的产品定位。产品定位要聚焦目标客户定位和价格定位，项目产品的目标客户定位分析十分重要，属于精准营销的重要内容。对不同的客户群体需要制定一套组合价格策略，客户分析可以围绕年龄、性别、收入、受教育程度等几个方面进行。

(1) 从年龄上可以划分为：新生儿、学龄前儿童、小学生、中学生、大学生、"00后"、"90后"、"80后"、"70后"等。

(2) 从受教育程度上可以划分为：初等教育、中等教育、高等教育。

(3) 从性别上可以划分为：男人、女人。

(4) 从消费差异上可以划分为：低端消费、中端消费、高端消费、奢侈品消费。

(5) 从收入差异上可以划分为：蓝领、白领、金领、钻石领。

(6) 从地域方面可以划分为：国内客户、海外客户。

(7) 从线上平台可以划分为：线上客户、线下客户。

项目产品价格策略的制定也十分重要，是获得客户提高市场竞争力的重要手段。价格定高了，产品卖不出去，顾客全都绕行；价格定低了，影响公司利润收益，甚至可能赔本。所以在制定产品价格前，一定要提前了解一下市场上类似产品的价格，做个横向的比较，针对项目产品的质量、功能、材料、特色和服务价值，确定目标客户去制定相对应的价格策略。

如创业项目属于教育培训类项目，则可能要更多地从客户定位去分析。如果是幼儿园教育培训，培训产品是什么，培训形式是什么，培训的师资队伍有谁；如果是中小学生的教育培训项目，应该设计什么样的培训课程，培训体系该如何建立；如果是出国游学的培训项目，又该设计什么样的培训内容与培训形式，能提炼出哪些培训特色。这些培训服务是由谁来买单，是学生本人还是学生家长。培训课程的销售价格应该定多少合适，是零售卖课还是卖套餐课程，是卖次卡、月卡、季卡，还是年卡。如果同时开展线上、线下培训，那么线下培训怎么开展，课程如何销售，线上培训怎么开展，课程如何销售。你对培训项目描述得越细致、越全面、越透彻、越完整，对自己项目的认识也就越清楚。

如创业项目属于健康养老项目，则可能更多地面向60岁以上的老年人，那么老年人需要什么样的产品与服务，是慢性病健康管理，还是健康医疗，是家政服务还是老年人情感陪护，是老年人健康旅游，还是老年人保健品，是老年人心理咨询，还是老年人的理疗按摩。他们能接受哪些服务，产品售价多少可以接受，是老年人自己买单还是子女为其买单，不同的销售对象应该采用何种价格策略。

如创业项目属于服装设计类项目，那么对应不同性别和年龄的人群，对应不同购买力的人群应该采取哪些产品策略和销售策略。针对男装、女装、童装，需要设计什么样的服装款式，使用什么样的服装面料，有没有可能使用一些新型功能的纤维纺织材料或碳纤维纺织材料，针对春夏秋冬不同季节需要设计什么样的时尚产品，主打什么样的主题元素，这些服装是采用标准化设计生产还是采用定制化设计加工，是所有服装都做还是只做某些产品。通过客户定位确定产品定位，根据市场策略确定价格定位。

5) 销售渠道分析

产品销售是创业公司遇到的最头疼和最困难的问题，特别是大学生创业，同学们一直在学校内学习和生活，对社会了解体验很少，既没有较多的人脉关系，也没有合适的销售渠道，就算有再好的产品也不容易卖出去。而一个创业公司，如果只有成本投入而没有销售收入，现金流肯定不理想，公司长时间没有利润，一旦创业资金用完了又融不到后续资金，就很难长期支撑下去，公司就面临倒闭的威胁。所以创业公司一定要想好产品如何销售，都有哪些人脉关系和销售渠道，有哪些可以利用的销售平台，如何快速建立起分销渠道，如何搭建自己的销售平台，应该采用哪些有实力、有实效的创新销售模式。

6) 公司选址分析

创业项目一旦落地，就需要注册一个实体公司。而公司的办公地点、选址对于公司的业务发展也十分重要，需要结合客流量、扶持政策、人才流动性等进行充分的调研和综合性分析。如果你的创业项目属于餐饮类的商业项目，老话说要找"金边银角"的地方，那最好选择在客流量大的地段，如交通便利繁华的商业街、人口多的居民区和学生数量多的校园附近等；如果你的创业项目属于科技类的公司，则最好选择科技氛围较浓、科技人才较多且能够享受到科技扶持政策的地段，如科技孵化器、众创空间、大学科技园、高校创业园、国家高新技术园区、产业集聚区等；如果你的创业项目属于文化创意类的公司，最好选择文化创意产业集聚的地段或商业写字楼，如文化产业园、文化科技园、文化产业集聚区等。

7. 竞争态势分析

创业策划过程中，一定要对创业项目的竞争态势进行分析，这样才能综合分析创业项目的情况，评估创业项目实施的可行性。竞争态势分析常用的管理工具有 SWOT 分析和 PEST 分析两种。

1) SWOT 分析

SWOT 分析实际上就是将公司内外部条件各方面内容进行综合和概括，进而分析优势(Strength)、劣势(Weakness)、面临的机会(Opportunity)和威胁(Threats)的一种方法。通过 SWOT 分析，可以帮助创业者更加全面、客观地认清自己的创业项目优势在哪里，劣势在哪里，机会在哪里，竞争在哪里，真正做到知己知彼，练好内功，减少创业失败。SWOT 分析工具包括四个关键的分析要素，如表 14-4 所示。

表 14-4 SWOT 分析四要素

项 目	具体内容	
优势分析 (Strength)	优势分析的重点是要突出介绍项目的优势，尽可能找出创业项目的优势与特色。在编写创业计划书时，可以围绕创业项目的政策优势、技术优势、产品优势、价格优势、团队优势、渠道优势、品牌优势、服务模式优势、资源优势和知识产权优势等多个方面来进行分析和描述	
劣势分析 (Weakness)	劣势分析是要尽可能找出项目中存在的不足有哪些，存在哪些问题，找出薄弱环节，制定应对预案，尽可能地消除和改善项目存在的劣势，有利于做好创业前的准备	A．项目产品市场空间小。可能创业公司的产品和服务只是为小众群体服务，市场容量也就是几百万元或者几千万元，规模可能做不大
		B．技术不够先进，创业公司采用的技术属于第一代、第二代的传统技术，距离新一代的技术有显著的差距，技术竞争优势很弱
		C．创业团队磨合不到位。由于创业公司成立时间较短，团队人员之间的文化程度、专业背景、社会工作经验、性格及做事风格等不一样，都需要一个不断磨合的过程，才能达到团队的协同和默契，形成团队协作能力
		D．市场营销能力不强。创业的大学生很多都没有工作经验，没学过市场营销理论，营销经验很少，营销策划能力较弱，市场运营能力较差
		E．社会诚信度低。初创公司由于刚成立，顾客还不是十分了解公司的产品和服务，公司还需要经过开展一段时间的诚信服务才能形成社会诚信度
		F．品牌形象弱。初创公司刚刚成立，时间不长，公司的品牌度在社会上还没有形成，品牌形象较弱
		G．创业资金少。一般来说，大学生成立的创业公司创业启动资金都比较少，在运营前期，公司的大部分资金都用于产品的研发、市场营销渠道的建设和销售平台的搭建上，公司是支出多，进账少，没有多少销售和利润，公司运营经过半年至一年后，资金就用得差不多了，这个时候资金是公司面临的最大问题
机会分析 (Opportunity)	机会分析是要客观地看待创业项目存在哪些商业机会，在国际和国内大的政治、经济环境和形势下，要能够充分调动每一根神经，睁大敏锐的眼睛，发现和捕捉商业机会，才有可能获得一次成功的借势借力的创业机会。一般来说，创业机会都是来自国家和地方政治、经济环境的大变革，来自一次有影响力的突发事件，来自历史性的技术革命，来自爆发性的市场需求等。 对于大学生创业来讲，哪里有痛点，哪里有服务需求，哪里就有商业机会；哪个领域是国家政策重点扶持和支持的，哪里就有商业机会；哪里是资金投资的风口，哪里是资金密集扎堆的地方，哪里就有商业机会	
威胁分析 (Threats)	威胁分析是创业者必须认真去做的功课，其主要内容就是找出会对创业项目产生威胁和不利的影响有哪些，并制定应对的策略和解决方案	A．产业政策的限制。创业者启动一个创业项目前，一定要分析一下这个项目是否能获得国家产业政策的扶持。如果创业项目属于国家政策限制发展的领域，或是国家已经明令禁止发展的领域，那在政策上就存在很大的威胁，公司就不容易做大，不容易生存
		B．竞争对手的威胁。来自竞争对手的威胁，是创业者必须深刻思考和重视的。竞争对手的数量、竞争对手的产品质量、竞争对手的产品价格、竞争对手的创新服务模式、竞争对手的销售策略、竞争对手的技术优势、竞争对手的社会品牌和知名度、竞争对手的市场占有率、竞争对手的资金实力、竞争对手的研发实力等，都可能会对创业公司带来致命的打击

项 目		具体内容
威胁分析 (Threats)	威胁分析是创业者必须认真去做的功课，其主要内容就是找出会对创业项目产生威胁和不利的影响有哪些，并制定应对的策略和解决方案。	C. 创业资金的不足。由于在创业初期，大量的资金用在产品研发、市场销售和企业宣传上，公司的正向现金流很少，大部分都是支出，而创业公司的创业资本一般都不多，创业公司能否坚持经营半年或一年的时间都不好说，公司面临巨大的资金压力 D. 管理经验不足。由于很多创业者没有学过工商管理知识，而创业公司中处处都存在项目管理、财务管理、人事管理、团队管理、时间管理、成本管理、会议管理、生产管理、科研管理、合同管理、制度管理、渠道管理、采购管理、品牌管理等诸多管理问题，管理不善是创业公司面临的最大威胁之一

2) PEST 分析

PEST 分析也是一种常用的宏观环境的分析工具。宏观环境又称一般环境，是指影响一切行业和企业的各种宏观力量。对宏观环境因素作分析，不同行业和企业根据自身特点和经营需要，分析的具体内容也会有差异。PEST 分析工具主要包括以下四个方面的分析要素，如图 14-3 所示。

图 14-3　PEST 分析要素

(1) 政治(Politics)。政治环境分析的内容主要包括：政府领导人的人事调整变化，政府部门机构改革和组织结构变化，国家和地方产业新政策的调整和颁布，国家出台新的法律和法规，国家关于大学生的创业政策等。

(2) 经济(Economy)。国内外经济环境的变化，会对企业的经营和产业的发展产生较大的影响。经济环境分析的内容主要包括国际经济环境和国内经济环境的变化。比如，新冠肺炎疫情严重冲击世界经济。美国、欧盟等发达经济体 2020 年经济增长率达-9%～-8%，新兴经济体如印度和巴西，也陷入了极度困难的局面，经济衰退程度可能会超过发达国家。尽管美欧等发达经济体采取了"超宽松"的货币政策及财政政策，其程度甚至超过 2008 年国际金融危机时期，但这些非常规的经济政策只能在短期内避免市场崩溃，难以支撑中长期的经济复苏。与此同时，由于采取了科学严格的防控举措，我国得以快速控制疫情的发展并较早地实现复工复产，成为疫情引发的全球经济衰退大环境中逆势增长的重要力量。然而，各种复杂因素的影响下，部分欧美发达国家呼吁与中国"脱钩"的声势不减。面对这种局势，中国必须明确自身需求，坚持本国的国际发展战略，避免被外部势力干扰。

(3) 社会(Society)。社会环境的变化，对企业的经营也会起到显著的影响。社会环境分析的内容主要包括：当地的社会治安状况如何，交通是否便利，水、电、气、网络、通信是否设施完备，医疗卫生、教育文化、娱乐休闲、餐饮购物是否便利，等等。

(4) 技术(Technology)。技术环境的变化，可能对企业的经营发展影响更直接一些。技术环境分析的内容主要包括：当前有哪些技术发明和主流技术在主导和影响着社会发展和生活形态。如计算机三次浪潮给人类的生活方式带来巨变；城际高铁的发展改变了我们出行的方式；互联网技术的普及，使我们已经离不开网络生活；4G 技术的出现，丰富了我们的移动数字生活；GPS 卫星遥感信息技术的成熟，促进了驾车出行的便捷。随着我国宽带和 5G 基础设施建设的不断完善，互联网的发展将带来新的突破，人工智能的发展将产生一大批服务机器人和工业机器人；无人机的快速发展将对影视拍摄、土质勘探、道路交通产生新的服务方式；移动互联网的高速发展将变革自媒体新的服务业态。通过对这些可以改变人类生活的技术分析，就可以发现商业机会，寻找公司的业务方向。

8. 风险分析与控制

创业计划书中对风险分析和风险控制的描述十分重要。它可以帮助创业者清楚地看到创业项目的风险在哪里，创业风险多大，创业者应该如何规避创业风险，制定相应的风险应对预案来控制创业风险。但是很多创业者不知道该如何进行创业风险分析，一般来说，创业者可以围绕以下创业中最容易遇到的六个方面的风险来进行分析和描述。

1) 政策风险

创业中最重要的风险是政策风险。一旦创业项目存在较大的政策风险，即使再好的技术和团队，也很难把项目做好做大。对于政策风险的分析，重点是要对比一下创业项目是否与国家产业发展政策相背离，是否属于国家不支持发展的夕阳产业或限制性发展的行业。如果创业项目定位和方向与国家、产业和环境发展政策相抵触，那就存在相当大的政策风险，这时候就要十分谨慎了，就必须认真研究一下实施该创业项目是否可行。

2) 技术风险

技术风险是科技创业公司存在的主要风险，必须认真分析和重点描述。对于技术风险的分析，关键要看创业项目的技术水平如何，是否处于国际或国内领先地位，是否申报了专利或软件著作权等；自主知识产权是否已经获得授权，申报的数量和获得的授权数量有多少，这个关键技术是否能对跟进者设置较高的技术门槛。当今社会技术迭代更新十分快，有些技术可能一到两年就迭代一次，有些技术甚至半年就迭代一次，评估创业项目的技术生命周期有多长时间十分重要，一定要有个清醒的认识和判断。一般来说，比较理想的创业项目技术的生命周期最好能维持 5～10 年，甚至更长时间。

3) 人才风险

人才风险是创业公司必须重视的风险。创业公司的关键人才一旦流失，创业就会遇到极大的问题和困难，创业公司就会受到致命的打击。在目前市场竞争日益激烈的社会，类似BAT公司高价猎取高端技术人才的现象比比皆是，创业公司关键技术人员和骨干人员往往经不住高薪的诱惑，跳槽离职现象比比皆是。另外，有些创业公司的关键技术或销售人员在掌握了公司的核心技术和销售渠道后，也想另起炉灶，自己当老板，这种现象也十分普遍。在创业中，人才是最宝贵的，但是能称作人才的也是最难搞定的，人才流动的风险随时存在，所以为了控制人才风险，创业公司一定要设计好针对关键技术人才和关键骨干人才合理的、有诱惑性的、有激励性的股权制度，同时还要制定好公司的技术保密制度。

4) 市场风险

市场风险是最应该引起创业公司关注的风险。一项新技术的出现，一个新政策的颁布，一个巨无霸的侵入，都有可能改变现有的市场格局。当市场上出现了一项新技术，它可以替代原有的传统技术，就有可能改变人们的消费习惯，严重地影响市场需求情况。例如数码技术出现后，数码相机改变了传统胶片相机的使用模式，相片的存储量不再受胶卷的限制，人们开始普遍使用数码相机而不使用胶片相机，柯达公司没有及时认识到数码技术对胶片市场的破坏性，导致公司业务逐年大额亏损。随着互联网技术的发展，移动支付技术越来越成熟，支付宝、微信支付已经深入金融业务范围，对银行业带来了巨大的冲击，不断涌现的互联网金融新业态也在慢慢地侵入银行领域，瓜分银行的市场空间和份额。所以针对市场风险，创业者一定要认真进行分析，并提前制定好风险应对预案。

5) 管理风险

管理风险是创业公司普遍存在的风险。创业公司和创业团队都属于新加盟创业公司的新人，每个人在学历背景、专业技术、工作经验、工作能力、思考方式等方面都有所不同，团队之间在工作中的配合会存在很多问题，团队协作需要相当长的一段时间去磨合。由于创业公司属于新组建的组织，公司人数较少，经常是一人多岗，一人多职，一专多能，很容易出现由于工作跨岗越位引起的冲突与矛盾。初创公司不像大公司那样建章建制，容易导致任务不到位，责任不到位，权力不到位，工作不到位，激励不到位的现象，给外人的感觉是管理混乱和不规范。所以创业公司要认真地围绕公司制度管理、文件管理、项目管理、品牌管理、薪酬管理、人力资源管理等方面进行风险分析，同时制定切实可行的管理措施和应对风险预案，这样才能使创业公司向着规范化、程序化、标准化、健康化和可持续化的方向发展。

6) 资金风险

资金风险是创业者必须引起高度重视的风险。资金是公司运营的血脉，没有充盈的资金作为支撑，创业公司很快就会倒闭。资金风险是创业策划中需要认真思考的问题，如有的创业项目启动资金很大，但是能够募集到的资金又不多，很难保证项目的顺利开展；有的创业项目可能需要经过半年、一年甚至两年以上的时间才会盈利，但是自有资金又不足，导致公司经营很难维持下去。有的创业公司在初创期不注意开源节流，不善于控制成本，各方面支出都很大，业务收入又不理想，造成很大的财务亏空，导致创业很快失败。此外，我国三角债拖欠货款的现象也很严重，应收账款不能及时回款，也会影响公司的良性经营。针对公司可能出现的资金风险，创业者一定要从项目融资、项目运营、项目回款等方面进行全面分析，想好如何应对可能存在的资金风险，提出应对措施和预案。

9. 市场营销策略

创业公司成立后，就面临着如何把产品顺利销售出去，如何为客户提供产品和服务的问题，这就涉及公司的市场营销策略。市场营销策略是企业以顾客需要为出发点，根据经验获得顾客需求量以及购买力的信息、商业界的期望值，有计划地组织各项经营活动；是针对一定的目标市场所采用的一系列可测量、可控的，旨在提高销售及企业声誉为目的的活动。在市场营销中，有4P、4C、4R等许多现代营销理论可以借鉴和使用，创业公司也可以将这些营销管理工具组合起来使用。

1) 4P营销理论

4P营销理论，即产品(Product)、价格(Price)、渠道(Place)、促销(Promotion)。该理论产生于20世纪60年代的美国，随着营销组合理论的提出而出现。1953年，尼尔·博登(Neil Borden)在美国市场营销协会的就职演说中创造了"市场营销组合"(Marketing mix)这一术语，其意是指市场需求或多或少的在某种程度上受到所谓"营销变量"或"营销要素"的影响。

为了寻求一定的市场反应，企业要对营销理论的四要素进行有效的组合(见图14-4)，从而满足市场需求，获得最大利润。4P营销理论是最常用的市场营销工具，分别对应产品策略、价格策略、渠道策略和促销策略这四种营销策略。

图14-4 4P营销理论的四要素

(1) 产品策略。产品策略重点围绕产品采用什么样的原辅材料，设计成什么样的结构和轮廓外形，能够为客户提供哪些功能的服务，为客户提供什么样的产品性能指标，生产的产品达到什么样的质量要求，产品的使用周期和寿命是多少，产品的安全性、便利性和环保性如何设计和保证等等。针对自己的产品，围绕设计生产、检验检测、包装物流等不同环节制定不同的产品策略。

(2) 价格策略。价格策略主要是针对不同的客户定位，采用不同的销售策略。对高端客户、中端客户和低端客户往往会采用不同的价格策略。高端客户一般都有很强的购买力，产品价格可以定得高一些，但是产品的品质和性能与包装就要好一些，就要上档次。高端客户不差钱，只需要有好的产品，他们都有"不买最好，只买最贵"的特点，所以针对高端客户尽可能提供优质的产品与较高的价格。中端客户一般有一定的购买力，但是对于产品价格与产品质量会综合考虑，比较喜欢性价比高的产品，因此对于中端客户制定比较适中的产品价格，既能满足中端客户的产品与服务需求，又能让客户觉得物有所值。低端客户一般手头都不是很富裕，购买力不强，对产品价格看得比较重，产品质量只要能够满足基本使用就行，价格低廉最重要，优惠的、打折的、促销的产品往往是低端客户群体最关注的。随着产品的批发与零售、团购与单买的不同，还可以分别制定不同的价格策略。

(3) 渠道策略。渠道策略是指在销售产品时都有哪些可以利用的渠道，是通过人脉关系渠道，还是通过客户关系渠道；是通过某些销售平台，还是通过找产品代理来销售。随着互联网技术的普遍应用，更多的销售渠道和销售窗口不断涌现，我们应该如何建立销售渠道，打造产品销售平台，将是一个需要持续探索和制定新策略的过程。

(4) 促销策略。促销策略是指在销售产品与服务时计划采用哪些促销的手段。目前比较常用的做法是利用网站、微信公众号、微信朋友圈、直播、QQ 群、微博等信息窗口，那么针对你自己的产品，有哪些设想和打算？希望采用什么样的促销策略？

4P 营销理论为企业的营销策划提供了一个有用的框架，不过，4P 营销理论是站在企业立场上的，而不是站在客户的立场。由此，4P 营销理论应该转换为 4C 营销理论。

2) 4C 营销理论

4C 营销理论，是由美国营销专家劳特朋教授在 1990 年提出的，与传统营销的 4P 相对应。它以消费者需求为导向，重新设定了市场营销组合的四个基本要素，即消费者(Consumer)、成本(Cost)、便利(Convenience)和沟通(Communication)。它强调企业首先应该把追求顾客满意放在第一位；其次是努力降低顾客的购买成本；然后要充分注意到顾客购买过程中的便利性，而不是从企业的角度来决定销售渠道策略；最后应以消费者为中心实施有效的营销沟通。4C 营销理论的四要素，如图 14-5 所示。

图 14-5 4C 营销理论的四要素

可口可乐随处皆可买到，房地产的售楼专车，驾校提供上门接送服务，快餐店送餐上门……这些都是在通路设计上实现产品到达的便利性。顾客便利的目标是通过缩短顾客与产品的物理距离和心理距离，提升产品被选择的概率。网上售楼系统，作为一种新兴的销售手段，也是在应用科技发展，满足顾客购买便利性的需求。

以顾客战略为核心的 4C 说，随着时代的发展，也显示出其局限性。当顾客需求与社会原则相冲突时，顾客战略也是不适应的。例如，在倡导节约型社会的背景下，部分顾客的奢侈需求是否被满足。这不仅是企业营销问题，更成为社会道德范畴问题。同样，建造别墅与国家节能省地的战略要求也相背离。于是 2001 年，美国的艾略特·艾登伯格(Elliott Ettenberg)在其著作 *The Next Economy: Will You Know Your Customers Are*?一书中，又提出了 4R 营销理论。

3) 4R营销理论

4R营销理论"侧重于用更有效的方式在企业和客户之间建立起有别于传统的新型关系"。4R营销理论的营销四要素如图14-6所示。

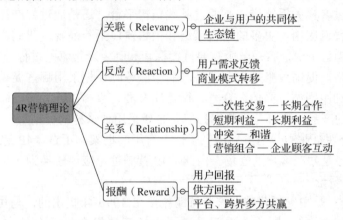

图14-6 4R营销理论的四要素

第一，关联(Relevancy)。即认为企业与顾客是一个命运共同体。建立并发展与顾客之间的长期关系是企业经营的核心理念和最重要的内容。

第二，反应(Reaction)。在相互影响的市场中，对经营者来说最难实现的问题不在于如何控制、制订和实施计划，而在于如何站在顾客的角度及时地倾听和从推测性商业模式转化为高度回应需求的商业模式。

第三，关系(Relationship)。在企业与客户的关系发生了本质性变化的市场环境中，抢占市场的关键已转变为与顾客建立长期而稳固的关系。与此相适应产生了五个转向：从一次性交易转向强调建立长期友好合作关系；从着眼于短期利益转向重视长期利益；从顾客被动适应企业单一销售转向顾客主动参与到生产过程中来；从相互的利益冲突转向共同的和谐发展；从管理营销组合转向管理企业与顾客的互动关系。

第四，报酬(Reward)。任何交易与合作关系的巩固和发展，都是经济利益问题。因此，一定的合理回报既是正确处理营销活动中各种矛盾的出发点，也是营销的落脚点。

4R营销理论的最大特点是以竞争为导向，在新的层次上概括了营销的新框架，根据市场不断成熟和竞争日趋激烈的形势，着眼于企业与顾客的互动与双赢，不仅积极地适应顾客的需求，而且主动地创造需求，运用优化和系统的思想去整合营销，通过关联、关系、反应等形式与客户形成独特的关系，把企业与客户联系在一起，形成竞争优势。其反应机制为互动与双赢、建立关联提供了基础和保证，同时也延伸和升华了便利性。"回报"兼容了成本和双赢两方面的内容，追求回报，企业必然实施低成本战略，充分考虑顾客愿意付出的成本，实现成本的最小化，并在此基础上获得更多的市场份额，形成规模效益。这样，企业为顾客提供价值和追求回报相辅相成。

当然，4R营销理论同任何理论一样，也有其不足和缺陷。如与顾客建立关联、关系，需要实力基础或某些特殊条件，并不是任何企业都可以轻易做到的。4R之外的+0.5R，几乎所有的市场营销理论都是在强调如何抢占市场和争取客户，以夺取利润为最大目标。但市场行为本身就是一种风险博弈，也可以说在市场上什么都是可变的，只有利润和风险是永恒的。所以建议学习 4R 营销理论时能再加上 0.5R，即 Risky Control，相信能够把握好风险控制的管理者才能拥有更长久的发展动力和空间。

近年来，随着市场竞争越来越激烈，营销策略也向纵深发展，除了可以使用 4C、4P、4R 等常用的市场营销管理工具之外，市场上还出现了许多具有实战效果的营销策略，如情感营销策略、体验营销策略、植入营销策略、口碑营销策略、事件营销策略、比附营销策略、饥饿营销策略、会员营销策略、"互联网+"销售策略、延伸营销策略等十大营销策略。我们在进行项目的市场营销策划时，也可以把这些营销策略组合起来应用。

10. 三年发展规划

创业何其难，能在创业市场上坚持下来的创业者都很了不起。据媒体统计数据显示，创业公司能存活 3 年的比例不到 5%，初创公司能否存活下去，三年是个坎儿，是个重要的时间节点，创业公司首先应该想到的是要如何存活三年，如何尽快完善产品，如何扩大生产和销售，如何尽快摸索出可行的商业盈利模式，如何产生稳定和持续的现金流。就像我们常说的一句话，大企业做大做强，小企业做精做专。作为创业公司，就是需要深耕自己的产品与服务，打磨好商业模式，形成市场竞争力，所以大学生创办企业一定要制订好公司的短中长期发展规划，特别是企业的前三年发展规划。

(1) 关于发展规划的编制，至少应包括以下五个基本方面。
① 企业的目标及目的；
② 企业要使用的战略和策略；
③ 恰当的行动计划，它表明不同的步骤将在什么时候完成；
④ 企业的力量和弱点，将如何处理其中的每一方面；
⑤ 财务总结。

(2) 制定战略规划的一般步骤如下。

第一步：提出企业的初步目标、决策和任务。考虑在今后一段时期内应该完成什么样的任务，达到怎样的目标。

第二步：分析企业资源。应对资源的有利方面和不利方面作一个实事求是的估价，分析时既要重视生产和财务方面的资源，也要重视人力的资源，尤其是人的能力和技术。

第三步：估价企业的潜力。主要是两个方面：一是分析企业的技术能力；二是分析企业的竞争者的情况。把本企业的产品与竞争者的产品作比较，分析其本身的长处和短处。

第四步：调研国内外市场，包括对顾客的调研和市场的调研。

第五步：评价和选择进入市场的报告。进入市场要重视研究企业的顾客、供应者、批发者、零售者在销售渠道中的分布情况以及怎样得到他们的帮助和合作。

第六步：制订企业发展战略规划。其内容有形势分析、要达到的具体目标、活动日程安排、财政预算等。

创业公司麻雀虽小，但五脏俱全，公司具有基本的架构设置和职能部门设置，涉及的业务内容也很多，所以一定要提前做好公司规划，为公司的业务开展和健康发展打好坚实的基础。

11. 项目融资与筹措

资金就像是企业的血液，维持着企业的正常运营，如果没有足够的资金，企业就很难维持正常的业务开展，甚至有可能倒闭。大学生要想自主创业，需要有足够的创业资金，创业者在启动创业项目前，一定要估算一下到底需要多少创业资金，然后再想清楚有哪些筹措资金的渠道或途径，需要通过什么办法和手段去筹措创业资本。

1) 创业资金估算

创业资金需要多少，主要取决于创业项目在运营过程中可能会发生哪些项目的资金支出。一般来说，创业公司的资金支出主要包括以下十项费用，这十项费用之和就是创业启动资金的金额。

(1) 房租费用。房租费用是创业公司主要的费用支出，特别是在北上广等一线大城市，房租价格十分高，创业公司如果能在高校大学生创业园、众创空间、科技孵化器里面办公，房租会相对低一些。房租是创业公司必须考虑的经费支出费用。

(2) 人员费用。人员费用是创业公司必须考虑的费用支出。人员薪酬一般包括基本工资和五险一金，专职人员和兼职人员的费用是不一样的，但要统筹考虑进去。有些创业公司还聘请了专家顾问和创业导师，专家劳务费也要考虑进去。至于创业合伙人的薪酬费用，股东会上可以协商讨论，是拿薪酬加分红，还是不拿薪酬，只参与分红。

(3) 设备费用。创业公司开始创业后，还需要购置一些生产设备、研发设备、检测仪器和工卡量具等。这些设备仪器费用支出较多，一定要想清楚哪些设备是必须购置的，哪些设备是可以借用别人的。对于初创公司，只要这些设备和仪器能满足科研生产，原则上能省就省，尽可能借助外面的资源通过外协加工检测完成。

(4) 材料费用。创业公司的研发和生产活动离不开原辅材料的采购，原辅材料的价格不仅与原材料的供应厂家生产的材料的规格、型号、性能、指标、质量有关，还与厂家供货物流方式、供货周期长短、供货包装等有关，同时还与产品价格周期的涨跌有关，所以原辅材料的费用需要全面考虑和估算。

(5) 办公费用。一般来说，创业公司成立后就会产生办公费用。主要的办公费用会涉及电脑、电话、打印机、复印机、饮水机等办公设备的采购；办公桌、办公椅、会议桌、文件柜等办公家具的采购；办公文具、打印纸、墨盒、公文纸、公文袋、信封、公司宣传页的制作等。

(6) 通信费用。创业公司开展业务通信联络是必不可少的，通信费用主要包括电话费、手机费和网络费。目前国内很多地区的办公场所，都要接入宽带，宽带计费，按照包年、包月、包季等不同的标准收费，创业公司也可以根据公司人员数量、业务量及宽带使用情况估算通信费用。

(7) 差旅交通费用。公司开展业务少不了交通出行和差旅住宿，交通费和住宿费是一笔不小的开支。交通费涉及乘坐出租车、乘地铁、乘火车、乘飞机、乘轮船等费用。公务出差还会涉及宾馆或酒店的住宿费和伙食补助费。创业公司需要根据每年的业务开展做好差旅费和交通费的预算。

(8) 公关业务费用。创业公司从零开始做起，需要整合人脉，疏通渠道，做好客户关系，这就需要开展一些公关活动，请客吃饭、品茶喝咖啡、唱歌、钓鱼、打球、锻炼、郊游等都是公关常用的手段，一年下来，公关费用是一笔不小的开支。

(9) 公司注册费。公司注册成立后，要建立单独的财务和税务账户，还要刻制公司公章和财务章，还要购买发票，还要提交上报很多资质文件资料，这些都会涉及一定的费用。

(10) 不可预见费。公司开展业务后，可能还会参加一些产品展览会、技术交流会、项目路演会、新产品发布会等不同主题的活动。可能有些工作自己干不了，会委托第三方开展服务，为了扩大公司品牌影响，可能还会联系媒体做一些广告活动，很多属于不可预见的费用会发生，故不可预见费也应该有一个估算。

由于很多新成立的创业公司产品不成熟，还需要进一步开发和完善，可能会在 6 个月或者 12 个月的时间里，公司只有资金投入而没有产出，所以创业资金估算还是要从更恶劣、更严峻的情景中去设想，尽可能估算多一些，留出一点富余。

2) 创业资金筹措渠道

近几年，随着国家在大力倡导"大众创业，万众创新"的政策宣传、创新创业的生态环境越来越好，大学生筹措创业资金的渠道也越来越多。初创公司筹措创业资金可以重点考虑以下几个渠道。

(1) 创业者自筹资金。创业团队自筹创业资金是最常用的做法，也是最容易实现的融资途径。创业项目合伙人可以按照创业启动资金的总额，根据各自的出资能力进行出资认购股份。寻找筹资的对象可以是父母、亲朋好友等。现在一般城市里大学生的家庭条件都不错，学生平时自己积攒的零花钱，再加上父母支持孩子创业的钱，凑齐 2 万～5 万元不是太困难的问题。

(2) 大学生创业信用贷款。现在，学校和银行联合起来为有志创业的大学生设置了大学生创业信用贷款。大学生可以利用国家颁布的大学生创业信用贷款政策，向学校和银行提交相关创业资料，申请创业贷款，筹到第一笔创业资金。目前，大学生创业贷款，根据地区的不同，贷款额度可以从 5 万元到 40 万元不等，中关村园区还成立了大学生贷款专项基金。目前，有些高校校友会联合已经毕业的校友，设立了高校大学生创业发展基金，用于支持在校学生和毕业两到三年内的学生自主创业，高校大学生创业发展基金也是大学生创业筹资的一个渠道。

(3) 创新创业大赛奖金。目前，很多高校每年都组织大学生参加创新创业大赛，并对获奖的团队给予一定的奖金，鼓励和支持有志创业的大学生积极参加高校组织的"挑战杯""创青春"和"互联网+"等创业大赛，争取比赛名次，获得大赛组委会和高校的奖金，一般奖励的金额从 5000 元到 25 万元不等。此外，社会上不同组织和机构举办的创新创业大赛也邀请大学生创业团队参赛，获奖的团队会获得大赛 5000 元到 15 万元的奖金。

(4) 天使投资。这几年，随着双创的火爆开展，国内成立了很多天使投资机构。天使投资主要寻找早期的创业项目。对大学生的创业项目，不论是已经落地注册公司的创业项目，还是没有落地只是建立创业团队的优秀项目，天使投资都会关注。特别是投资种子轮和天使轮的天使投资，是大学生寻找创业投资的重要途径。一般来说，天使投资的种子期投资可以在 100 万元以内，天使轮投资可以在 2000 万元以内。创业公司和创业团队的创业项目都处于早期，可以重点接触和联系投资种子轮和天使轮的天使投资机构，争取得到他们的投资支持。为了争取到与投资人面对面的项目交流，创业公司一定要做好创业策划，制作一份高质量、高水平的创业计划书。

天使投资和种子投资对于大学生创业获得资金是一个机会，但是我们一定要清楚，天使投资的投资风口在哪里，天使投资重点关注的投资领域在哪里，天使投资的投资哲学是什么。

天使投资界的投资人有一个共识,就是再好的项目也要人来运营,如果创业团队能力不行,创业团队的领头人不行,那么再好的创业项目也有可能做不好,也很难成为独角兽公司,因为如果创业团队的创始人很厉害、很优秀,即使创业项目没有做好,经过创业指导和创业咨询后,创始人也会及时转型调整产品、机构和技术方案,研发出具有竞争力和创新性的产品和服务。所以,天使投资的投资哲学是,投资创业团队,投资创业项目的创始人,投资的是精英创客。因为他们信奉这样的理念:一流的项目,三流的人来做,也会把它做成三流的项目;而三流的项目,一流的人来做,可以把它做成一流的项目。

12. 项目财务分析

创业项目的财务分析,在创业策划中属于十分重要的内容。资产负债表、利润表、现金流量表是三张重要的财务报表。

资产负债表也称财务状况表,表示企业在一定日期的财务状况,它反映的是企业资产、负债、所有者权益的总体规模和结构,可以让所有阅读者用最短的时间了解企业经营状况。资产负债表反映了公司在特定时点的财务状况,是公司的经营管理活动结果的集中体现。通过分析公司的财产负债表,能够揭示出公司偿还短期债务的能力,公司经营稳健与否,或经营风险的大小以及公司经营管理总体水平的高低等。资产负债表,利用会计平衡原则,将合乎会计原则的资产、负债、股东权益、交易科目分为"资产"和"负债及股东权益"两大区块,在经过分录、转账、分类账、试算、调整等会计程序后,以特定日期的静态企业情况为基准,浓缩成一张报表。

利润表也称购销损益账或者动态报表,它反映的是某一期间公司的盈利状况。利润表是反映一定会计期间的经营成果的报表,通过利润表可以反映公司在一定会计期间收入、费用、利润的数额和构成情况。全面了解企业的经营成果,分析企业的获利能力及盈利增长趋势,为作出经济决策提供依据。

现金流量表也称财务状况变动表,所表达的是在某一固定期间,通常是每月或每季度内一家公司现金包含现金等价物的增减变动情形,其主要作用是决定公司短期生存能力,特别是缴付账单的能力。它是反映一家公司在一定时期现金流入和现金流出动态状况的报表,其组成内容与资产负债表和损益表相一致。通过现金流量表,可以概括反映经营活动、投资活动和筹资活动对企业现金流入和流出的影响,对评价企业的利润、实现财务状况及财务管理比传统的损益表能提供更好的基础。现金流量表提供了一家公司经营是否健康的证据。如果一家公司经营活动产生的现金流无法支付股利与保持股本的生产能力,公司就得用借款的方式满足这些需要,那么这家公司从长期来看,就无法维持正常情况下的支出。现金流量表通过显示经营中产生的现金流量的不足和不得不用借款来支付无法永久支撑的股利水平,从而揭示公司内在的发展问题。

一个创业项目好不好,通过产生的现金流就可以看出来,如果公司能够持续地产生正现金流,并且增长率也很大,说明这个项目盈利能力较强;如果公司不能产生正现金流,一年甚至两三年都是负现金流,看到的全部是公司的资金投入,而且没有收入,那么这个创业项目就有问题,投资这个项目时就要慎重。

13. 团队股权结构

创业团队的股权结构，包括公司的股东人数和每个股东的股权比例。股权分配是公司稳定的基石，一般而言，创业初期股权分配比较明确，结构比较单一，几个投资人按照出资多少分得相应的股权，但是当公司运作后，各种内部矛盾便凸显出来。在矛盾中，股东维护自身利益的依据就是股权比例，股权比例关系到股东的决策权力和分配利益权利。随着公司的发展，必然会在公司决策方面和利益分配方面发生不同程度的冲突，这个时候股权比例就发挥作用了，决策行使权将按照股东的权重进行表决，分红也将按照股东的股权比例进行分成。

所以在创业初期，为了将创办的事业做大做长久，创始人股东和联合创始人股东一定要共同设计好股权结构，以保证创业公司稳健发展。为了公司的壮大和可持续发展，目前很多创业公司还留出 20%左右的股权，作为奖励池，拿出一定比例的股份奖励骨干人员，以便留住人才，同时也用来吸引和招募一些优秀的人才加盟。

四、案例分析

智能医疗护理机器人创业计划书(摘选)

1. 摘要(略)
2. 正文
2.1 项目描述
2.1.1 市场背景
(1) 残疾人市场

目前，在国外残疾人用品在日常生活、办公、娱乐、交流、运动等方面，各种商品达六七百种之多，涵盖了残疾人生活和工作的每一个细节，相比之下，国内残疾人用品的市场还是一片肥沃的未经开垦的土壤。截至 2014 年，我国残疾人数量已增长至 8500 万人以上，其中 74.53%的患者在农村，平均每 5 个家庭便有一个家庭有残疾人，且每个残疾人不同程度上需要外力，帮助他们恢复一定的自理能力。但是建立在如此庞大的基数之上的国内残疾人辅助设备市场，却面临着用品种类少、档次低、功能性单一、缺乏创新、产品老化等问题，虽然国外厂家的辅助性辅助器材性能高、种类多，但其高昂的价格以及后期维护的费用让一般的家庭难以承受。此时国内急需一款成本较低、功能多、针对性强且创新意识与人性化并重的产品，且国家对于此类行业大力支持，出台了许多相关优惠政策，如"两票制"。由于市场基础大，产品种类少，形成了一种供远小于求的关系，这正是做此类创意新产品的好时机。

以上创业计划书里关于残疾人的市场分析有什么不妥之处？

五、课堂活动

自由组建创业团队，每个创业团队 3~15 人，最好在知识、能力、性格等方面互补。

> 想一想，做一做

阅读附录 2：一起团鲜生创业计划书，分析在这部第六届中国国际"互联网+"大学生创新创业大赛上海赛区优胜奖作品中有哪些亮点，并试着指出作品中存在哪些问题。

第三节　项目路演 PPT[①]

【课程目标】

1. 了解项目路演 PPT 制作常见问题。
2. 避免汇报人的临场发挥常见问题。
3. 学会制作项目路演 PPT。

在做创业项目路演汇报时，一般常用的形式是 PPT，PPT 制作质量的好坏与汇报者临场发挥的效果，直接影响项目汇报的结果，对能否获得好的成绩至关重要。根据这些年来参加创业项目路演评审的评委们的意见，归纳出在进行项目路演时，应该重点避免的 PPT 制作和汇报时常见的问题。

一、PPT 制作常见问题

1. PPT 背景颜色灰暗

从大学生交上来的项目路演 PPT 可以看出，很多项目汇报的 PPT 背景颜色灰暗，路演时这种 PPT 是很忌讳的。我们知道，参加项目路演汇报时，很多评委年龄都比较大，视力不太好，如果你用于项目汇报的 PPT 背景制作得很灰暗，字体和背景颜色很接近，字体不突出，评委们就会看不清楚，看不了几页 PPT 后就会觉得很累，这样的话评委对你的印象分就不好。一方面，评委由于看不清楚项目内容，很难完全了解你的项目情况；另一方面，评委由于看 PPT 很累，容易烦躁，在这种情况下，让评委给出一个高分就比较难了。字体和背景颜色接近的 PPT 示例如图 14-7 所示。

图 14-7　字体和背景颜色接近的 PPT

[①] 黄华. 如何赢得创新创业大赛[M]. 北京：化学工业出版社，2019.

所以我们在制作 PPT 时，第一个要注意的地方，就是要让 PPT 的文字与背景对比鲜明，让评委看得很舒服、很清晰、很真切。

2. PPT 字体太小

在项目路演评审时，经常看到很多项目汇报的 PPT 字体很小(见图 14-8)，这种路演的 PPT 也是很忌讳的。我们知道一般项目路演时，PPT 距离评委有一定的距离，而 PPT 汇报是给评委看的，要让评委看得清楚，看得明白，看得舒服。如果你的 PPT 字体很小，评委就不容易看清楚里面的文字。如果你在项目文字内容描述时使用的字号大小一致，看不到醒目的标题，或者如果你在文字描述时，不仅字号大小一致，还使用同一种颜色，就更不容易看清楚哪里是重点内容。

所以我们在制作 PPT 时，一定要用黑体字或大号字来突出标题，用颜色来突出重点部分，总之就是要让评委瞬间能捕捉到内容的重点和亮点，让评委在最短的时间内了解 PPT 所介绍的项目内容。

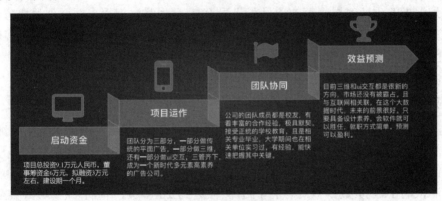

图 14-8 字体太小的 PPT

3. PPT 文字描述太多

在项目路演评审时，经常看到很多项目汇报的 PPT 文字太多，整页都是文字描述，如图 14-9 所示。有的 PPT 一页有几十行文字，把 PPT 的空间填得满满的，项目内容描述十分啰唆，看不到项目的重点，也看不出项目的亮点，这种路演的 PPT 也是很忌讳的。有些汇报者在路演汇报时，从头到尾开始逐字念，再加上语气很平淡，音调没有起伏，让评委听得发晕，看得没心情。项目路演汇报都是有时间限制的，如果 PPT 文字太多，汇报时一个字一个字地去念，汇报时间肯定是不够的。

需求分析

首先，大部分女生看到娃娃机都会多看上两眼，而足够漂亮可爱的娃娃就是吸引女生去抓的关键，而且一部分情侣也是娃娃机的主要顾客群体之一，我们将娃娃机设置在有落脚地的附近，让人们在等待休息之余，也有可能去抓一两个娃娃打发时间。而后期资金充足时，开设的奶茶铺，会以之前的娃娃机为主题和卖点，一间装修风格鲜明并且有特定主题的奶茶店，会更容易吸引女生来消费。我们的消费群体多为年轻女性，后续开发的App也会针对年轻女性的消费群体做出相应的活动，例如累计积分兑换限量款娃娃、积分兑换折扣、分享送积分等活动，利用顾客的收集欲、占小便宜的心理为我们的品牌招揽更多顾客。

图 14-9 整页都是文字的 PPT

为了避免这类现象，建议在制作项目路演 PPT 时，每一页项目内容的文字千万不要写太多，文字表述千万不要啰唆，要尽可能凝练出项目亮点，突出项目的重点，最好能用关键词、提示符号和一些图标来表述清楚项目的重点内容，要让评委在最短的时间内就了解项目内容的重点和亮点。

4. 插图太多

在项目路演评审时还经常看到很多项目汇报的 PPT 插图太多，有些 PPT 不仅插图多，还排布凌乱，再加上项目内容的文字与插图配合得不协调，PPT 汇报的效果就可想而知了，这种路演的 PPT 也是很忌讳的。由于 PPT 页面空间有限，为了更好地突出项目汇报效果，我们是可以采用一些插图来提高 PPT 汇报的生动性和展示性的，但是切记不要弄巧成拙，要由繁至简，由多至精，通过有限的插图和图标，尽可能完美地展示 PPT，突出想要介绍的项目重点内容，特别是项目的亮点之处。有的项目在路演 PPT 汇报时，把 10 多个专利证书的影印件全部插入 PPT 中，不仅十分乱，而且专利名称和专利号看不清楚，并没有达到汇报的预期效果；有的项目在路演 PPT 汇报时，把很多开展项目服务活动的照片插入 PPT 中，显得汇报内容啰唆，不仅 PPT 篇幅增加了许多，还占用了更多的汇报时间；还有的项目 PPT 在汇报时插图多文字少，项目内容描述不清晰、不完整，汇报效果也不好。

5. PPT 页数太多

大赛组委会对于项目路演的时间要求一般是 8+7 分钟、8+5 分钟、10+3 分钟或 10+5 分钟，也就说我们项目汇报时间最多是 8 分钟或 10 分钟，回答评委提问时间最多是 3 分钟、5 分钟或 7 分钟，因此项目路演的汇报时间十分有限。在项目路演评审时，经常看到很多项目汇报的 PPT 页数太多，有的 PPT 页数达到 20 多页，有的 PPT 页数甚至达到 40 多页，在项目路演时 PPT 根本汇报不完，从而导致由于项目汇报不完整而被评委扣分，十分可惜。项目路演的汇报想要在 8~10 分钟时间，完整、清晰、全面地把项目汇报好，难度十分大。再好的项目，如果汇报内容不完整，汇报重点不突出，汇报亮点不鲜明，汇报结果不理想，都不可能拿到高分。

为了能够控制好汇报时间，完整地汇报项目，一定要控制好 PPT 的汇报页数。如果是汇报 8 分钟，建议 PPT 的页数在 14 页左右；如果是汇报 10 分钟，建议 PPT 的页数控制在 18 页以内。路演汇报时重点介绍项目的主要内容和核心技术，突出项目亮点。

6. PPT 内容不全

PPT 内容不全是路演中比较忌讳的，也是比较常见的现象。参加项目路演的目的就是汇报项目内容，在好不容易争取到的项目路演机会中，不能完整地介绍项目，是十分可惜的。目前很多参赛者并不清楚应该如何编写 PPT 的汇报内容，不清楚应该如何突出 PPT 汇报中的项目重点，从而使本来还不错的项目，由于没有汇报好而与大奖擦肩而过。由于项目路演的时间十分有限，我们不可能将创业计划书的内容全部复制进 PPT，这就要求我们把创业计划书中主要的模块尽可能地呈现在 PPT 里面，一方面通过 PPT 的展示来介绍项目；另一方面通过口述来补充介绍 PPT 上没有提到的内容。有些内容最好用关键词或提示符来提示解说汇报便可以了。

7. PPT 亮点不突出

在参加创业大赛项目路演时，比的就是项目特色、项目优势、项目创新性、项目营利性和项目成长性。如果在项目路演时，不能说出项目特色和项目优势，不能突出项目创新性、项目营利性及项目成长性，那么这种项目一般不会获得评委的青睐，不太容易获得高分。

所以我们在制作 PPT 时，一定要围绕创业计划书中的主要模块内容，梳理和提炼出有项目亮点的东西。在 PPT 中展示尽可能有条理，完整地汇报项目的特色与优势，无论是产品的特色与优势，还是团队的特色与优势，无论是市场的竞争策略，还是项目的发展规划，无论是市场空间还是融资计划，都要尽可能地表述完整，汇报清楚，突出重点。

8. PPT 编辑不够仔细

编辑不够仔细，其实并不只是项目路演 PPT 中出现的问题，在任何 PPT 里都比较忌讳。例如，出现错别字，语句不通，或者一个词、一句话重复出现，更有甚者，还会出现下载的 PPT 模板，有的页面既没有编辑，也没有删除，原封不动放在 PPT 里，真可谓错误百出。没有编辑内容的 PPT，如图 14-10 所示。

图 14-10　没有编辑内容的 PPT

二、汇报人的临场发挥常见问题

1. 汇报没有激情

我们在项目路演汇报时经常看到，很多项目汇报人在汇报项目时，语气平淡无生气，音调没有起伏，这种形式的路演也是很忌讳的。路演的舞台是为参加创业大赛的创业者准备的，而创业本身就需要有激情，如果你汇报自己的项目都不能表露出激情，不能打动台下的评委，不能与评委形成一个激情互动的气场，这样的路演汇报就是失败的，这种项目汇报的状态很难让评委给出高分。

所以我们在项目路演汇报时，一上场就要充满创业的激情，语气要抑扬顿挫，最好还能增加一些肢体语言来提高汇报的效果，尽快与专家评委形成互动，增加评审现场的气场能量，以争取评委对你的好感。比如，笔者曾经参与评选过一个中国戏曲学院的文创项目，做项目汇报的同学，一上场就给评委留下深刻的印象，从个人形象、项目陈述和现场礼仪等方面，很快就拉近了汇报者与评委的距离，形成了良好的气场。汇报的同学，还不时地加入一些戏曲的肢体语言和唱腔演示技巧，较好地呈现创业的激情，使汇报的气氛十分热烈，获得了所有评委的青睐与好评。

2. 汇报人没有自信

我们在项目路演评审时，经常看到很多项目汇报人在汇报项目时声音很小，表情不够自然，不敢正视评委，充满了不自信，这种形式的路演也是十分忌讳的。既然来参加创业大赛，参赛者就要保持高度的自信，千万不能表露出对自己的项目没有自信，如果你对自己的项目都没有自信，凭什么让评委给你高分？

所以我们在项目路演时，一上台就要充满自信，要正视评委，放松身心，把自己项目中最好的东西，最有亮点的内容告诉评委，要通过路演汇报告诉评委，你的团队是最优秀的，你的项目是最有创新性、竞争力和发展潜力的，你的项目是最好的、最棒的。

3. 汇报人语速太快

我们在项目路演评审时，经常看到很多项目汇报人，在汇报项目时语速太快，听不清楚，汇报时，中间没有停顿，汇报的重点内容也不突出，这种形式的路演也是非常忌讳的。我们在汇报项目时一定要清楚，我们是将项目说给评委听的，一定要让评委听清楚，听明白。如果评委听不清楚，听不明白，即使项目再好，那评委给出的分数也不可能太高。

所以我们在项目路演汇报时，一定不要紧张，要有自信，要完整清楚地向评委介绍你自己的创业项目。语速千万不能过快，吐字要清晰，要让评委听清楚，听明白，要让评委尽可能地了解你的项目。在汇报项目时，还要注意在项目重点内容和亮点内容的地方，尽可能地放慢语速，增加音量和语气，给评委加深印象。

三、案例分析

项目路演 PPT 见附录 3：大学生创业服务孵化平台。
(第六届中国国际"互联网+"大学生创新创业大赛上海赛区优胜奖作品)
分析一下"贵创"创业服务孵化平台这份项目路演 PPT，存在哪些亮点和值得商榷的地方？如何完善？

四、课堂活动

组织学生进行项目路演：根据本节教学内容和要求，组织学生设计一份项目路演PPT。

想一想，做一做

如果组织一次模拟路演活动，你将如何对自己的项目进行路演？

第四节　大学生创新创业大赛[①]

【课程目标】

1. 了解国外创业计划竞赛的历史背景。
2. 明确我国创业计划大赛的发展状况。
3. 参加适合自己的创新创业大赛。

扬大赛风帆
远创业之航

放眼今天的创业大军，迫不及待启动航程的比比皆是。在如今的校园里，大学生也同样放飞着创业的梦想。然而，大学生创业普遍缺乏实践经验和创业资金，他们拥有更多的是激情，是梦想，是知识和活力。全国各类创业计划大赛，给大学生创业者提供了一个这样的机会，让他们获得拟定项目、组织团队、制订商业计划、进行市场化的运作等课本上没有涉及的知识，缩短了与社会的距离。

一、创业计划竞赛的历史背景

我国将创新创业工作作为落实创新驱动发展战略的重大举措，作为应对新一轮科技和产业变革的有效手段，也作为稳增长、促改革、调结构、惠民生、打造经济发展新动能的重要引擎。历经几年的发展，中国创新创业大赛覆盖了我国大部分省、自治区、直辖市，形成了我国规格最高、规模最大、质量最好、影响最广的创新创业品牌活动，在神州大地掀起了"大众创业，万众创新"的高潮，为推动大众创新创业水平做出了积极的贡献。大赛不仅是创新创业企业和团队的服务平台，也是创业者整合资源的平台；不仅是创业项目和创业英才价值发现的平台，也是每个创业者实现梦想的平台。习近平总书记曾说过，让广大青年敢于有梦，勇于追梦，勤于圆梦，中华民族伟大复兴的中国梦，终将在一代代青年的奋斗中变成现实。

二、国外创业计划竞赛的历史背景

创业计划竞赛又称为商业计划，起源于美国，是借用风险投资的实际运作模式，要求参赛者组成优势互补的竞赛小组，提出一个具有市场前景的技术、产品或者服务，围绕这一产品或服务，以"获得风险投资家的投资"为目的，完成一份完整、具体、深入的商业计划。

创业计划竞赛在美国高校中由来已久，自1983年美国加州、美国德州大学奥斯汀分校举办首届创业计划竞赛以来，美国已有包括麻省理工学院(MIT)、斯坦福大学等世界一流大学在内的众多大学每年举办这一竞赛。Yahoo!、Excite、Netscape 等公司就是在斯坦福大学校园里的创业氛围中诞生的。MIT 的 5 万美金创业计划竞赛已有多年，历史影响力非常大，从 20 世纪 90 年代到现在，每年都有五六家新的企业从这一竞赛中诞生，并且有

[①] 黄华. 如何赢得创新创业大赛[M]. 北京：化学工业出版社，2019.

相当数量的计划,被附近的高新技术企业以上百万美元的价格买走。这些由创业计划直接孵化出的新企业中,有的在短短几年内就成长为年营业额达数十亿美元的大公司,一批批的创业者在比赛中得到锻炼和成长,风险投资家们涌入大学校园,寻找未来的技术经济领袖。从某种意义上说,高校的商业计划竞赛已经成为知识经济时代美国经济的直接驱动力之一。

三、我国创业计划大赛的兴起

在美国等西方国家正在分享"创业计划"带来的巨大蛋糕时,中国的大学生创业还处在可行还是不可行的激烈争论之中。对大多数中国人来说,大学生创业仍是新鲜事物,它到底能否像在美国等国家那样带来经济腾飞的驱动力量,还有待事实证明。

1998年,第一届"清华创业计划大赛"正式拉开了中国大学生创业计划大赛的序幕。随后,在1999年,由共青团中央、中国科协、全国学联主办,清华大学承办的首届"挑战杯"中国大学生创业计划竞赛成功举行,在全国高校中掀起了一轮创新创业的高潮。2014年,随着国务院吹响了"大众创业,万众创新"的号角,教育部、科学技术部、人力资源和社会保障部、工业和信息化部、国家发展和改革委员会等各级政府机构和组织都十分重视创业大赛工作,积极支持、主办和组织了不同主题的创新创业大赛,为我国大学生和青年创客搭建了一个又一个创新创业、展示才华和资源整合的大赛平台。

目前在社会上比较有影响力的创业计划大赛,有团中央主办的"挑战杯"创业计划竞赛、"创青春"大学生创业大赛、教育部主办的中国"互联网+"大学生创新创业大赛、科技部主办的"中国创新创业大赛、人社部和中国宋庆龄基金会等单位联合主办的"'中国创翼'青年创新创业大赛"、共青团中央工业和信息化部等单位联合主办的"中国青年创新创业大赛"、中国石油和化学工业联合会与中国化工教育部联合协会等单位联合主办的"中国大学生高分子材料创新创业大赛"等。

1. 共青团中央"挑战杯"创业计划竞赛

1998年5月,第一届清华大学首届创业计划大赛正式拉开了我国高校大学生创业计划大赛的序幕。清华一创业团队获得5250万元风险投资,在全国高校学生中引起了强烈反响,此次大赛的成功举办引起了教育部、共青团中央等有关部门的高度重视。

1999年1月,国务院在批转教育部《面向21世纪教育振兴行动计划》的通知中首次提出,要加强对教师和学生的创业教育,鼓励他们自主创办高新技术企业。

为了引导和激励高校学生实事求是、刻苦钻研、勇于创新、多出成果、提高素质、培养学生创业精神和实践能力,并在此基础上促进高校创业活动的蓬勃开展,发现和培养一批在创业方面有作为、有潜力的优秀人才,1999年3月,由共青团中央、教育部、中国科协、全国学联,每两年举办一次的大学生"挑战杯"创业计划竞赛正式启动。"挑战杯"创业计划竞赛在我国共有两个并列项目,一个是"挑战杯"中国大学生创业计划竞赛,另一个则是"挑战杯"全国大学生课外学术科技作品竞赛。这两个项目的全国竞赛交叉轮流开展,每个项目每两年举办一次,该项比赛是全国目前最具有导向性、示范性和权威代表性的全国大学生竞赛活动。"挑战杯"竞赛采取学校、省(自治区、直辖市)和全国三级赛制，分预赛、复赛、决赛三个赛段进行。

"挑战杯"中国大学生创业计划竞赛，简称为"小挑"，又称商业计划竞赛。创业计划竞赛，是20世纪80年代在美国高校兴起的以推动成果转化为目标的活动，它借助风险投资运作模式，要求参赛者组成学科交叉、优势互补的竞赛团队，提出一项具有市场前景的技术、产品或服务，并围绕这一技术、产品或服务，完成一份完整的创业计划书，以获得风险资本的投资。"挑战杯"中国大学生创业计划竞赛被誉为中国大学生创业创新类比赛的"奥林匹克"盛会，是目前国内大学生创业创新类最热门、最受关注的竞赛。

1999年，由共青团中央、中国科协、全国学联主办，清华大学承办的首届"挑战杯"中国大学生创业计划竞赛成功举行。竞赛汇集了全国120余所高校的近400件作品，在全国高校掀起了一轮创新创业的高潮，产生了良好的社会影响。

经过20余年的市场洗礼，一部分学生的创业公司如今正在逐步走向成熟，大学生创业计划竞赛使大学校园创新意识、创业能力的教育与培训工作得到了进一步发展，成为共青团、学生会组织参与素质教育的新载体，成为学生科技活动的新形式。

2. "创青春"全国大学生创业大赛

2013年11月8日，习近平总书记向2013年全球创业周中国站活动组委会专门致贺信，特别强调了青年学生在创新创业中的重要作用，并指出全社会都应当重视和支持青年创新创业。为贯彻落实习近平总书记系列重要讲话和党中央有关指示精神，适应大学生创业发展的形势需要，在原有"挑战杯"中国大学生创业计划竞赛的基础上，共青团中央、教育部、人力资源和社会保障部、中国科协、全国学联决定自2014年起，共同组织开展"创青春"全国大学生创业计划大赛，每两年举办一次。

以"中国梦，创业梦，我的梦"为主题，以增强大学生创新、创意、创造、创业的意识和能力为重点，以深化大学生创业实践为导向，着力打造权威性高、影响面广、带动力大的全国大学生创业大赛。大赛的总体思路是，以大赛为带动，将大学生的创业梦与中国梦有机结合，打造可深入持久开展"我的中国梦"主题教育实践活动的有效载体，将激发创业与促进就业有机结合，打造整合资源，服务大学生创业就业的工作体系和特色阵地，将创业引导与立德树人有机结合，打造增强大学生社会责任感、创业精神、实践能力的有形工作平台。

大赛设立领导小组、全国组织委员会、指导委员会、全国评审委员会，负责本地预赛的组织开展项目评审等相关工作。

2014年大赛下设三项主体赛事，分别包括第九届"挑战杯"大学生创业计划竞赛、创业实践挑战赛、公益创业赛。其中大学生创业计划竞赛面向高等学校在校学生，以商业计划书评审、现场答辩等作为参赛项目的主要评价内容。创业实践挑战赛面向高等学校在校学生或毕业未满5年的高校毕业生，且已投入实际创业3个月以上，以经营状况、发展前景等作为参赛项目的主要评价内容。公益创业赛面向高等学校在校学生，以创办非营利性质社会组织的计划和实践等作为参赛项目的主要评价内容。大赛的三项主体赛事分预赛、复赛和决赛三个阶段进行。

3. 中国"互联网+"大学生创新创业大赛

2015年5月21日，教育部发布关于举办首届中国"互联网+"大学生创新创业大赛的通知，拉开了中国"互联网+"大学生创新创业大赛的序幕。首届中国"互联网+"大学生创新创业大赛，以"互联网+"成就梦想，创新创业开辟未来为主题，由教育部会同国家发展和改革委员会、工业和信息化部、人力资源和社会保障部、共青团中央和吉林省人民政府共同主办。大赛旨在深化高等教育综合改革，激发大学生的创造力，培养造就大众创业万众创新的生力军；推动赛事成果转化，促进"互联网+新业态"形成，服务经济提质增效升级；以创新引领创业、创业带动就业，推动高校毕业生更高质量的创业就业。

首届参赛项目分为以下四大类。

(1) "互联网+"传统产业，包括新一代信息技术在传统产业领域应用的创新创业项目。

(2) "互联网+"新业态，包括基于互联网的新产品、新模式、新业态创新创业项目，优先鼓励人工智能产业、智能汽车、智能家居、可穿戴设备、互联网金融、线上线下互动的新兴消费、大规模个性定制等融合型新产品、新模式。

(3) "互联网+"公共服务，包括互联网与教育、医疗、社区等结合的创新创业项目。

(4) "互联网+"技术支撑平台，包括互联网、云计算、大数据、物联网等新一代信息技术创新创业项目。

根据参赛项目所处的创业阶段情况，大赛分为创意组和实践组。

大赛采用校级初赛、省级复赛、全国总决赛三级赛事。每所高校入选全国总决赛，团队总数不超过三个。2015年10月19日至20日，首届中国"互联网+"大学生创新创业大赛总决赛在吉林省长春举行，本届大赛共有1878所高校，57 000多支团队，25万名大学生参赛，参赛项目36 508个。经过校级初赛和省级复赛，300支优秀团队入围全国总决赛，其中创意组项目111项，实践组项目189项，其中的100个项目参加了全国总决赛，现场比赛经过大赛专家委员会评审组织委员会审定，最终评出大赛冠军2名、亚军1名季军1名，金奖项目30个，银奖项目82个，铜奖项目184个，单项奖项目4个，优秀组织奖9个，集体奖20个。此次比赛共吸引意向性投资30亿元，为项目成果转化提供了资金支持。

中共中央政治局常委国务院总理李克强针对本届赛事作出重要批示。批示指出，大学生是实施创新驱动发展战略和推进大众创业、万众创新的生力军，既要认真扎实学习，掌握更多知识，也要投身创新创业，提高实践能力。中国"互联网+"大学生创新创业大赛，紧扣国家发展战略，是促进学生全面发展的重要平台，也是推动产学研用结合的关键纽带，教育部门和广大教育工作者要认真贯彻国家决策部署，积极开展教学改革探索，把创新创业教育融入人才培养计划，切实增强学生的创业意识、创新精神和创造能力，厚植大众创业、万众创新的土壤，为建设创新型国家提供源源不断的人才智力支撑。

4. 其他创新创业大赛

1) 中国创新创业大赛

中国创新创业大赛是由科技部、财政部、教育部和中华全国工商业联合会共同指导，科技部火炬高新技术产业开发中心、科技部科技型中小企业技术创新基金管理中心等单位共同承办的一项以"科技创新，成就大业"为主题的全国性创业比赛，是目前国内规格较高的创新创业赛事。大赛采用"政府引导、公益支持、市场运作"的模式,秉承公平、公正、公开的原则,旨在加快实施创新驱动发展战略,适应和引领经济发展新常态,打造经济发展和新型升级的新引擎,整合创新创业要素,搭建为科技型中小企业服务的平台,营造良好的创新创业氛围和环境,引导更广泛的社会资源,支持创新创业,推进大众创业、万众创新。中国创新创业大赛自 2012 年起每年举办一届,已经连续成功举办八届。大赛赛事分为地方赛和总决赛。第一阶段为地方赛,由各省级科技管理部门组织举办;第二阶段为总决赛,按照新材料、新能源及节能环保、生物医药、电子信息、先进制造、互联网及移动互联网六个行业进行比赛。大赛按照企业组和团队组进行比赛,参赛的优秀企业和团队有望获得合作银行的授信创投基金的投资、股改和上市方面的培训、创业导师的辅导以及大赛创新创业扶持资金的支持。中国创新创业大赛是一个价值发现的平台,是一个为创新创业企业和团队提供服务的平台,也是为创业者今后发展进行资源配置的平台。

2)　"中国创翼"青年创新创业大赛

2015 年 2 月 10 日,中国宋庆龄基金会、人社部联合在中国人民大学举行"中国创翼"青年创新创业大赛启动会。"中国创翼"青年创新创业大赛由中国宋庆龄基金会、人力资源和社会保障部联合主办,以"共圆中国梦、青春创未来"为主题,包括主体赛事:创新创业路演赛;专项赛事:"欧格玛"杯大学生营销策划赛。参赛对象为年满 18 周岁,但不超过 40 周岁的境内高校青年学生、社会青年以及海外留学青年。大赛分 8 个赛区,覆盖全国 31 个省、直辖市、自治区。

大赛将为优秀项目提供资金、政策、融资、众筹、商业合作以及宣传推广等支持,组委会为大赛设立数百万元奖励基金。

大赛坚持公益原则,通过比赛,发现和选拔一批优秀青年创业创新项目,建立青年创业创新项目库,为优秀青年创业创新项目提供创业培训、创业指导、风险投资、园区孵化等对接服务,加速项目的落地和发展壮大;营造政府鼓励创业、社会支持创业、青年奋发创业的良好环境,推动以创新引领创业,以创业带动就业。

3)　中国青年创新创业大赛

为贯彻落实习近平总书记系列重要讲话和党的十八届三中全会精神,在全社会营造理解、重视、支持青年创新创业的良好氛围,为青年创新创业提供有利条件,搭建广阔舞台,大力发现培育选树青年创新创业人才,共青团中央、工业和信息化部、人力资源和社会保障部、农业农村部、中国邮政储蓄银行、中央电视台,决定自 2014 年起,共同策划举办首届中国青年创新创业大赛,大赛以上海"盐商"集团冠名。

大赛设立领导小组,由主办单位的领导同志组成,大赛成立全国组织委员会,负责大赛组织领导工作,下设秘书处,秘书处设在共青团中央,负责大赛具体组织协调工作。大赛成立评审委员会,负责参赛项目的评审工作,评审委员会由创投行业著名人士、青年创业导师和有关行业专家学者组成。大赛采取二、三产业和涉农产业分赛制,即统一赛事名称,二、三产业创新创业项目和涉农创新创业项目采用不同赛制,由共青团中央城市青年工作部和农村青年工作部分别组织实施。

大赛评出正式创业组一等奖 1 名,二等奖 4 名,三等奖 10 名,奖金分别为 100 万元、30 万元和 10 万元;大赛评出意向创业组一等奖 1 名,二等奖 2 名,三等奖 3 名,奖金分别为 10 万元、5 万元和 2 万元。

4) 中国大学生高分子材料创新创业大赛

中国大学生高分子材料创新创业大赛是由中国石油和化学工业联合会、中国化工教育协会、青岛市科技局和橡胶谷集团有限公司联合主办的我国高分子材料领域的行业大赛。大赛的宗旨是聚焦高分子材料，推动创新人才涌现，促进科研成果转化。大赛的目标是致力于强化全国高分子材料及其相关专业领域应用技术型人才培育，促进高分子材料及其相关产业教育领域"产、学、研结合"成果转化，并充分展示大学生创新和创业的实践能力，为高校培养、选拔、激励"创新型人才"和"应用型人才"发挥积极作用。

近年来，我国的创新创业如火如荼，轰轰烈烈，除了上述介绍的在社会上具有影响力的创新创业大赛以外，国内还有一些有特色的主题创业大赛，比如中国农业科技创新创业大赛、全国农村创业创新项目创意大赛、环保创新创业大赛、中关村前沿科技创新大赛、中国虚拟现实创新创业大赛、中国城市轨道交通科技创新创业大赛、中关村创业大赛、中国金融科技创新创业大赛、中国海洋科技创新创业大赛、中国深圳创新创业大赛国际赛、国际大学生 ICAN 创新创业大赛等。

四、案例分析

组织大二学生参加中国"互联网+"大学生创新创业大赛

上海大学天华学院生涯规划与创新创业教研室于 2020 年 6 月组织大二学生参加中国"互联网+"大学生创新创业大赛，要求所有生涯规划与创新创业课的学生都要提交一份创业计划书，并将此成绩作为期末考试提交的材料之一。尽管当时由于新冠肺炎疫情原因，该学期学生没有返校，通过上网课的形式学习，但是大家都能够通过线上讨论沟通，积极组建创业团队，分工合作，精心设计创业计划书，并按时提交完成。

经过校区初赛，评委老师们推荐了 6 份优秀作品参加了上海赛区的复试。值得庆贺的是 6 份作品全部获得了奖项，尽管只是优胜奖，却给了这 6 个创业团队的数十名同学极大的鼓舞。尤其是贵创创业服务孵化平台的创业团队代表赵江霖同学，在领取获奖证书时，十分诚挚地表示，还要带领自己的创业团队继续努力，参加下一届中国"互联网+"大学生创新创业大赛，并争取获得更好的成绩！

尽管这只是诸多赛事中的一个个案，但是给创业学子们带来的却是极大的信心和鼓舞！只要有兴趣创业的同学，积极参与创业大赛，精心筹划，幸运总会在你今后的生活中不期而遇！

五、课堂活动

举办一次项目路演活动，要求学生提交 PPT 并进行展示。

想一想，做一做

如果参加创业大赛，你将如何编写创业计划书？

第四篇

国际篇

第四編

自然観

第十五章 出国准备

第一节 本科期间准备

【课程目标】
1. 了解各国研究生教育的分类。
2. 掌握申请各国研究生的基本条件。
3. 知晓留学所具备的各种准备。

一、各国研究生教育的分类

1. 美国

在美国将硕士研究生主要分为学术型硕士和职业型硕士。

1) 学术型硕士

所谓的学术型硕士就是通过对传统文化、新型科技和古现代文学科目的学习和研究后所获得的学位,一般属于学术型硕士的相关学位有很多种,比如经济学硕士学位等;而针对一部分专业行业范围内所授予的学位则统称为科学硕士学位,比如信息科学、农业学等。

大量的学术型硕士都存在着不同的毕业条件,可由学生自由选择,其可以对是否书写论文进行选择。在满足不同的毕业条件的情况下所具有的学位证书是一样的,不同的就是在课程上有一定的区别。不进行论文书写的学生毕业条件会对其课时量和学分要求较高,这就要求学生在达到不书写论文的毕业条件时就要把更多的时间用在课程的学习和学分的获得中,用这种方法来弥补论文的学分,在将所进行的课程全部修完以后最后再完成一个全面的纸质考试,在达到考核要求之后就可以取得相应的硕士学位。对于选择书写论文的学生来讲,可以通过完成论文书写来达到毕业的条件,在此过程中学生需要对其所完成的论文进行答辩,在最后答辩结果合格以后就可以取得相应的硕士学位。

2) 职业型硕士

所谓的职业型硕士的培养方案比较偏向于实践,不仅是理论研究,而且注重培养硕士的专业技能,培养的主体方向就是将其本科所学的理论知识在有关的行业内得以运用。该类型的硕士学位被认定为最终的学位,换句话说,这种学位取得之后就结束了其学历的生涯,不能再获得更高级别的学位。将其与学术型硕士进行对比不难发现,前者的主要培养方向是概念和理论的研究,后者则偏向于应用和实践的运用。有部分职业型硕士对毕业条件的要求还规定了学生必须进行相关专业的实习经历,在综合评比合格后才能毕业并取得相应的硕士学位。

2. 英国

在英国，硕士研究生的培养方案主要可以划分为几种不同的课程形式，最主要的形式是讲课形式和研究形式。对于讲课形式，时间周期一般都是一年。相对于讲课形式的课程，研究形式的课程时间周期要长一些，基本在两年左右。讲课形式的课程周期不长，其目标是让学生步入工作岗位，这也是该课程的形式特点。

1) 授课型硕士

授课型硕士(Master by Taught)课程的主要特点是进行授课，课程学习过程中不涉及更多的研究项目或者研究课题。在所讲授的内容中基本都是偏向于实际的运用，以就业为导向。从课程长度来看，将 12 个月的课程划分为三个学期，前两个学期都是偏向于讲授内容，最后一个学期需要学生提供其所完成的硕士学位论文，当然，也有部分学校会以考试或毕业设计的形式完成毕业考核。

授课型硕士讲授的形式基本都是系统地讲课、专业的报告以及辅助课程，并将三者相互融合，所以学习强度相对来说比较大，包括课堂学习、课后阅读、实验或完成论文等诸多教学环节。这就要求学习者具备较好的英文能力，方可达到授课型硕士的条件要求，才能全面把握讲授内容。因此申请授课型硕士，对国际学生的英文能力要求一般为雅思 6.5 分以上(含 6.5 分)。尽管如此，由于其学制短，每年申请英国留学的学生中，很多学生都将授课型硕士确定为赴英国留学的首要课程类型。

2) 研究型硕士

研究型硕士与授课型硕士，首先在课程名称上就有所差别。研究型硕士英文一般称为 **Master by Research** 或者 Master of Philosophy。其次，最大的差别就是课程的长度。研究型硕士课程的长度一般在两年左右或更长。最后，从课程的内容上来看，研究型硕士的课程以研究为主，并与课程教学相结合，要求学习者有一个具体的兴趣方向或研究方向。相应地，学校也会指定一名专门的导师进行辅导和教学研究。

3. 加拿大

根据培养时间的不同以及学历的高低，在加拿大把硕士研究生课程区分为学士后课程和硕士课程两种类型。

1) 学士后课程

加拿大学士后课程是介于本科教育和研究生教育之间的一个教育阶段，毕业后学生只能获得毕业证，无法获得学位证。学士后课程授课的地点在大学内和学院中，但是主要还是在学院里面，其中具有很多热度较高的专业，比如教育、医生、经济、物流管理、信息技术等，主要目是促进学生的就业。这些专业学习时间一般为 10 个月左右，不同的学校有不同的教育政策，有些学校也会出现较长时间的学习周期。这种课程会安排学生参与实习，范围包括社会中较为实用且热度较高的专业。若学生不想在学士后课程中继续学习本专业，可以进行专业调换。学士后课程文凭的获得所需费用较少，较为适合费用有限的学生。

2) 硕士课程

在加拿大硕士课程安排周期较长，基本都在一年以上，根据不同的类型将硕士课程进行细致的划分，主要为授课型和研究型。这点和英国类似。从字面意思上理解，所谓的授课型硕士即主要的课程方式是讲课，将课程上完就可以结业，当然不同的学校要求也会有所不同，可能会出现在修完课程的同时要提供其书写的论文或完成的某个项目。研究型硕士主要就是研究课题、书写学术论文，与此同时会学习较少的课程来获得学分，要和老师提前沟通好，然后再把入学的申请递交给学校，这时很有可能还会获得相应的奖励。研究型硕士结业以后主要偏向于研究类工作或进行更高层次的学习。

经济管理学院所开展的硕士课程基本都是授课型的，因此所需要的学费也非常高，该学院的课程安排所要达到的目的就是着重培育学生的领导能力，把所学到的理论知识完美地与实践相结合，并且在工作之中可以增强其工作能力。而理工学院的授课类型又出现了不同，其所进行的课程类型是项目类型和授课类型，推进了学生对其所学到的知识进行实际运用，对于其参加工作有很好的帮助。有一些学生与其指导教师进行一些项目的研究，在项目研究的过程中不但使其所学的知识得到了运用，而且还可以在该过程中获得相应的收入。

申请加拿大学校的硕士需要学生有四年制本科背景和英语语言成绩。经济管理类别的硕士要求具有研究生管理科(经济学、市场管理等)入学考试的合格成绩，有一些理工专业需要学生具有研究生考试成绩。

4. 澳大利亚

澳大利亚硕士研究生分为以下三大类。

1) 专业型——授课类硕士学位

在澳洲区域内每一所大学都有其较为优秀的学科科目，学生在选择学校的时候完全可以根据自己所学专业选择拥有此专业名气较高的院校，部分授课类硕士学位能接受非本专业的学生转专业入读，如商科、IT、理工、教科、传媒等专业。在进行授课类型的学习过程中，不仅可以与学术水平较高的指导老师一起进行专业科目的研究，体验这种优越的学习环境，而且还会有一定的机遇进行社会实践和获得工作。

2) 过渡型——硕士预科+硕士学位

在国内取得专科学历的学生在经过一段时间的硕士专业课程的学习(进行学习的时间长短与所学习的专业和选择的学校有一定的关系)后就可以进入大学内对应的专业课程中，在进行硕士预科的学习中雅思的要求比不进行预科直接进行硕士课程的低，并且通过一个预科课程的学习也可以为学生进行硕士专业课程学习奠定基础。进行硕士课程学习一般都是两年左右可以进行结业并且取得学位，满足条件的话也可以申请两年PSW工作签证。

3) 研究型——研究类硕士学位

在澳大利亚全部的院校都具有研究生硕士学位，而且招生对象是面向全球学生的，要依据学生专业性质的不同以及研究科目的不同进行"套磁"，获得导师允许后方能入学。例如，若学生进行研究的目标为环境类科目，而且目标学校定为新南威尔士大学，如果该大学在学生专业研究领域存在着导师已经进行的科目抑或是该学校将要进行的研究科目，定好了研究课题以及费用支持，这位学生在专业性质方面符合课题的标准，并且达到了导师的条件，就取得了入学的资格。进行研究科目的硕士课程基本上都有资金奖励。

二、研究生留学学业和语言基础

留学申请人数越来越多，大家的留学筹备也越来越早，以往学生基本都是在完成了大三的课程之后才会考虑是否上研究生，但是目前大学生大多会在刚步入大三时或刚步入大学时就开始了语言的学习并且进行相应的考试。想要申请名校，早规划已成为申请要旨。

留学申请的资料一般包括校内成绩(GPA)、语言成绩，以及文书材料(包括实习经历、科研项目、比赛证书等)等。需要说明的是，GPA 是本科院校衡量学生学习能力的重要指标，对于应届毕业生来讲，需要提供大学前三年的成绩，已经毕业的申请者则要求提供整个大学四年的成绩。所以，准备出国留学的学生，大一就要开始认真准备 GPA 了。很多学生因为准备出国的语言考试而忽略了专业成绩，这样并不可行。此外，语言成绩方面，美国留学需要托福(TOEFL)和 GRE/GMAT 成绩(一般文科、理科、工科考 GRE，商科考 GMAT)，英国、澳洲等国家则一般需要雅思成绩。

1. 美国

美国研究生留学申请的条件分为以大学成绩和标准化分数为代表的硬性条件和以综合素质为主的软性条件两类。

大学成绩和标准化分数是在申请过程中首先需要完善的重要因素，包括 GPA、托福、GRE/GMAT，也就是我们平时常说的申请中的"三围"。

这里所讲的 GPA 就是所谓的平均学分绩点，即大学成绩，在进行学分申请的过程中有着非常重要的意义。学生的学分绩点可以有效地说明该学生的知识水准、学习潜力和学习态度。大学成绩的好坏和成绩排名的高低会直接影响申请学校的档次。所以，如果要去美国读研究生且想去排名靠前的学校，良好的大学成绩是必要条件。如果成绩好，且专业对口，即使二本、三本的学生也可能逆袭进入常春藤名校。

所谓托福考试，就是在社会中将其反映出来的成绩状况作为对学生英语水平的评估。随着越来越多的学生开始重视英语学习，美国大学对托福考试的要求也不断提高。

GRE 是美国研究生的入学考试，而 GMAT 是指美国商学院研究生的入学测试，如果要去理想的美国学校，这些考试都必须通过且要拿到合格的成绩才行。

美国大学研究生院校主要是对学生的专业成绩进行严格的要求，这还不是唯一的入学条件。此外，学校在录取学生时还会对其成绩之外的其他资料进行查阅，比如其在进行该专业的申请时做了哪些该项专业的准备工作，这种条件的提出使学生必须具备较强的专业实践能力，具有较为全面的简历。在学校进行审核的时候，能直接体现出此类型的学生就是它们所需要的。

2. 英国

英国对研究生录取的条件还是比较原始化的，其主要会看学生本科学校的资历以及学习方向。当发现提供申请的学生不是重点高校的学生时，其就会着重关注该学生的学习成绩以及学生对学习的整体态度，看其在大学期间的成绩是不是呈现不断进步的态势，也会考虑该学生是否具有理论与实践相结合的能力，是否具有相关专业实践的经验，在进行实践的过程中扮演着什么样的角色，学生在未来的计划中有没有具体的研究方向。

结合英国大学对中国学生的考核标准，申请名校需要做以下几点准备。

1) 时间准备

一般来说，去英国留学需要提前一年申请，遵循先到先得的原则。如果打算大四毕业后就出国留学，大三下学期开始准备就不算早了，申请名校则要在大二，甚至是大一就开始规划。

2) 学术准备

比如平均分，肯定是越高越好，所以要一直保持良好的学习状态，每一门功课都不能放松。另外，根据不同的专业方向，需要做的学术方面的准备也不一样，比如发表论文、做项目、参加专业领域的比赛等，这些都可以为申请加分。

3) 语言准备

雅思的分数有一定的期限，两年内有效，提前进入状态可以把分数刷高一些。顶尖的学校一般要求雅思成绩达到 7.0～7.5 分，对写作、口语也会有单项的分数要求。

4) 企业实习

寒、暑假的时候要有意识地让自己和社会接轨，了解工作到底是什么样子的，需要什么样的技能，是不是和自己想象的相符，是不是自己喜欢的。将你的理解和认识通过文书或面试表现出来，会提高你被录取的概率。

3. 加拿大

一般来说，若以申请人自身条件作为出国留学计划参考的，则本科期间，80%以上("985""211"院校)、超过85%(普通大学)的学校成绩是最低条件，很多专业对语言分数的要求是雅思6.5分，或者是托福90分。

加拿大和其他综合排名前五名的商业学校要求学生 GMAT 成绩达到 650 分或 700 分，而一般的商学院 GMAT 成绩则需要超过 600 分。

1) 基本录取要求

加拿大大学对中国硕士研究生入学的要求是平均得分必须超过 80 分。评价申请人在其上一阶段的学习状况时，学校会站在不同的角度进行分析。除平均分数外，还有一些专业的硕士科目，比较注重报考专业课程的分数。在申请人的平均分数不满 80 分的情况下，若专业分数超过 85 分，申请人也有可能被认可。另外，部分学校在对学生的成绩进行评估时会将其在上一阶段的学习分开评估，若大学四年的平均成绩都是 80 分以下，但是后两年的成绩在 85 分以上，也有可能被录取。除此之外，加拿大的院校不仅对学生的成绩进行评估，而且会评估学生就读本科院校的排名、科研背景、工作经验等方面的综合能力，将其作为加拿大硕士申请考查的重要标准。

2) 语言录取要求

加拿大硕士录取要求申请人有较强的英语能力，可接受多种英语水平考试成绩，包括雅思和托福。其中，托福对 IBT 的总分有要求，其必须超过 90 分，写作在 20 分以上，口语的成绩必须在 22 分左右，阅读在 20 分左右，听力成绩必须在 20 分左右；雅思成绩的最低分是 6.5 分，每一个单独的项目最低是 6 分。

针对理工科专业的申请者，部分院校会要求学生出示 GRE 的分数。而商科类的MBA、专业会计硕士、金融硕士等专业，部分院校会要求学生出示GMAT的成绩。

4. 澳大利亚

申请澳大利亚研究生课程的原则是谁先提出申请就先考虑谁，没有取得语言成绩同样可以获得学校同意，使得"学术成绩"成为各院校在录取学生时参考的决定性标准。澳大利亚的大学会参考我国知名大学和双非大学入学条件,同时,部分专业会规定比较细致的学科成绩标准。需要注意的是,对热度较高的大学学生的申请数量也在不断地增加,澳大利亚很多院校也在随着申请学生数量的增加而提高标准。以墨尔本大学的信息技术硕士研究生招生为例,其对国内"985"院校的学生分数条件定在 80 分,对"211"院校的学生分数定在 85 分,那么对"双非"大学的分数要求就更高了,定在 90 分。其中,针对"985"院校和"211"院校的要求比之前都提高了 5 分。大学的入学要求会根据招生情况作调整,调整前后分别递交的申请则根据入学要求有所不同。因此,建议有意申请赴澳留学的学生,最好能提前 12～18 个月进行材料准备并递交申请,这样才能提高被名校录取的概率。

此外,澳大利亚院校录取主要考虑学生的学术能力,但是随着签证要求的变化,学生的语言水平和过去的学习经历也会因为签证的原因在录取阶段被院校招生官考虑。特别是一些对语言能力要求高的专业,如法律、心理学、教育和护理等相关专业最低的雅思成绩要求都是 7.0 分。且澳大利亚院校部分课程对语言的要求也会根据综合情况进行调整,以悉尼大学工程硕士为例,对雅思成绩的要求从 6.5 分提高到 7.0 分。因此,提前申请、提前准备语言考试、做好正确的时间规划就尤为重要。

5. 亚洲

申请中国香港地区和新加坡的硕士研究生,必须在平均分以及语言成绩上达到要求。以一些热门专业为例:商科类,雅思 7.0 分、平均分 80 分;工程类,雅思 6.5 分、平均分 75 分;文科类,雅思 6.5 分、平均分 80 分;法律类,雅思 7.0 分、平均分 80 分。如果学生能提供实习证明、获奖经历与在校发表的论文等则更好,因为中国香港地区与新加坡的院校非常注重学生的多元发展,这些课外经历能让学生在选拔中脱颖而出。

日、韩为小语种国家,各大高等院校多以日语和韩语作为申请及授课的官方语言。日、韩本科申请基本上不会参考中国的高考成绩,而以语言考查、基本学力测试及面试为主。日本各大优秀院校非常看重日本留学生考试(Examination for Japanese University Admission for International Students,EJU)成绩,校内考试中的小论文更是侧重用日语考查时政等相关知识。

对于申请韩国本科而言,虽然申请人语言达到 TOPIK 3 级就有被录取的可能,但如果想入读优势较强的经营、传媒等专业,TOPIK 5 级以上才有机会。日本和韩国的大学同样非常重视英语的应用,托福、雅思等成绩在入学申请中均有锦上添花的作用。考虑去日、韩留学的学生,需要至少提前 1～2 年进入语言准备阶段,才能更从容地面对名校考试。

三、文书写作要求

1. 美国

美国的申请文书包括简历、推荐信和个人陈述。当然,商科专业通常还会要求申请人完成各类论文。一般在 8～9 月选择学校的同时,申请人还应当把大量时间用在论文的书写上,从最开始的定稿到最后的成文及中间过程的修正,都必须付出较大的代价。简历需要根据学生的经历不断更新,因此在正式申请前才能定稿。推荐信的内容需要与推荐者进行沟通和合作。所以要留出足够的时间给推荐者进行修改。要求学生必须进行充分的知识学习提高自己的能力。

2. 英国

首先我们来认识一下英国申请文书的几个要素。一般来说，申请授课型硕士必须提交个人陈述和推荐信，部分学校需要提交个人简历；如果申请研究型硕士或博士，或者申请牛津大学、剑桥大学等高端院校，还需要提交相关科研项目的研究报告和以往发表的论文概述。

1) 个人陈述

个人陈述是所有文书材料中最重要的，因为英国院校在见不到你本人的情况下，个人陈述是学校了解你的唯一途径。个人简介必须较为简单地介绍自己所拥有的履历，并且要突出自己的目的和学习目标。近年来，中国学生在撰写个人陈述时，容易犯的第一个错误是用大篇幅的文字介绍自己既往的背景经历，或者无端夸大，甚至罗列一些子虚乌有的荣誉或奖项，导致英国学校看到的个人陈述中，10 个申请者中有一半是学生会会长，3 个是学习委员，剩下两个是辩论会的最佳辩手。用英国人的话说，学校更关注的是学生为什么要申请这个专业、这个学校，这段学习经历对于学生以后的人生发展会有怎样的影响，而不是在个人陈述中夸夸其谈。如果能让英国院校看到申请人一份完整而理性的学习计划，是不是比写一些套话和虚话更重要、更有意义呢？中国学生撰写个人陈述容易犯的第二个错误是喜欢长篇赘述，用各种长难句、生涩的词汇去写，一写就是一两千字。要知道个人陈述不是英语考试，并不需要以此来炫耀自己的写作水平，也不需要像写毕业论文一样凑字数。很多院校的申请系统对个人陈述都是有字数限制的，一般限制为 500~1000 字。学校认为，总结归纳能力也是学习能力的一种，千万不要觉得个人陈述写得越长越好。试问录取办公室每天接到几十份甚至上百份申请，有谁愿意看无意义的长篇大论呢？

2) 推荐信

推荐信相对于个人陈述来讲要简单得多。一般来说，学生可以请教自己的老师，已经工作的申请人可以请直接上级来写推荐信。推荐人以第一人称的口吻讲述一下对申请人的印象，并予以推荐。推荐信其实就是从侧面体现申请人的学术能力。在推荐信的写作上，中国学生常犯的错误和个人陈述极为相似，用英国人的观点来说就是虚荣。部分学生会找完全不认识的院长、校长甚至社会名人来做自己的推荐人。其实英国人是十分客观的，这种推荐信在他们看来基本是无效的，因为推荐人对学生并没有充分地了解。

3. 加拿大

加拿大硕士申请时准备的文件包括个人简历、推荐信、个人声明等。这些文件在申请时和申请人的 GPA 具有同样的地位。研究生组织体系下的相关部门通过了解申请人所提供的信息，对学生成绩以外的能力在该领域能否有所建树进行进一步的探究。

四、留学费用

费用是学生进行留学的基本条件，也是最不可少的一个方面，古代打仗的时候，都知道兵马未动粮草先行，出国留学也是同样的道理，费用是学生最基本的保障。不建议留学生过多地打工，尤其是学习一般的学生，因为你赚到的钱可能还没有你挂科花的费用多，所以，主要任务是把学习搞好。对于出国留学的学生家庭来说，要为学生提供有力的资金支持，并且要制定如果出现经济困难的状况该怎么解决费用问题的方案，以保障学生在海外学习生活的稳定。

1. 美国

留学美国，两年的花费为 50 万～80 万元人民币。

2. 英国

英国大城市(伦敦)的学校估计一年要 60 多万元人民币，偏远一点的一年要 30 多万元人民币，这都包括学费和住宿费。

3. 加拿大

加拿大有些城市的大学中留学所需要的整体费用为 25 万元人民币左右，与该国普通城市的大学相比费用高出很多。

4. 澳大利亚

澳大利亚商科学校的学费两年需要 44 万元人民币。

5. 亚洲

在保证高质量教育的同时，在亚洲留学花费相对较低。与传统意义上的留学热门国家(如美国、加拿大、英国和澳大利亚)相比，亚洲留学性价比极高，花费仅为这些国家的一半，甚至更少，每年花费为 8 万～15 万元人民币。

五、心理准备

大家都知道，我国的文化受传统思想的影响，和国外的开放性文化有很大的区别，所以每个国家都有符合自己社会状况的基本文化，其经济体系也存在很大的不同，留学，不应只是在校园范围内学习，而且还要全面了解当地文化色彩以及生活方式。

每个学生在留学之前，必须对所去的国家的国家文化、社会制度和饮食习惯有一个整体的了解，各方面的了解都有助于学生快速适应国外环境。

另外，作为没有长时间离开过家的学生来说，去一个完全陌生的国家学习和生活是一个很大的挑战，要具备处理事情的能力和抗压能力。

六、生活能力准备

在国外的学习生活，从现实意义来讲是对学生自主能力的一种锻炼，也是学生进行独立生活的起点，一定要学会自己处理在国外生活中出现的种种难题。在进行外出学习之前，必须对学生进行自主生活观念的引导，这种引导主要是要求其在衣食住行方面学会独立完成，在经济方面学会自己把控生活的花销等。学生能否自己安排好生活的方方面面，是确保其在海外学习生活质量好坏的主要因素。

七、案例分析

宋鑫是英语专业大学二年级的学生，她对澳大利亚的大学比较感兴趣，想到该地区进行留学深造。在澳大利亚国内所使用的语言是英语，在其学校的课堂中进行授课的语言也是英语，所以去澳大利亚留学一定要有良好的英语基础。在进行澳大利亚的留学申请时其条件限制为雅思的分数在 6.5 分以上。

宋鑫只是大学二年级的学生，还有比较多的时间准备雅思考试，而且自身的英语能力还不错，于是决定采取自学的方式。她自己在网上收集大量资料后开始在家自学，包括记单词、听英语素材、做阅读理解和开口说英语。

出国前的心理准备是最重要的。首先，大量的金钱和时间投入是宋鑫顾虑最多的。付出和收获是否能成正比？"出国无用论"是否也适用于我？最终宋鑫的妈妈开导她，做决定要看得长远，不要过分计较眼前的得失，我们不和别人做横向对比，只和自己做纵向对比，只要你在进步，这就是正确的决定。妈妈的一席话深深地鼓舞着她，她的父母在精神上和物质上都给予了她极大的支持，这样才可以让她无后顾之忧地去学习。

八、课堂活动

小组讨论：
(1) 你打算出国留学吗？什么时候开始有这个打算的？为什么？
(2) 说说你想去留学的国家或城市。
(3) 你认为"海归"找工作会比国内硕士研究生容易吗？为什么？
(4) 你思考过留学费用对家庭的影响吗？

想一想，做一做

请列举出至少 3 种你认为留学最重要的准备。

第二节　留学规划表

【课程目标】
1. 清楚了解留学的时间安排。
2. 知晓每个时间段的具体事项。
3. 根据时间表制定属于自己的时间表。

一、各年级留学规划时间表

对于大学本科生来讲，一般大一到大三需要夯实专业成绩并提高个人综合实力，尤其可利用寒、暑假参与科研活动或实习以增加自己的社会实践经验，大三暑假过后开展具体的申请工作。

如果此时你是大二的学生，可以通过一些选修课的得分来提升整个 GPA 的成绩，而且一般大二的专业课较多，这一年的成绩更为关键。另外，如果你大学四年的成绩有一个提升的过程，也有利于申请，这可以解释为通过个人努力在不断进步，体现了学生的进取心。如果是大三着手准备，校内成绩实在无法提升的话，可以用软实力背景来尽量弥补，多参与一些有针对性的校内外活动和科研实习，语言成绩优异也可以加分。如果到大四才突然决定留学，因为时间比较紧迫，建议选择申请英国、澳大利亚等国家留学，入学时间灵活，也可以次年 2 月入学，如能有专业老师指导，申请世界名校完全来得及。大学四年留学规划时间表如表 15-1 所示。

表 15-1　大学四年留学规划时间表

大一	1. 尽量明确留学目标(国家) 2. 提升学习成绩，保持 GPA 非常关键 3. 打好语言基础，学习托福/雅思和 GRE/GMAT 4. 大一暑假可集中时间进行语言训练
大二	1. 保证 GPA 成绩，如希望转专业可在大二选修一些相关专业或进行双学位的学习 2. 试着考一次托福/雅思和 GRE/GMAT 3. 参与一些与专业相关的校内外比赛等活动，如大学生创新创业项目、辩论赛、公益活动等 4. 寒、暑假可参加美国夏校或游学活动，丰富海外学习经历，提前适应国外教学
大三	1. 保持较高的 GPA 2. 考出理想的托福/雅思、GRE/GMAT 成绩 3. 实习、科研、论文也都适合在大三期间进行；理工专业的学生比较重视课题的探究和论文的书写，文商科学生可多参与实习，艺术类的学生要将自己的作品进行收集 4. 确定所要提出申请的院校，准备启动正式的留学申请
大四	全力准备及跟进留学申请情况，具体参见第二部分"各国留学筹备时间表"

二、各国留学筹备时间表

各国留学筹备时间表如表 15-2～表 15-5 所示。

1. 美国

表 15-2　美国留学筹备时间表

大一 (9 月至次年 6 月)	了解留学资讯，明确意愿和方向。重视在校成绩，保持英文水平，并增加词汇量。 如已明确申请方向，可针对性备考托福/雅思
大一暑假 (7 月至 8 月)	进行相关性的科研/实习。整理相关信息，初步制定留学方案
大二 (9 月至次年 6 月)	保持成绩，争取 GPA 达到 4.0，积极参加学校举办的各类竞赛及活动。 可参加第一次语言考试，针对考试成绩，制定下一步备考方案
大二暑假 (7 月至 8 月)	继续参加专业相关的科研/实习，提升软实力背景

续表

大三 (9月至次年6月)	继续保持成绩，尤其是专业课程或是与申请专业相关的课程成绩。 参加第二次语言考试，并可开始开展GRE/GMAT的学习并参加第一次考试
大三暑假 (7月至8月)	根据申请专业，参加更深度的相关活动、实习、科研等项目
大四 (9月)	开始根据标准化成绩及软实力背景，选择申请的院校及专业方向
大四 (10月)	背景头脑风暴，完成文书相关的素材收集提炼，并开始着手编辑文书等材料
大四 (11月至12月)	递交材料，开始网申，并跟踪申请进度，确保申请顺利进行
大四 (次年1月)	准备面试相关内容，锻炼面试技巧及能力
大四 (次年2月至4月)	在等待学校offer的过程中，也要随时准备补充材料，获取院校的offer
大四 (次年5月至6月)	确定最终入读院校。收到学校录取材料及I-20等文件。 预约签证，准备签证文件。 签证面试，最终拿到签证
大四 (次年7月至8月)	参加出国前体检、预订机票，进行最终的行前准备。最终顺利飞抵美国，开始留学之旅

2. 英国

表15-3 英国留学筹备时间表

6—7月	确定专业及选校，整理文书思路
8月	进行雅思考试培训；准备申请材料 注：建议在此之前已有一次雅思考试
9月	向学校递交申请材料 注：英国留学申请是先到先得原则，录满为止；一般入学前一年9月开放申请，个别大学6月即开放申请
10月	跟踪学校申请情况
11月至次年2月	大部分院校在11—12月发录取通知书，少部分院校次年1—2月发录取通知书；这期间可再次准备雅思考试
次年3月至5月	获得offer、补充材料递交，进行学校确认，申请宿舍，准备签证材料
次年6月至9月	递交学生签证、预订机票，获得签证后在开学前一周入境 注：如需读语言课程，需提前在4—5月预订机票、联系住宿等

3. 加拿大

表15-4 加拿大留学筹备时间表

5—7月	准备简历、推荐信、个人陈述材料等，确定院校 注：加拿大研究生审理周期较长，建议提前一年半着手准备
8—11月	申请学校选择，提交申请，递交材料
12—1月	跟进申请、补交材料，部分专业需要面试

续表

次年 2 月至 3 月	等待录取
次年 4 月至 6 月	收到录取通知书，准备签证材料，联系住宿等
次年 7 月至 8 月	行前准备

4. 澳大利亚

表 15-5　澳大利亚留学筹备时间表

★申请 7 月开学(适用于应届毕业生无缝衔接澳大利亚硕士课程)	
当年 4—6 月	咨询、选校，了解专业
7—9 月	准备材料，递交申请，开始英语学习
10—11 月	获有条件录取的通知书，首考雅思或托福
12 月至次年 3 月	维持及提高课内成绩，第二次备考雅思或托福
次年 4 月	提交合格英语成绩，确认入读院校并缴费，申请有条件入学确认(Conditional COE)
次年 5 月	参加体检，递交学生签证
次年 6 月	获得签证，为离境做准备，入学前提交完整学术成绩单及毕业证、学位证
★2 月开学(适用于非应届大学毕业生或需要入读语言班的大学生)	
当年 4—6 月	咨询、选择学校，了解专业
当年 7—9 月	准备材料，递交申请，开始英语学习
10—11 月	获有条件录取的通知书，首考雅思或托福
12 月至次年 3 月	维持及提高课内成绩，第二次备考雅思或托福
次年 4 月	提交英语成绩，申请语言班
次年 6 月	提交完整学术成绩单及毕业证、学位证，获得"语言+硕士"的打包录取
次年 8 月至 10 月	入读语言班(根据语言成绩的分数，入读不同时长的语言班，一般为 10 周或 20 周)
后年 2 月	顺利完成语言班，进入硕士课程

三、案例分析

　　石业是应用心理学专业二年级的学生，对心理学专业非常感兴趣，本科毕业后想要进一步深造，目前在国内考研与出国进修之间徘徊。对石业来说，两者各有优缺点，他也向身边的师长与亲朋好友寻求帮助，希望进一步厘清自己的思路与方向。父母对石业的学习计划非常支持，表示只要他需要，在资金方面父母会全力支持。资深的专业课老师也向石业阐述了自己的观点，并分享了自身的求学过程，周围的同学也表达了他们的建议。综合所有人的建议和自己的学业规划，石业决定先去收集信息，然后了解出国进修与国内考研之间重合与不同的准备工作，设定不同阶段的分目标，进行相应的学习规划。

四、课堂活动

　　小组讨论：
　　(1) 谈谈自己大一的学习和生活情况。
　　(2) 到目前为止，你是否有留学的行动准备。

> 想一想，做一做

制定自己大学四年的学习时间表。

第三节　各国签证要素及所需材料

【课程目标】

1. 了解各国签证所需的材料。
2. 明确签证类型。

一、美国

（1）一定要确定学习的目标，学生一定要出具有关被有资质招生留学生的院校录取证明。除了这些以外，学生需要提供可以顺利结业的相关证明，还要对自己的学习状况以及学习背景进行介绍，如向申请院校提供本科所取得的证书以及语言的成绩单等。

（2）大量的资金作为支持，学生要提供本人或其家庭有足够的能力可以满足海外学费以及生活费用的开支；但是如果学生已经取得学校的奖学金，就需要奖学金的发放组织出具其愿意付费的证明。

（3）对课程进行合理的安排，学生必须提供其学习的进程安排，如果负责审核签证的人员否认了其学习进程的安排，就会将其定为具有移民意向，不为其发放签证。

（4）进行当面对话时具有优秀的表现。

申请美国签证所需的材料有如下几点。

① 申请材料和附属文件，目标院校为你邮递来一些申请材料，或直接通知你在网上获取申请材料。

② 上学期间的成绩单，要求准备中英文两份，在进行本科学历申请时要提供高中的成绩单，在进行研究生学历申请时要提供本科成绩单，并且在成绩单上加盖所属学校的公章。

③ 所获得学位学历的文件，需要提供中英文两个版本，并且加盖所属学校的公章。

④ 本人的简历或工作的经历需要英文版本。

⑤ 推荐信，基本要求最低为 3 封，在针对具有专业工作经历的员工最低需要一封推荐信，这封推荐信最好由公司或单位的领导出示。

⑥ 各种有关的成绩单(包括 TOEFL、GRE、GMAT)必须由美国的主管部门直接提供。

⑦ 个人进行陈述或提供课程学习规划，大部分的院校都需要学生提供一篇个人陈述。

⑧ 提供充足资金的供应，对没有取得相应学校所发放奖学金的学生来讲，一定要提供一年或一年以上的海外各种开销费用充足的证明，我国的各大银行网点都可以办理这项业务。

⑨ 所需要的留学费用基本都在 30 万~100 万美元，这个费用需要经过邮局汇到院校，不能将它和申请文件放在一起。

二、英国

(1) 所获得的最高学历资料。

(2) 在高中和大学取得的成绩单，对其要求是英文版本中必须有所属学校的公章。

(3) 所获得的语言成绩单，要有大学英语四级、六级考试成绩，专业四级、专业八级考试成绩等。

(4) 个人进行陈述或提供课程学习规划，提供充足资金的供应，对没有取得相应学校所发放奖学金的学生来讲，一定要提供一年或一年以上的海外各种开销费用充足的证明，我国的各大银行网点都可以办理这项业务。将课程进行合理的安排，学生必须提供其学习的进程安排和原因。

(5) 推荐信，基本要求最低为两封，在针对具有专业工作经历的员工最低需要一封推荐信，这封推荐信最好由公司或单位的领导出示。

(6) 在上学期间获得的有关证书的复印件，可以是优秀毕业生、三好学生、优秀班干部等，也可以是一些专业证书，如健康管理师证、经济师证、会计证等。

(7) 在读证明(要求英文版本盖有学校教务处或大学公章)。

(8) 填好的校方申请表(申请表可电邮免费索取)。

三、加拿大

(1) 高中三年的成绩单原件及公证文件。

(2) 大学在读证明原件及公证文件。

(3) 大学所学课程成绩单原件及公证文件。

(4) 个人进行陈述或提供课程学习规划。将课程进行合理的安排，学生必须提供其学习的进程安排和原因。

(5) 所获得的语言成绩单，要有大学英语四级、六级考试成绩，专业四级、专业八级考试成绩等，一般申请的学校不同，要求也不同。

(6) 完整的学校申请表。

(7) 其他对申请有利的材料。

四、澳大利亚

(1) 学生的自身条件非常重要，相关部门对其进行审查时会对学生本人的身份进行核实，以及其课程进行合理安排的真实性，学生必须提供其学习的进程安排，如果负责审核签证的人员否认了其学习进程的安排，就会将其定为具有移民意向，不为其发放签证。

(2) 大量的资金作为支持，学生要提供本人或其家庭有足够的能力可以满足海外学费以及生活费用的开支，但是如果学生已经取得学校的奖学金，就需要奖学金的发放组织出具其愿意付费的证明。

(3) 所获得的语言成绩单要具有大学英语四级、六级考试成绩，专业四级、专业八级考试成绩等，一般申请的学校不同，要求也不同。

(4) 学生自身身体状况证明也是必需的，体检证明是对自己身体状况最好的证明，应去相关部门指定的地点进行体检，并且该医院在澳大利亚使馆网络信息中可以查阅。

申请澳大利亚签证所需的材料有如下几点。

① 需要提供学生的个人信息，如签证、出生证明等。
② 需要学生提供其最高学历的文件，如毕业证书、学士学位证等。
③ 需要学生提供其可以充分满足资金需要的证明，以及银行的流水信息、存款单等。
④ 需要学生提供其有过工作经验的证明、单位领导出具的推荐信等。
⑤ 需要学生提供其语言水平能力证明，如大学英语四级、六级成绩单等。
⑥ 需要学生提供其身体健康证明、体检报告等。
⑦ 需要学生提供课程安排规划、学习计划，表明为什么选择澳大利亚等。
⑧ 申请人的护照照片：10 张。

五、日本

(1) 足够的语言能力。签证官在决定是否发放签证时，非常关注申请人的日语学习能力和学习意志。有的申请人连基本的日语会话也不能应付，很难使签证官相信其有能力在日本学习。

(2) 足够的经济保障。申请人的经济状况是审核的重点，以往申请留学只需提交一张银行存款单，但新制度在此基础上又增加了存折复印件、过去 3 年的收入证明。此外，还需提交有关费用承担人的职业和收入资料等。

申请日本签证所需的材料有如下几点。

① 最终毕业证书原件(需公证)。
② 成绩单原件(需 3 年成绩)。
③ 亲属关系公证。
④ 日本语课时证明(需 200 课时)。
⑤ 经济担保人的在职证明及收入证明。
⑥ 若申请日本大阪地区的日本语学校需在职证明公证。
⑦ 银行存款证明(人民币 28 万元左右)及平时家用的活期一本通。
⑧ 户口本复印件(全家人)。注：户口本服务处所需与在职证明一致。
⑨ 身份证复印件(全家人)。
⑩ 近期照片 8 张。

六、案例分析

石业是应用心理学专业二年级的学生。他在收集留学资料时，发现自己的语言能力相对比较弱，要想成功获得留学国家的签证，必须先提升英语能力，特别是口语交流能力。所以石业在收集留学资料时，也在查看留学国签证所需的必备资料。同时，石业也利用假期进行社会实习，想得到相关企业的推荐信和实习证明，以便日后申请时使用。

七、课堂活动

1. 通过各国所需材料，用思维导图法整理出自己目前已具备的材料条件。
2. 分小组进行签证材料的审查活动。

想一想，做一做

根据自己想去的国家，制作相应的签证卡片。

第十六章 典型海外文化

第一节 欧洲文化

【课程目标】

1. 了解欧洲相关国家的文化内涵。
2. 知晓欧洲相关国家的生活习惯。
3. 掌握欧洲文化的特点。

欧洲包括很多国家，各个国家的文化有共性，也有个性特征。本章内容以英国、法国和德国为例，具体解读欧洲文化的特色。

一、英国文化

英国是比较典型的英语类国家。去英国留学之前，首先应该了解英国的人文地貌、社会的行为方式以及生活的整体模式，这样才能在留学期间更好地融入当地生活。接下来，本节将从语言、社交礼仪、宗教文化、日常活动、节日、美食与茶文化、习惯与禁忌七个方面介绍该国的文化特点。

1. 语言

英国人比较注重语言和沟通的隐秘性，在聊天中要注意避免较为隐私的话题，如个人收入、工作环境、婚姻、体重、健康等。

英国人属于比较慢热型的性格，不太奔放和外向。开始接触时语言较少，接触时间长了，关系就会比较和谐和亲近。人与人之间的交流方式幽默风趣，喜欢拿自己开玩笑，不会对他人进行人身攻击或拿他人取乐。在谈论较为正式的话题时，不喜欢拐弯抹角，而是直接进入正题，表述自己的意见。一旦说"不"，则代表完全不同意，不存在商量的余地。有时候，表达中也会存在较为婉转的方式，但是本意不会改变。一开始听起来似乎是违背了自己的意愿，但是接下来会用"但是"进行婉转表述，"但是"之后所阐释的才是本来的意愿。

在英国文化中，人们非常注重个人素养，在交谈的过程中不会大吼大叫，基本都是轻声慢语，大吼大叫被认为是一种非常不礼貌的行为。而且，说话时要注意自己的身体语言，不要用手指着他人，也不要靠对方太近，要保持安全距离。

2. 社交礼仪

英国人在社交场所特别注意自身的行为举止，提出要求的时候会使用"please(请)"，受到他人的帮助以后会对其表达谢意，交流过程中礼貌用语出现得非常频繁。

在英国，女性享有特权，女士优先已经成为一种传统理念和社会风气，被认定为一个大家必须遵循的规则，所以在英国会出现事事都照顾女性的情况。

每个人都会自觉遵守规章制度，遵循社会基本程序，在发生拥挤时会自觉地排队等候。他们非常反感插队行为，所以在乘坐公共交通工具时都是有序上车。

3. 宗教文化

英国不对宗教文化进行限制，每个国民都有选择信仰的权利，所以在不同的地区存在着各种不同的宗教文化，同时还存在具有历史气息的不同宗教文化的建筑。比如，坎特伯雷大教堂，据说是由古罗马来到英国的福音传递者建造的，具有浓厚的文化底蕴。

4. 日常生活

英国最有特色的是酒吧文化，英国国内每一家酒吧都具有独特的风味，有些酒吧甚至具有悠久的历史。英国居民很重视休闲娱乐，一有空闲就会选择一个符合自己性格的酒吧进行消费。可以和朋友一起，也可以独自前往。在英国的酒吧里并不存在较高的消费，这也是酒吧能为赴英留学的学生提供文化沟通的基本场所的原因。

英国居民较喜欢运动，并且对于足球的喜好超过了所有运动，很多人会选择在有足球比赛时去现场观球，或在酒吧里体验足球乐趣。

英国对于提高全民文化素质较为重视。如果到该国城市中的公益图书馆看书，只需要在馆内获取一个图书卡，即可免费借阅馆内的所有书籍。英国还会定期在图书馆提供一些类似球赛活动的信息。为了丰富国民对历史文化的了解，在每个城市中还建立了不同的博物馆，基本都是免费开放的，这使得英国国民能更加全面地了解英国发展的经历。

具有文化底蕴的电影院、歌剧院也是学生娱乐放松的主要场所，学生提供相关证明还有优惠政策，这些场所可以更加直接地为留学生展示该国文化。

5. 节日

在两千多年的历史中，英国保留下来的不同文化背景的节日共有 106 个。很多节日的制定是依据基督教文化，或根据历史流传下来的习俗，主要的节日如下。

(1) 元旦。该节日为每年新开始的第一天，为了表示大家对新一年的期盼，国家领导人会发布新年祝福，宗教会在特定场所举行仪式，每个家庭都会进行不同形式的庆祝。

(2) 情人节。在 2 月 14 日这一天，人们为圣徒圣瓦伦丁进行悼念，相传他在传递文化时比较擅长成就情侣双方喜结联姻，所以将悼念他的日期定为情人节。

(3) 圣帕特里克节。为了追悼城市守护神圣帕特里克，把每年的 3 月 17 日定为圣帕特里克节。

(4) 受难节。该节日是指复活节前的星期五，耶稣为世人承受罪恶带来的惩罚而被钉死在十字架上，所以将这一天定为耶稣受难日。

(5) 复活节。每年春分之后的第二个月的第一个周末为复活节。

(6) 愚人节。为庆贺新一年春天的到来把每年的 4 月 1 日定为愚人节。

(7) 女王诞辰日。4 月 21 日为女王的诞辰日，在这一天大家都为女王庆祝诞辰。

(8) 英联邦纪念日。将维多利亚女王生日的当天定为英联邦纪念日，这一天是每年的 5 月 24 日。

(9) 英女王官方寿辰日。在英国，人们每年会为女王庆祝两次生日，一次是在 4 月 21

日当天，而另一次是在每年 6 月的第二个星期六，这一天被称作英女王官方寿辰日 (Queen's official birthday)。

(10) 万圣节。每年的 11 月 1 日是万圣节。

(11) 圣诞节。把耶稣的生日，即每年的 12 月 25 日定为圣诞节，这个节日是英国所有节日当中最重要的一个。

6. 美食与茶文化

在英国，人们对食材有很多种使用方式，每一种方式都能制作出不同的美味佳肴，最主要的形式是蒸、煮、油炸。因为人们对早餐比较重视，所以在城市的饭店中早餐供应的种类最丰富，基本吃的喝的都包含了，最基础的食品种类有：油炸品、蒸煮杂粮类、肉食类、蛋类、奶制品等。

但是，如果将一日三餐进行地位划分的话，晚餐占第一位。英国人对晚餐非常重视，晚餐的时间比较晚，进餐氛围较为轻松，可以一边进餐一边聊天。晚餐进行的时间比较长，这个过程可以拉近人与人之间的距离。

下午茶的发源地也在英国。该国人喝茶的习惯存在几百年了。17 世纪末，在英国国王和他爱喝茶的王妃的带领之下，将喝茶推向了英国社会，慢慢被当成一种习惯。直到 19 世纪，英国下午茶的理念才慢慢形成。所以，茶在英国具有极其重要的地位，基本上是该国除水以外最主要的饮品，尤其是女性，更是到了无茶不成餐的地步。在英国的乡村，人们一般会将茶现煮，并且茶叶量放得非常多，再加入少许糖和奶，就成了比较流行的下午茶，而茶点会匹配简单的面包或者蛋挞。

英国人喝茶的方式不仅有下午茶，还有高茶，这不但表明了喝茶方式的多样性，也体现了该国人民享受生活的本质。

高茶的形式和所享用的人群与下午茶有着非常明显的区别，喝高茶的人群从高茶概念的产生到现在一直被定为社会工薪层次。在英国，工业具有飞速发展的特点，而工业的飞速发展离不开劳动者的奉献。对于劳动者来说，喝茶的时间只能在完成工作以后，并且同时享用晚餐，所以喝茶的同时也会有非常丰盛的菜品，不再是简单的面包或蛋挞。一天劳累的工作之后，劳动者身体亟须摄入能量，晚上会准备较为丰盛的大餐，再煮上一杯浓郁的茶水，这样会使劳动者疲惫的身躯快速充满力量。故此，即使在今天，英国工人阶级的晚餐也经常被称为"茶"。

7. 习惯与禁忌

英国人之间礼尚往来的礼品不需要过于贵重，在他们的思想里较少、较轻的礼品不会被定义为贿赂，但较贵重的东西则会被认为是贿赂，可能会遭到收礼者拒绝。英国居民和很多欧洲人具有同样的爱好，那就是巧克力、酒和花，其他一些知名的礼品可能不会被认可。

英国人外出时很注重自己的形象，参加任何一场活动都会对自己进行全面整理，西装革履加领带。天气较热时，他们不会选择穿西服，但也会穿上短袖打上领带。他们认为领带要干净整洁，所以比较讨厌带有纹路的领带。

在英国，买东西时切记不要讨价还价。英国人特别讨厌磨价格，觉得这不应该是在消费中出现的事情，会非常有损社会地位。如果需要大量购进一些物品，可以与商家进行商议，看是否能达成协议。他们认为价格合适的时候就会购买商品，如果觉得不是那么满意就不会购买。

二、法国文化

1. 饮食习惯

法国是世界上三个主要的烹饪国家之一。法国人对食物的要求很高，法国食品是西方食品中最受欢迎的食品。

2. 服装礼仪

在法国，人们比较注重穿着打扮，并且引领了世界时尚风范。

3. 社交文化

和其他国家进行比较，法国人存在很多不同，尤其是在人与人之间进行沟通的时候，这种不同主要有以下三个方面。

第一，对于法国人来说，他们非常喜欢交朋友，喜欢参加各种社交活动，在法国人的思想里社会活动是最主要的生活方式，没有社交的生活是没有意义的。

第二，法国人自带幽默感，在进行人与人之间的交流时非常热情大方，喜欢开各种玩笑，他们对于开不起玩笑的人非常反感，并且不能容忍以及不愿意与愁眉苦脸的人进行交流，不去参加危险的项目，比较喜欢具有浪漫意义的活动。

第三，渴望自由，没有较强的纪律性。法国人是世界上最著名的"自由主义者"。"自由，平等，博爱"不仅在法国宪法中被定义为国家座右铭，而且在国徽中也有明确规定。他们关注法律制度，但通常缺乏纪律性。

4. 文学艺术

(1) 古典文学。自 17 世纪以来，法国古典文学先后出现了莫里哀、司汤达、巴尔扎克、大仲马、雨果、福楼拜、小仲马、左拉、莫泊桑、罗曼·罗兰等文学巨匠。《巴黎圣母院》《红与黑》《高老头》《基督山伯爵》《悲惨世界》和《约翰·克里斯朵夫》都被翻译成了世界文学。

(2) 艺术设计。自 17 世纪以来，法国已成为世界工业设计和艺术设计领域的领头羊。实用艺术、建筑和时装设计学校以"法国制造"闻名世界。阿维尼翁戏剧节由法国戏剧导演让·维拉尔于 1947 年创立。它有力地促进了法国文化艺术的恢复和发展，使高雅的戏剧艺术走出宫廷，走向民间。

5. 习惯与禁忌

在法国，人们把鸢尾花定为国花，而且对有些花也存在一定的忌讳，例如，法国人比较忌讳牡丹、玫瑰、菊花等。

法国人将公鸡定为国鸟，因为他们认为公鸡非常勤劳，是正义的化身。

在法国，人们对颜色的选择也同样很挑剔，大多数人比较喜欢亮一点的颜色，对于暗色则比较忌讳。

法国人最不喜欢周五和数字 13。

人们日常维护关系时基本都是以送礼物为主，所以法国人对礼物的看待还是比较重的，并且对于礼物的种类非常讲究。在送礼物的时候以手工制品为主，不要选择锐利的器械或者广告性质的商品。男性给女性送礼物时基本都会选择工艺品，如果关系一般不建议送香水。在收到礼物的时候一定要当面拆开，否则会被视为不礼貌。

三、德国文化

德国给人们留下的印象是理智、遵守规矩、刻板、守信用、商品质量好、仔细等。在历史上，德国还被誉为"诗人与思想家的国家"，诗人、学者层出不穷。有很多著名的文学家出自德国，如歌德、托马斯·曼等，是德国文学史上的代表人物。在德国还有马克思故居，展览馆里还陈列着共产党宣言。德国人的生活中，文学、音乐、艺术和美食不可或缺，德国各地都会举办各种各样的音乐会、美食节、艺术展。比如柏林文化狂欢节、慕尼黑啤酒节等，处处都可以体现德国人对生活的热爱与追求。下面我们来看看德国文化的典型特点。

1. 规则与秩序

世界人民对德国人的认识来自他们对规矩的遵守程度和对事情的认真负责程度，这里所讲的规矩主要是指国家方面的法律法规，个体与企业方面的双方协议，个人之间达成约定的遵守程度。人们对社会管理条例、要遵守的社会法则以及维护社会和谐发展的基本要素都在平时的生活中被熟记，也会自然而然地遵守。

如果出现破坏社会和谐的情况，德国人会利用公民本身具有的权利，对违反规定的人进行举报，甚至提起诉讼。违规者不光要接受罚款，还会被记录在个人信用档案上，一旦个人档案出现不光彩的记录，那么无论是找工作还是贷款买车买房都会遇到很大的阻碍。

守时也是德国人遵守规则与制度的体现。在德国，与别人约了见面但是迟到会被视作一种无礼的行为，当然这要排除特殊情况的发生。德国人对时间的概念会精确到以分钟来计算，所以德国人见面一般都是宁愿早到也不愿意迟到。

2. 严谨与精益求精

正是德国人具有严谨与精益求精的品质，致使其在工作过程中会对自己严格要求，每一件事情都要仔细进行，细致处理，在生产商品时要达到最高的生产标准，做到质量最好，体现了企业对产品质量的把关尤其严格。在德国，一提起"德国制造"这个词，德国人的心中都会有一种自豪感，这是因为他们认为德国的产品质量一定是值得依赖的，是一流的。

德国人的严谨也体现在医学上，在德国 99%的医生都拥有博士学位。此外，德国的医院实行医生负责制，而不是医院负责制。医生负责制，顾名思义，就是医生直接对病人的治疗进行负责，也就是说，治疗的好坏与医生个人的信誉和口碑直接挂钩，所以医生都会以最严谨和专业的态度对待每一个病人，这不仅是对病人负责，也是对医生的职业生涯负责。

3. 职场文化

德国职场比较重视工作和生活的平衡，职场健康和休闲时间相结合，从而提高生产率，在这一点上确实优于其他国家。

如果到德国学习或工作，需要掌握的单词是早餐(Frühstück)、账单(Rechnung)、闲扯(quatschen)。这些在生活和工作中常常出现。

德国人投入大量时间和金钱进行自我保健，重视身体健康，这其中当然也包括职场中的身体健康。如果你抱病上班，可能会听到同事略带怒意的"早上好"(GutenMorgen)，这是人家在暗示你最好回家休息，身体状况恢复之前最好不要来工作。如果有人生病，自然会影响其他同事，所以抱病上班在德国职场不受待见。

相比许多其他国家，德国工作时间相对较短。德国雇员一般每年有四周到六周的带薪假，在工厂里，每周35小时工作制是最常见的。

德国职场要求高效率，不仅对职员的职业操守有明确要求，也期待职员不断修整调理自我，处理好个人事务。例如，下班和朋友见面，回家享受家庭生活，找个地方度过一个愉快的周末等。在德国职场工作，要特别注意保持自己的身体和心理的健康。德国人认为，只有确保足够的放松时间才能让工作更有成效。

德国人对待工作虽然严肃，但是他们同样认为工作的幸福感也非常重要，"下班"(Feierabend)、"欢庆"(Feiern)精确地表明了德国人的工作态度和生活态度。工作时好好工作，下班以后就要好好庆祝。

四、案例分析

石业在大学二年级第一学期时就开始在出国进修和国内考研之间徘徊，通过各方面资料的收集汇总及判断，到了第二学期初最终决定出国深造。在收集各个国家心理学相关的高等院校资料时，他也在考虑，如果是非英语系国家，那么他还必须准备语言学习，这不是一个短期能完成的任务；如果是英语系国家，在语言学习上相对容易一些，但某些专业词汇也需要花时间学习掌握，通过对自身能力及后续本科学习的规划，石业最终决定将英国作为自己的首选目标，而将德国和法国作为备选国家。

五、课堂活动

以小组为单位，进行各国文化特点的ppt展示。

想一想，做一做

整理出本节中3个国家的语言特点。

第二节　亚洲文化

【课程目标】

1. 了解亚洲其他国家的文化特色。
2. 掌握亚洲其他国家的文化内涵。

亚洲的其他国家与中国在距离上具有地域优势，并且与中国文化具有共通性，所以能成为中国学生出国求学求职的重要选择目标之一。本节主要选取新加坡、韩国、日本三个国家进行介绍。

一、新加坡文化

新加坡最吸引人的是环境，有非常详细的绿色和蓝色规划，在城市化飞速发展的今天依旧保持整洁有序。新加坡居住着很多中国同胞，因此计划去新加坡求学的学生不用过于担心沟通问题。

1. 语言

新加坡是一个多语言国家，拥有 4 种官方语言，即英语、马来语、华语和泰米尔语，在新加坡的华人民间也通行粤语、闽南语、潮州话、客家话、海南话等各种汉语方言。基于和马来西亚的历史渊源，《新加坡宪法》明定马来语为新加坡的国语，主要是尊重新加坡原住民所使用的语言。

2. 文字

新加坡官方使用与中国大陆一致的简体汉字，但在 1969—1979 年曾短暂拥有自己的汉字简化标准，民间以简体字为主，但偶尔也会出现繁体字与简体字混用的现象。新加坡的官方文字为英文。

3. 传承

早期背井离乡到新加坡再创家园的移民者将各自的传统文化带到新加坡，各种族之间的交流与融合，不仅创造了今日的多民族社会，而且留下了丰富的、多元化的文化特色。中国文化的精髓也深深地影响着新加坡的生活形态。在新加坡受到全面教育的人群基本都会讲英语和汉语，很多家庭都会在孩子小的时候把英语和汉语作为主要语言来学习。"中英文皆可"往往是中国留学生去新加坡接受教育、留学的主要原因之一。

4. 节日

新加坡日历上印有公历、中国农历、印历和马来历 4 种历法，并依各种历法拥有许多节日。在保留各民族传统文化的同时，新加坡政府鼓励人们向新加坡统一民族文化习俗演变。

新加坡的主要节日有元旦、春节、耶稣受难日、劳动节、卫塞节、开斋节、公共假日、国庆日、哈芝节、屠妖节、圣诞节。

5. 宗教

新加坡华人多信奉佛教和道教，注重伦理道德，保留着过春节、端午节和中秋节等中国传统节日的习惯。

马来族多信仰伊斯兰教，作为宗教禁忌不吃猪肉，不喝含酒精的饮料，待人接物多用右手。

穆斯林妇女多戴头巾。印度族多信仰印度教，许多人是素食者，生活简朴，但对庙宇建筑十分讲究，大部分印度族家庭设有祭坛或祷告室。

6. 文化禁忌

（1）在新加坡，进清真寺要脱鞋。在一些人家里，进屋也要脱鞋。由于过去受英国的影响，虽然新加坡已经被西方化，但当地人仍然保留着许多民族的传统习惯，所以打招呼的方式也各有不同，最常见的是，人们见面时握手，对于东方人也可以轻轻鞠一躬。

（2）新加坡人接待客人通常是请客人吃午饭或晚饭。和新加坡的印度人或马来人吃饭时，要注意不能用左手。到新加坡人家里吃饭，可以带一束鲜花或一盒巧克力作为礼物。但谈话时，避免谈论政治和宗教，可以谈谈旅行见闻，曾经去过的国家及新加坡的经济成就。

（3）新加坡居民中华侨较多，对色彩想象力很强，红色、绿色、蓝色很受欢迎，紫色、黑色被视为不吉利，黑色、白色、黄色为禁忌色。在商业上，反对使用如来佛的形态和侧面像；在标志上，禁止使用宗教词句和象征性标志；通常，人们比较喜欢红双喜、大象、蝙蝠图案。此外，新加坡的数字禁忌是 4、7、8、13、37 和 69。

二、韩国文化

韩国给我们留下的印象基本上是泡菜、紫菜包饭、韩剧、美妆等，实际上韩国也有它们自己的文化。

1. 孔儒之道

在韩国人的生活中，时常能发现极度有礼貌的行为习惯和礼仪举止。很大一部分原因是受很早以前传入朝鲜并成为李氏朝鲜时代统治阶级信念支柱的儒家学说的影响。所以，韩国还保留着浓重的儒家学说特色。

在中国，由孔子创立的儒家学说传入朝鲜半岛后，尤其是在朝鲜王朝时代极大地影响了统治阶级，并由此广泛进入百姓生活，甚至作为"习惯"和"礼仪"在朝鲜半岛生根发芽。如今，儒家学说已成为社会的根基、道德之本、待人处事的基础和生活模式。韩国人独特且讲究的言行举止实际上大部分都源于儒家学说。

重视对方、彬彬有礼且恭敬处事这一以儒家学说为基础的态度已经成为韩国与其他国家都迥然不同的国民特性。在年青一代中，虽然儒家学说的影响正逐年减弱，但即便如此，保留在当今社会的众多儒学文化也同过去一样作为习惯和礼仪之一继续流传着。

2. 娱乐文化

20 世纪末期，韩国表示要保持文化治国的主体方向，在文化产业中引人注意的是娱乐产业，具有韩国特色文化的潮流已经不断流入其他国家。韩流文化已经走过了 20 多年的漫长岁月，它早就从韩流 1.0(K-Drama)进化到韩流 2.0(K-Pop)、韩流 3.0(K-Culture)，在亚洲市场拥有众多粉丝。在韩流粉丝通过电视剧、电影、K-Pop 对韩国文化产生兴趣后，韩文、韩国美食、韩国文化、韩国民俗和韩国历史也逐渐进入大众的视野。

3. 集体主义

在餐厅打工时，向群体顾客询问需要什么饮料时，如果其中一位顾客点了和其他人不一样的饮料，一定会招来嬉笑和嘲讽，为什么呢？因为他和别人不一样。这不同于国内有些家长教育孩子不要"出头"，是纯粹地追求集体的整齐划一感。

如果你在首尔待久了，你会发现其实大部分韩国人的穿戴几乎都一样，即一到两种模式，只是颜色不同。如果有一款衣服是新款或者广告新品，那么第二天很多女生都会争先恐后地穿这款衣服，丝毫不怕撞衫，所以韩国是追求划一性的。

4. 习惯与禁忌

在古代，韩国作为中国的藩属国，风俗习惯在很大程度上受到中国的影响，至今也有很多与中国相似的地方。同时，也有一些与中国差异较大的特色风俗。

第一，韩国人任何时期都不饮用热水，只饮用冰水。中国人爱喝热水，特别是冬天喝一杯热水能驱走冬日的寒气，通常在饭店也会准备热水，饭后喝杯热水，能让胃感觉暖暖的。然而，在韩国，无论春夏秋冬，韩国人都酷爱冰水。即使在数九寒天，韩国人也依然饮用冰水。通常韩国的饭店也只提供冰水，只有少数饭店提供热水。

第二，韩国人非常忌讳用红笔写名字，他们觉得用红笔写名字以后会受到诅咒。这一点倒与我们国家很像，想必大家小时候都有用红笔写名字被大人批一顿的记忆，大致意思基本都是被写名字的那个人会有不好的事情发生，这个忌讳流传至今。

第三，考试不喝海带汤，要吃年糕。韩国人过生日必有的一道菜肴就是海带汤，海带汤不仅有营养，能为产妇提供养分，而且口感滑滑的，寓意着能够生产顺利。但是在考试的时候绝对不能喝海带汤，民间流传着喝了滑滑的海带汤容易落榜的说法。为了取得一个好成绩，韩国人在考试那天，会吃黏黏的年糕，寓意着能粘在榜上。

第四，他们喜欢数字 1004。韩国人和中国人一样，讨厌数字 4。4 与"死"同音，不吉利。所以在韩国很多地方的楼层都没有四层。但是，韩国人却对 1004 这串数字尤为喜爱，原因是这串数字用韩语读出来具有天使的发音，所以韩国人比较喜欢，而且很多人喜欢把自己的各种密码设置成 1004。

第五，服务热情。如果你去过韩国，一定会被其亲切、周到、赠品无数的服务所倾倒，无论你是买化妆品还是去吃饭，都会得到非常好的服务。韩国人经营的服务业对顾客几乎是 100%的容忍，举个简单的例子，在大部分商店里，韩国人几乎是无条件退货、换货(当然有时间期限)。还有，在吃饭喝酒的地方，喝醉酒打碎碗筷完全不用赔偿，而且客人可以无条件地提出很多要求而不被指责。

更神奇的是，韩国人的自动切换能力十分强大，一个前一小时还在工作的打工仔，下班后换下衣服就会立即变成消费者；当你以打工仔或者消费者的不同身份出现时，那个熟识的老板对你使用的敬语等级都不一样。

三、日本文化

日本文化和我国有着非常相似的地方，日本的和服是从我国的汉服衍生而来的。现在日本和服代表着传统文化的风韵。

1. 日本人的生活很有规律

日本首都交通压力非常大，可是在这里上班的员工很少出现迟到的情况。该国居民大部分都有着非常好的生活习惯，每天会在固定的时间起床，在同一时间乘坐公共交通工具，固定的时间下班，每件事情的时间都安排得刚刚好。自己的兴趣爱好也会在固定的时间实现，所有的事情都是事先安排好的，所有行为的发生都有程序感。

2. 日本人生活刻苦精进并具有奉献精神

在日本，居住环境特别温馨，居民会把生活过得特别细致，他们居住的房屋看上去不是很协调，会显得矮小，睡觉只能在地上睡。在生活方面，采取最简单的食材和最简单的烹饪方式，什么时候该吃什么都会提前安排好。日本人有很强的学习和创新精神，会无私地奉献自己。日本的高速发展与其人民的不断努力是分不开的。

3. 生活艺术与人文文化

"一瓦盆，一净瓶，几只红绿鲜花青枝，再点缀些沙石，小小一景立现"。樱花、和服、俳句与武士、清酒、神道教构成了传统日本的两个方面——菊与刀。在日本，比较出名的民间三道分别是茶道、花道、书道，相扑、空手道、能剧也是比较传统的文化活动。

(1) 茶道也称为茶汤和品茶会。从古代开始，上流社会就将它作为一种审美仪式而广泛传播。茶道有特别的饮茶习惯和社交礼节。日本的茶道发源于我国唐朝，由我国传到日本。在古代，日本和中国很早就开始交往了。在唐朝鼎盛时期，日本派遣了许多使节到中国，并受到中国的强烈影响。之后，日本人说："中国是日本茶道的发源地。"

(2) 花道是一种在茶室中重现野外盛开的花朵的技术。由于规则和方法不一样，花道呈现了几十种不同的形式。日本有许多学校传授各种花道形式的技术。在日本的其他地方，如休闲娱乐场所、居住场所还可以领略将插花技术运用到室内装修中的艺术风格。日本人把荷花定为葬礼上的花朵。另外，避免使用山茶花。菊花是王室的象征。

(3) 书道是日本书法的综合艺术，它追求意境、情操和艺术美。日本书法分两类，一类是汉字书法，另一类是假名书法。当今，日本的书道依然兴盛，每年1月2日都会举行用毛笔书写新年贺词和吉祥祝福的诗歌的"开笔试毫"活动。此外，还举办各种观摩比赛。

(4) 相扑源于日本的一种宗教活动。战国神道仪对相扑的动作做出了较为细致的解释，说明在比赛之前踩脚是一种赛前仪式，同时也具有非常重要的意义，那就是摆脱恶魔，使全身处于一个最佳的比赛状态；必须将盐撒在现场，这样可以起到净化比赛场地的作用。

(5) 日本的空手道是由我国流传到日本的格斗方式，该格斗方式要求格斗者不能使用任何武器，只能展现双方拳脚的控制能力。与其他格斗形式相比较，空手道具有实际战斗意义。

(6) 在日本，传统的戏剧主要是能剧，这种戏剧在全球也是非常具有历史意义的，它起源于12世纪，将日本多种戏曲进行融合，戏剧中的"能"字代表着技术含量。

4. 日本人注重健康的生活

在日本，人们非常注重日常的卫生习惯，在饭前一定会进行洗手消毒，在打扫家中卫生时还会对可能滋生细菌的地方进行消毒，家里不会出现垃圾堆积的情况。在个人卫生方面，人们非常注意个人形象，会定期洗澡、换衣服。在日常生活中，人们不会因为对一种食物特别喜爱就暴饮暴食。对日本人来说，吃并不是那么重要，生活模式还是以休闲娱乐为主，特别喜欢户外运动，在春暖花开时，会到较为著名的景点赏花和登山。

四、案例分析

石业在选择是出国进修还是国内深造时请教了学生会主席高创，当时作为国际商务专业二年级学生的高创给了他许多建议，同时高创也分享了自己对今后职业的规划愿景，他准备本科毕业后先去一家大型跨国公司工作，在前3年里学习公司运营管理过程中的各种知识并积累经验和原始资金，然后找合伙人一起创业。由于高创有亲戚与日本、韩国的企业有业务往来，他创业的方向首选日本、韩国客户。为此，高创在学习之余也会到亲戚的企业实习，增长经验，平时也会学习一些日本、韩国的文化习俗，了解两个国家的人文历史，为今后的创业奠定基础。

五、课堂活动

谈谈新加坡、韩国、日本与我国文化的共同点和不同点。

想一想，做一做

你还想了解哪些亚洲国家的文化？把这些国家的信息用思维导图的方式列出来，讲给身边的同学听。

第三节　北美洲、澳洲文化

【课程目标】

了解北美洲、澳洲相关国家文化的内容和内涵。

典型的北美洲移民国家美国和澳洲移民国家澳大利亚、新西兰，他们的移民数量都很庞大。故此，几个国家之间的文化有共通性。本节把这几个国家放在一起进行对比，更易于大家了解这些国家的文化特性。

一、美国文化

美国作为综合水平极高的资本主义国家,它的各方面都处于全球领先水平。在军事、文化、科技、创新等方面都居世界主导地位,其军事力量与科技水平位居世界前列。国家内部重视科研,将大量的经费投入科技创新中,具有研究意义的学校和企业非常多,所获得的科技成果也居世界首位。

美国文化变化非常快,在不同的历史阶段都会出现一个符合当时历史特色的文化潮流。人们普遍认为,从最初的殖民阶段到 20 世纪之前,在美国社会中最为潮流的文化就是白人盎格鲁-撒克逊新教徒(White Anglo-Saxon Protestant,WASP)文化。20 世纪中叶之后,随着国家内部第三产业的不断扩大,国家经济实力不断增强,国民经济也得到了不断提升,改变了美国的主流文化,消费观念、娱乐兴趣以及下层阶级人们的自我实现思想成为大众文化。结果,大众文化逐渐在美国社会占据了最主要的位置,成为美国文化的主要部分,最终发展成现代美国文化的杰出典范。

现代美国的大众文化和该国家的内部企业有着非常紧密的联系,主要以消费者主义为特征,以全球现代媒体为媒介,电影和电视作品、书籍和报刊、大众媒体、人气小说、流行音乐、体育活动、娱乐活动、时尚快餐(如可口可乐、麦当劳、肯德基等),基本都成了美国大众文化的代表。美国所具有的大众文化在全球的发展最为突出,高度发达的大众文化是美国近代社会的主要体现,也成为主要的文化形态。

美国文化比较典型的特点具体有以下几项。

1. 个人主义

个人主义(Individualism)是美国主要的文化方式,美国的居民比较民主,较为喜欢展示个人价值,实现个人对社会的影响力,一切为了自己的生活理念,所以在个人主义文化体系下的美国社会,个人价值的体现显得尤为重要。在此社会中长期生活的居民都会将与自己相关的所有信息当成自己的隐私信息,如自己的血型、生活习惯、年龄、体重、信仰等。

2. "直率"与"委婉"

美国人民的性格特点就是耿直,与人相处时说话不会藏着掖着,做事比较喜欢斩钉截铁,与好友之间、同事之间,有什么话都会直截了当地说出来,不会出现讽刺打击的情况,愿意将自己的真实想法说出来,不太喜欢说话委婉。比如,到朋友家做客,如果主人问"Would you like some coffee?"(你想来点咖啡吗?)此时你也正好想喝一杯咖啡,一定不要推让,不然的话你就不会喝到这杯咖啡。

但是有时候在表达时就会显得比较委婉。例如,老师在对学生做出评价时都会偏向于积极的一面,哪怕该学生的所作所为不被老师认可。老师当然也不会对学生的缺点进行隐瞒,但是在表述的过程中会显得比较含蓄,就好比老师想表达学生"stupid"(愚蠢)时,他们会说"The student can do better work with help"(那个学生在别人的帮助下会做得更好)。如果学生的成绩不好时,老师会说"He/She is working this own level"(他/她已经展示出了自己的能力),并不是直接来传递学生成绩的好坏。当老师想表达学生不是那么勤奋时,会说"She/He is an under-achiever"(他/她距离成功者还差一点儿)。

3. "独立"与"合作"

美国人具有比较强的独立生活理念和自我生活意识，他们一般不会依靠其他人，工作时都体现出自信和自律。对个人的能力进行提升，当地居民的父母在孩子较小时，就对孩子进行自主意识的培育和独立生活的培养，以及自己动手和独立思考问题能力的培养，孩子形成了自己的意识之后为自己的行为下指令。家庭中所提出的建议只能成为孩子的参考意见，至于怎样实施由孩子自己决定。孩子到了法定年龄以后，应自食其力，父母就不会再过问其生活。在达到这样的状态以后，在孩子以后面对社会生活的压力下才能有一个良好的心态和生活方式，在未来的工作当中才能把握好方向。

美国人特别注重合作，他们认为多数赞同的理念就是对的，哪怕有部分人不那么认为，也是会遵守多数人的意思。工作时，人们都将自己的工作做到完美，不会因为有特殊的性格特征而受到排挤。

4. "金钱"与"精神"

在美国所有人都把自己的收入当作个人隐私，对于别人的询问他们较为反感。这是因为美国是用金钱来对人进行定位的，用来判断其具有什么样的社会地位。故此，收入状况变成了其社会定位的唯一标准，金钱较多的人不想把自己的财富表露出来，金钱较少的人更不愿意提及。领导和员工之间的关系是建立在金钱的基础之上，员工秉承着收多少钱干多少活的原则，领导秉承着干多少活出多少钱的原则，所有开展工作的前提是在双方都达成一致的协议之后。出现临时的工作量增加导致加班的状况，而老板又不愿意出费用，员工可以选择拒绝。如果出现了更好的工作待遇和工作环境，员工就会毫不犹豫地跳槽。

在美国，并不是所有的事物都用金钱来衡量。很多美国公民都有自己的信仰，其中最主要的宗教是基督教。宗教信仰对美国人来说是一种精神寄托，这种精神存在于美国社会的每一个角落。美国人的社会理念、价值观、人生观、行为标准、社会准则都与宗教密切相关。

5. "多民族融合"与"种族歧视"

在美国居住的人民有不同的种族和信仰，有印第安人、欧洲移民、非洲移民、拉丁美洲人和亚洲人。现在每年都会有成千上万的合法或非法的移民集聚在美国。不同的种族之间混杂着不同的文化和宗教信仰。

在美国，依旧存在很大的种族观念，国家内部多少还存在着种族歧视，依然将黑人视为社会中最底层的人群，部分美国居民对有色人种的信誉度也持怀疑态度，而且，黑人比白人在工作岗位中更难得到晋升的机会，一个公司的领导人岗位基本都是由白人担任。

6. 美国文化开放性

美国文化开放性的基本形式主要有以下四种。
(1) 通过人员流动而实现的文化交流。
(2) 电视报道、杂志、录音设施是传播文化的基本方式。
(3) 在学校进行课堂教学特别是高层次教学是文化传播的基本途径。
(4) 信息化系统、通信设施、移动互联网的全覆盖也是文化传播的有效途径。

7. 美国文化包容性

美国文化包容性主要体现在以下三个方面。

(1) 各种政治思想可以在美国共存。

(2) 美国是各种族的集聚体，具有较为全面的文化理念，不同文化在国家内部形成相互融合的社会现象。

(3) 在美国的文化中包括着相对宽容的方面，对信仰以及困难人民的关注方案是一样的。

8. 美国文化进取性

美国文化进取性的特征主要有以下两点。

(1) 美国人民有敢于冒险的性格，敢于对未知地形进行探索，对有风险性的项目进行投资。

(2) 美国人民比较喜欢把控权力和使用权力来体现自己的优越感。

二、澳大利亚文化

1. 文化多元

澳大利亚国家的建立依靠很多移民，不同的移民代表着不同国家的文化，所以澳大利亚就会出现文化多元化的状况，也正是不同国家的移民和多元的文化特点为该国家不断注入生机。

澳大利亚政府部门出台相应政策对各国的移民给予支持。在该国家中有原住民，国家有相关政策规定，其可以在家和社会中像说英语一样说他们自己的语言，该政策也表明支持各个国家的移民来到澳大利亚，并且澳大利亚相关政府部门还会提供一系列帮助。该国的文化特点展现出西方文化的特色，可是在社会生活中却与欧洲较为相像。

2. 休闲娱乐

在澳大利亚人们最喜欢的饮品是啤酒，人们在工作之余特别是在节假日，会约着好朋友去酒吧休闲娱乐，喝着啤酒，聊着天，听着放松的音乐，有时候也会在天气条件允许的情况下一起去户外烧烤。澳大利亚不会对一些建筑和规划进行区域性的限制，给人们的感觉是视野非常开阔，很多的休闲娱乐场所都是免费开放的，公园里没有围墙限制，显得空间非常大，方便的交通把不同的公园进行连接，会带人们进入不同的娱乐场地。

3. 民俗风情

澳大利亚的居民不仅有西方国家人们的耿直性格，而且有东方人们的精致。澳大利亚人的爱好多种多样，最普遍的就是运动，各种运动方式在该国家都能得到体现，不管是水上的、陆地上的，还是空中的。根据不同的地理位置，澳大利亚人会把运动地点进行具体的划分。在澳大利亚依然居住着最原始的居民——原住民，他们的生活习俗就是打猎，并且至今仍然保持着这种习惯。打猎时原住民会使用自制武器。他们的生活场所也比较原始，还在使用自然物质建筑起来的棚房，他们喜欢在自己身上画各种颜色的线条，不同年纪的原住民涂画身体的目的也不太一样。

随着全球化的不断推进，世界的透明度越来越高，原始的生活方式已经不能满足原住民的需求，以至于有一部分居民不断地脱离部落，移居到城市中生活。在澳大利亚政府部门出台了一系列维护原住民权益的政策之后，大量原住民搬进了城市。在城市中，因为原住民天生就具有动手能力，他们制作出各式各样的手工制品供游客购买，这也成为原住民的主要收入之一。

4. 礼仪与习惯

在澳大利亚生活不会感到有压力，最主要的就是具有非常自由的社会风气，人与人之间的交流中称呼从来不带姓。在澳大利亚较为繁华的两个城市之中，随处可见人们一起欢快地交流，在不同的建筑物下进餐，社会氛围无忧无虑，具有一定社会地位的人可能在街头或转角处吃着面包，一样是具有现代化科技气息的城市，这种情况很难在其他国家的街头发现。澳大利亚人具有很高的文化素养以及非常好的人品和素质，喜欢帮助别人，走在宽阔的马路上人与人之间不会相互问候，但在需要帮忙的时候，大家都会向前一步伸出援助之手，这就是澳大利亚的社会生活方式。

5. 生活特色

在澳大利亚凭着自己努力挣来的工资基本一周就会结算一次，大一点儿的公司或政府部门会两周发一次，结算工资的时间一般是周四或周五，所以在周四或周五这两天澳大利亚的街上会有很多人，街上的商店生意火爆，一些购物商场会延长营业时间，以满足刚发工资人员的消费需求。

三、新西兰文化

1. 饮食文化

新西兰的"环太平洋"美食风格受到欧洲各国以及泰国、马来西亚、印度尼西亚、波利尼西亚、日本和越南的影响，全国各地的咖啡馆和餐馆都提供结合当地特色的美食。对于正宗的新西兰风味，可以点羊肉、猪肉、鹿肉、鲑鱼、牡蛎、鲍鱼、贻贝、扇贝、地瓜、奇异果和番茄。另外，还有最具标志性的新西兰甜点，它是通过在酥皮上撒上白色奶油和新鲜水果和浆果制成的。

2. 艺术文化

新西兰具有的独特艺术源自不同的民族，其融合了不同人群的思想观念和价值观念。新西兰的艺术发展将这种多重文化的结合体进行了展现。新西兰艺术产生的过程中极具现实意义和价值的作品是 19 世纪查尔斯·高第(Charles Goldie)画的毛利人肖像。画家柯林·麦卡宏在他的作品中运用了文字、基督教画像、毛利语言和神话，许多人认为他是新西兰最伟大的艺术家。除了这些作品，很多展馆对每个派系的代表作品都进行了展示。

3. 文学

在新西兰的文学作品中很多知名作家都会将毛利文化和传说融入其中。有一位较为知名的作家在进行极具意义的作品创作后,被相关的权威部门给予奖励。

4. 影视文化

好莱坞电影《指环王》由新西兰导演彼得·杰克逊(Peter Jackson)拍摄。 随着这部电影的拍摄成功,新西兰本地的电影业也继续发展。《指环王》三部曲的前两部赢得了六项奥斯卡奖,第三部《国王归来》于 2003 年 12 月发行。新西兰风景就出现在这部电影中,还有许多电影也在新西兰国家公园和自然保护区中取景。

5. 语言文化

新西兰国家政府承认的语言是英语、毛利语和新西兰手语,这三种语言在新西兰国内被广泛地使用。其中,毛利语是毛利人群生活地址由太平洋群岛变到现在的新西兰之后,在语音方面没有出现很大的变化,在国内不存在沟通障碍的问题,所以也被国家官方机构认可。这种语言是新西兰原住民所使用的交流方式,其发出的声音具有音乐的感觉,让人听起来非常舒服。

四、案例分析

宋鑫通过各种途径了解留学澳大利亚的各项准备工作,并在为此努力,同时也顾虑到目前自己的成绩并不是特别优秀,而澳大利亚是一个相对而言比较热门的目的国,综合考虑后,宋鑫决定除了将澳大利亚作为第一留学目的国外,再将新西兰作为自己的备选国,以增加出国留学成功的概率。由于受地理及历史等因素影响,澳大利亚与新西兰在许多方面相似,这也是宋鑫将新西兰作为备选国的主要原因,毕竟在短时间内,既要为自己的本科学习继续努力以达到出国留学的最低要求,在其他方面也要花大量时间收集信息,两个相似的留学目的国会帮她节省很多时间和精力。

五、课堂活动

击鼓传花:传到谁,谁来说一个最感兴趣的文化特色。

想一想,做一做

用思维导图法梳理其他国家的文化特色,并对比各国文化的共性和个性特征。

第十七章 海外职场礼仪

第一节 面试礼仪

【课程目标】

1. 了解海外职场的面试礼仪要求。
2. 掌握面试中礼仪和面试后礼仪的运用。

因同学们还是在读学生，走上社会后首先要经历的就是面试，所以本节我们重点介绍职场礼仪中的面试礼仪。

一、面试前礼仪

(1) 准备自荐材料。一份充分的自荐材料在内容上应当包含求职信、简历以及能够用于证明自己取得过成绩的相关材料，如荣誉证书、曾经发表过的文章等。

(2) 打理形象。在面试当天有怎样的装扮对是不是可以被录用影响重大。随着面试时间的逐渐临近，面试者需要花费时间思考一下，如何给自己打造良好的形象。

(3) 提前到达。在时间上，面试者需要确保面试开始前 30 分钟来到面试地点，一定不能迟到。

(4) 考前静候。根据情况演练一下面试中可能出现的情境或问题，还要对自己的仪容仪表进行适当整理，男士应观察领带是否系紧，女士则可以根据情况决定是否补妆。

二、面试中礼仪

(1) 面试时要沉着自然，不要紧张。求职者应关掉手机，避免在面试期间有电话或信息通知响起。如果门关着，必须先敲门，在获得准许后再推门进入。见面时应当主动和面试考官打招呼，不要急匆匆地就座。自我介绍时要把自身最优秀的一面展现给面试考官，以获得对方的关注。

(2) 微笑、从容应答。对于面试考官提出的问题需要按照顺序一一回答，在考官介绍有关情况时要仔细倾听，若需要可记笔记。可在恰当的时机通过回应或者点头的方式给予对方反馈，以表示自己听明白了或者十分感兴趣。在回答问题时需要保持适中的音量和语速，回答内容要尽可能简练并完整。

要注意，微笑着回答，能够迅速拉近人与人之间的距离，可以为深度交流提供较好的基础与前提。

（3）展示自己。在面试中，合理展现自己，呈现自己的优点是取得胜利的必要条件。

三、面试后礼仪

（1）礼貌告别。面试结束后，不要骤然起身，匆忙离去，要保持一如既往的优雅姿态。在休息室或等候区内，不要急于与其他面试者谈论面试的过程和可能的结果。

（2）表示感谢。离开公司时，应当礼貌地向提供过服务或帮助的前台接待员表示谢意。

（3）等待结果。通常情况下，面试结束以后面试考官要对面试者开展相应的讨论并且投票，然后将意见提交给企业的人事部门，接着再确定录取人员，整个过程会持续 5 天左右。

（4）总结经验。如果你面试失败，千万不要自暴自弃，就业机会还有很多，最重要的是能够学会对失败加以总结，吃一堑长一智，争取在下一次求职中获得成功。

四、案例分析

宋鑫在两个月的实习过程中经历了企业录用员工的过程。与招收实习生完全不一样，宋鑫当时获取的实习机会主要依靠亲戚推荐，直接面谈几句基本就确定下来了。但企业在招录正式员工时却复杂得多。人力资源部经理在发布招聘信息后会收到大量求职简历，基本上每份简历都是匆匆掠过，然后从中选取很小的比例再进一步细看，最后确定是否给予面试机会。面试时，求职者的礼仪也是一个非常重要的决定因素，甚至有时候决定了求职者是否能够面试成功。因此宋鑫决定，在今后的求职过程中，简历一定要精简，围绕求职岗位，突出重点。面试中应从容、冷静，保持微笑，注重细节。

五、课堂活动

写一封面试后的感谢邮件。

想一想，做一做

将学生分小组进行模拟面试。

第二节　海外职场其他礼仪

【课程目标】

1. 了解海外职场礼仪和应用场景。
2. 掌握职场仪容仪表礼仪和职场办公礼仪等知识和技巧。
3. 能够在职场中应用所学知识和能力。

一、欧美国家职场礼仪

1. 美国职场礼仪

(1) 职场穿着礼仪。男性西装革履加领带,天气较热时可以不穿西服,选择穿短袖,但是一定要打领带,使整体呈现干净整洁的状态。女性要穿具有商务特点的服饰,外搭一双有气质的鞋子,颜色不能太耀眼。卡其牛仔的服装可以参加普通会议,但不适合商务场所。发型妆容要修剪整齐、干净整洁。在较为正式的工作环境,不要过分追求夸张形式的穿孔和文身。

(2) 职场商务会议礼仪。美国的正式会议开始之前,大家都会简单地打个招呼,如果与对方较熟悉可以直接称呼对方的名字。

发放名片的时间没有具体要求,很多美国商务人士会把自己的个人信息写在名片的背面。在会议开始之前或会议结束之后,将自己的名片双手递交到别人手中。名片在递交之前不能出现折叠,接过名片之后也不能折叠,不然会被认为非常不礼貌。

在美国进行商务会议时一定要注意对时间的把控。他们把对时间的把控得当看作是对时间的重视,会给对方留下好印象。会议开始之前,要提前到达目的地。一般会议时间不会太长,主要是因为美国人性格极其爽快,会直接进入会议主题。

开会时,每个参会人员都可以对会议中产生的疑惑进行提问,享有自主发言的机会,但不要打断别人发言。商务会议过程中如果有人提出和本次会议不相关的话题,会议组织者会出面解决,带回议题。虽然商务会议中最主要的决定由管理层领导来判定,但是每个人所提到的意见都会被分析采纳。

会议中如果出现接电话、发送信息或收发电子邮件的行为,是不礼貌的。因此,在美国进行商务会议时一定要保证自己的手机处于静音状态,非紧急事务一定不要看手机,而是要将全部注意力放在会议上,仔细听取每个人的发言,并且在会议过程中一定不能做伸懒腰的动作,这样懒散的状态会给人留下不尊重会议的印象。

(3) 职场商务进餐礼仪。选择就餐地点时要规避主题饭店和以休闲娱乐为主的餐厅,尽量选择比较高档的餐厅或符合商务会议气氛的餐厅,还要有熟悉的餐厅作为备用——便于被邀请方未出现时餐厅也能够根据主人的习惯安排就餐。就餐时需要注意就餐气氛,餐后不要当面结账,以免对方尴尬。

依据各国文化差异,对就餐座位也有一定的要求。就餐地点最为舒适的就餐位置是客人的,应该在餐厅视野最为宽阔的地方,使客人在就餐时视野可以观察到整个房间,以避免出现客人总是盯着菜品看的尴尬现象。

餐桌上的语言表达很重要,说话时要离餐桌远一点,并且用手将自己的口半遮,用餐过程中要少吃、少说、多听,不然容易出现被客人套话的情况。若发现进餐账单有问题,也不要当着客人的面提出来,而是把客人送走之后拿着保存好的账单进行对账,以防客人对本次吃饭的费用进行猜测。

2. 英国职场礼仪

(1) 穿着礼仪。男士一般在正式或半正式场合都要系领带。领带的系法很有讲究,方法也有很多种,图 17-1 是其中一种系法。领带系好后,不能过长或过短,规范长度应当是站立时领带下端触及腰带为好。

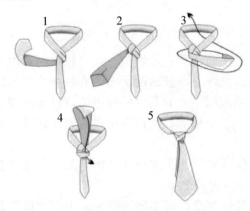

图 17-1　领带的系法

（2）见面礼节。英国人在社交场所特别注意行为举止,不管是怎么样的公众场所,不管所进行的事情大小,请求别人帮忙的时候都会使用"please",在受到他人帮助后都会表达谢意。

（3）称谓和敬语。在交流时,英国人比较喜欢称呼对方的荣誉,最起码也要以阁下、先生抑或是小姐为尊称。如何使用敬语,取决于所处的具体环境。

3. 加拿大职场礼仪

（1）适当地介绍。工作中会遇到将你认识的人介绍给正与你讲话的人的情况。如果你当时脑子一片空白忘记了某个人的名字,应先向当事人表示歉意然后再次询问一下。一定要在他们的姓前加一个称呼。

（2）约定见面。如果你与某个人或者某些人约定见面,一定不要迟到,尤其是面试或者绩效考核时。如果无法赴约,要尽早让你约定的人知道,这是最起码的礼貌。

（3）不要管闲事。尽管通常情况下要与同事保持友好关系,但一定不要直接向他们询问一些敏感问题,如健康问题或性取向,除非这些问题是他们先带头谈论的。如果某个同事的话题让你感觉不舒服,可以尽量转换话题。

（4）向同事打招呼。第一次见到同事时,要向他们表示问候。之后就没有必要每次都打招呼,尽管在有些文化里不打招呼被认为是不礼貌的行为。

（5）与其他同事相处。最好与所有的员工都维持友好关系。如果有人第一次表示不友好,就当他（她）正遇到私人麻烦,可以原谅他（她）。如果第二次仍然不友好,就需要冷静地看待这个问题。如果这种不友好的对待仍在持续,就需要与上司或者人力资源部的人员就这个事情进行沟通,或者深入了解工作场合的歧视问题。

（6）与老板相处。通常对待老板比对待其他同事要得体一些。因为你可能不得不提前约定与老板讨论问题,而平时却可以随时与其他员工沟通。

（7）开关门。在开关门时一定要留意身后是否有人进门或出门,帮他们撑着门是一种礼貌。

（8）跨文化交流。如果与来自不同文化背景的人打交道,需要对不同的礼仪做一些调查，以备应对尴尬或不熟悉的情形。

4. 法国职场礼仪

法国以浪漫著称，法国人自尊心强并且十分热爱本国产品。在时装、美食及艺术上法国是潮流的引领者。法国人在社交场合及职场上对礼仪也尤为重视。

(1) 社交礼仪。法国人热爱交际并且十分擅长交际，他们将社交看作人生的必要组成部分，缺少了社交的生活是枯燥无味的。如果和法国人交流时用上一两句法语，一定能让对方感到惊喜。

法国人喜欢自由，但纪律性一般。通常，他们都比较缺乏纪律性，也不热爱所谓的集体活动。和法国人交往时需要事先安排好，同时还要按时参加约会，但要做好他们会迟到的心理准备。

法国人推崇骑士精神，和英国相似，对妇女非常尊重。在社交礼仪中，法国人的常用礼节有拥抱礼、吻面礼等。

(2) 服饰礼仪。法国人对服装十分重视，巴黎式样基本上等同于潮流，巴黎风格引领全球潮流走向。

在比较正式的场合，法国人一般会穿西装、连衣裙等，并且在颜色的选择上倾向于蓝色和黑色，还非常重视衣服的质地。

参与一些庆典活动时通常要穿专门的礼服。男性通常要穿搭配蝴蝶结的燕尾服，也可以穿一整套的黑色西服套装，女士则均需穿礼服。

在穿着上法国人更关注衣服的搭配是不是适当。在挑选帽子、鞋子等配饰上要尽可能与整体着装相适应，以呈现良好的视觉效果。

(3) 人际交往礼仪。在社交当中，法国人常用的礼节有贴面礼、握手礼等，平时生活中使用最多的礼节是握手，但握手时要避免长时间握手及晃动对方的手。通常，女性向男性发出握手邀请，若辈分不同，则是长辈向晚辈发出握手邀请，职位高的向职位低的发出握手邀请。碰面时行握手礼应当快速并且适度发力。在告别的时候需要主动向主人发出握手邀请。

朋友间若关系比较熟悉则可以直接称呼对方的名字，而对于长辈及职位较高的人应当称呼其姓氏。通常情况下，用先生、小姐来称呼对方，没有必要加上姓氏。在交流时可以主要谈论法国艺术、建筑、历史等。

社交场所禁止吸烟，禁止大声喧哗，要注意音量的控制。

在颜色的选择上，法国人十分喜爱白色、红色及蓝色这三种颜色。对他们来说，比较讨厌黄色及墨绿色。法国人在交往中通常不将菊花、杜鹃及玫瑰等作为礼物送给对方。

(4) 餐桌礼仪。法国与中国均为世界知名的烹饪国度，对饮食非常重视。在法国，一般的商业性款待都在酒店里，只有关系比较密切的朋友才会邀请到家中。法国人对饮食礼仪非常重视，在进餐时需要确保双手位于桌子上方并且要主动称赞东道主的美味佳肴。法国餐厅价格很高，最好不要订过于昂贵的菜品，商业用餐的菜数通常在15道左右，要防止过度饮食。在进餐结束后一定要避免用手擦嘴，可使用餐巾一角轻轻擦嘴并清理手上的油污等。无论椅子多么舒服，自己多喜欢某种坐姿，在餐桌上都要坐正坐直，切忌将身体瘫坐在座椅上。进餐中身体可略微前倾，双臂需要和身体保持贴近，以防止和相邻的客人发生碰撞。

法国菜和西餐相同，使用刀叉时要记住先用最外侧的餐具，然后再用里侧的餐具，切忌一看到美食就失去礼节而直接扑上去。

每道菜吃完以后，如果将刀叉四围摆放或打乱了摆放，视觉上的效果会很差，而比较合适的摆放方式是按照顺序摆放在碟子上，并且叉子的叉齿要朝上，如图17-2所示。

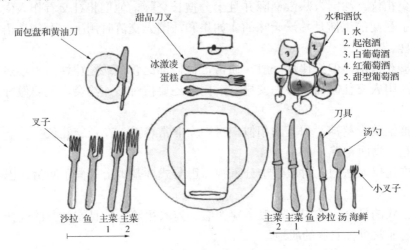

图17-2　西餐餐具摆放

(5) 商业谈判。一般情况下，在商务活动中，有两种称谓方法，一是称对方为某某先生、某某女士，这是最为稳妥、最为普遍的称谓方式。对于法国人，男人我们称 Monsieur，如 M.Durand；已婚女士我们称 Madame，如 Mme Dupuis；未婚女士我们称 Mademoiselle，如 Mlle Brauns。二是可以直接称呼其职务。如 Monsieur le président、Madame la directrice。在具体谈话中，如果没有加姓或职位、职业，那一般都要称对方为"您"。尤其是跟法国人交谈，如果对方没有提出用"tu"称呼，那么最好就是"vous"，否则会被认为失礼。

相互介绍时，应该注意顺序的选择，一般先由职位高的人开始介绍。如果分主方和客方，应该先把主方介绍给客方，然后再把客方介绍给主方。

互换名片时，要双手拿出自己的名片，并且有一个停顿，要注意将名片的方向调整到最适合对方观看的位置，再双手递过去。双手接过对方的名片，并简单看一下上面的内容，既不要把它直接放在兜里或放在其他位置根本不看，也不要长时间拿在手里不停摆弄，而应该把名片放在专用的名片夹中，尽量避免把名片放在口袋里或其他位置。

二、亚洲国家职场礼仪

1. 日本职场礼仪

(1) 社交礼仪。在商务信函中应当使用正式的开头语以及结束语。

进办公室或者别人家中时，进门前要敲门3次，进门后在得到请坐的邀请之后方可坐下。参观他人办公室时，需要先脱掉外套，并将外套整理好放在手臂上。

进入电梯时同样应当注意一定的顺序。应当让客人先进入电梯，然后是有较高职位的人,普通职员通常在最后进入电梯,并负责按按钮。

送别客人时,需要目视对方,在电梯门充分关闭之后,所有人全部消失于视野之中,方可离开。

若建筑物是高层,应当送客人到电梯门口方可走开,若是一层则应当送客人到巷子口。

(2) 商务礼仪。关于名片交换,日本有十分特别的礼仪,若非常快速地将对方递过来的名片放在自己的名片夹中,会导致对方产生没有获得尊重的想法。若整个交流过程中名片始终放于桌面上,会导致对方产生你完全遗忘了名片的看法。因此,比较合适的做法是在对方将你递过去的名片收好时,你也把对方的名片收好。还有,交换名片时要拿得比对方低。

参观他人办公室时若有人送茶水过来,应当在对方喝茶之后你再喝。若他人送来茶水后,你很快就喝,会让日本人认为你是专门来喝茶,而不是谈事情的。

(3) 服饰妆容礼仪。头发不要染颜色,保持黑色是最基本的。

衬衫最恰当的颜色为白色,在双臂自然下垂的状态下衬衫袖子可露出西服袖子 1 厘米左右。领带的花色不用太复杂,单色的就可以;花纹一般选择斜纹、圆点或无花纹等。西装最恰当的颜色为黑色和灰色。扣上两粒纽扣或者三粒纽扣都可以,但最下方的纽扣应始终处于解开状态。

公文包的颜色最好是黑色,以能够装 A4 大小的纸张为宜;最好选择那些放置于地板上也能保持正常状态款式的公文包。

(4) 用餐礼仪。在日本,规范的用餐礼仪是端着饭碗进食,切忌将碗放在桌上直接用筷子扒拉米饭,这是非常不雅观的。同时,用胳膊肘支撑着进餐也是不符合礼仪规范的,要尽量避免。

使用筷子也有很多礼仪。比如,将筷子插于食物之上、在食物面前举着筷子犹犹豫豫、用嘴咬筷子、在摆放餐具时制造声音及用筷子敲击餐具等均是缺乏礼仪的表现。

用餐时说话要控制好音量,并根据场合来确定音量大小,但无论什么场合都应避免过于大声说话。因为餐厅并非私密之处,还有其他客人也在用餐,所以应尽可能地照顾其他客人的感受。

在用餐前及用餐后要说"我要开动了"和"我用完餐了"。日本人看待任何食物都有生命迹象,因此对那些给人们饱餐做出奉献的生命需要道一声谢,同时对招待方也表示感谢。这是进餐前后的礼仪。

如果吃的是荞麦面等面食,可以发出哧溜哧溜的声音。尽管在大多数国家的餐桌礼仪中均将进餐发出声音看作是缺乏礼仪的表现,但是在日本,当食物是荞麦面等面食时,发出诸如哧溜哧溜的声音反而是一种有礼仪的表现,意味着对食物十分满意。

2. 韩国职场礼仪

(1) 问候礼。见面问候和弯腰鞠躬。根据鞠躬角度的大小将鞠躬划分成三种:15°问候——注目礼,别名"目礼",用于在走廊、电梯等空间狭窄的地方遇见时及打过一次招呼再次遇见时。30°问候——普通礼,这是日常行的最多的礼,用于上级、客户等商业活动时及迎送顾客时。45°问候——郑重礼,这是最郑重的礼仪,在典礼或和礼仪沾边的场合使用，以及对客户表示歉意或感谢时使用。

(2) 握手礼。在商业谈判中会有很多需要握手的时候。关于握手礼的由来，代表性的说法是，这是一种自古就流传下来的问候方式，带刀骑士遇到敌人挥起右手的话表示攻击的意思，为了向对方传达无意战斗，会首先伸出腾空的右手。从"我没想跟你打"开始，延伸到"我想敞开心扉与你沟通"这种意思，握手就能成为现代的表达方式了。

握手时有一定的顺序：长辈先邀请握手，晚辈才可以握手；如果异性之间是同辈，那么应当是女方发出握手邀请；如果异性之间辈分不同，那么应当由长辈首先伸手邀请握手；如果是晚辈进行握手，需要略微弯腰来展现对对方的尊重。

(3) 交谈礼。在交流上尽量使用标准而优雅的语言，用语尽可能简单易懂，切忌过于复杂和难以理解；专业术语要用于从事相同领域的人们之间的对话；不要说没用或浮夸的语言；要说能够打动对方、发自内心的温暖的语言；使用正确的发音和适当的语速交谈；说对方感兴趣的语言；选择所有参与对话的人都感兴趣的话题；讲一些和对方职业相关、让对方感兴趣的内容才能使交流更加顺畅；如果在走廊，要小声交谈；不要口无遮拦，会使对方心情不快。

三、澳洲国家职场礼仪

以下我们主要讨论澳大利亚职场礼仪。

1. 衣着礼仪

男生正装是西装系领带，有些公司允许穿休闲装——衬衫西裤不打领带，不过最好不要穿牛仔裤和球鞋。

女生正装也是衬衫西装，可以穿裙装也可以穿裤装，配平底鞋和高跟鞋，不要穿超短裤和超短裙，尤其是不穿任何打底袜子而露出腿；避免穿黑色透明露肉丝袜，可选择黑色不透明袜子。

2. 上班时间

在澳大利亚加班并不多见，除非有一个大项目要完成，又赶上时间紧迫。很多人把我们国内的办公室文化直接带到了澳大利亚——来得比保洁早，走得比老板晚，并且日复一日，年复一年。直到有一天你的老板语重心长地问你："是不是我们公司的工作安排不合理，以至于你每天都需要通过加班来完成工作？"而你竟无言以对，只能报以尴尬而又不失礼貌的微笑。

3. 称呼礼仪

澳大利亚人在称呼这件事情上比较懒，不管几个音节的名字都喜欢发前两个音，这也是大部分名字的简称。比如，Jessica 简称 Jess，Vincent 简称 Vince 等；有时候关系很近时就只用名字的首字母。这里要提醒的是，有时候一个名字有不同的简称，而有的人喜欢某一个或者根本不喜欢别人喊简称。建议大家在搞不清楚应该喊什么时直接称呼名字，这样最保险。等听其他同事说了对方也不反对时再称呼昵称或者简称，或者有的人会很直接地告诉你应该怎么称呼他(她)。

4. 用餐礼仪

有的公司员工喜欢下班之后一起去喝一杯，或者周五下班后出去聚餐，如果你不喜欢喝酒也可以不去，喜欢喝也有话题聊的不妨多和同事聚一聚。澳大利亚尊重个人的选择，如果你有别的安排或者就是不喜欢喝酒也不会勉强。

其实，用餐方面基本只涉及午餐，如果你在以华人为主的公司，那么自带盒饭或和同事一起出去吃都没有问题。但是，如果在当地人多的公司尽量还是出去吃，注意不要吃味道重的食物。当地人对中餐也很好奇，所以如果看到你带中餐，就会问是什么，怎么做的，最后不得不演变成中餐小课堂。

在澳大利亚，大多数商业活动都在小型旅馆中进行。要仔细记住是谁支付了这次餐费，过于积极地支付或忘记支付都是不好的。

5. 手机礼仪

(1) 在所有公共场所，不使用手机时，应将其放在符合礼节的正确位置，请勿握在手中或将其挂在外套的口袋外，也不能放在桌子上、手边，或是面向别人。放置手机的位置一是公文包里，二是夹克的内部口袋。在某些情况下，可以将手机暂时别在皮带上或不显眼的地方。

(2) 手机铃声不可随心所欲。例如，当你正在聚精会神地构思一个方案时，旁边突然响起了机器猫的叫声；当大家都在听老板发言时，一个突然响起的手机铃声会把大家吓一跳；彩铃也不能使用油滑的自白。

6. 待人接物礼仪

(1) 错误形体语言。在澳大利亚，双臂交叉抱于胸前是一种不礼貌的体态语，意味着侵犯，绝对不能有这种姿势。

(2) 诚实诚信。在澳大利亚工作，任何情况下都必须诚实，不会就是不会，如果你对上级很诚实地说自己不会，上级不但不会生气，反而会教你。如果因为爱面子而撒谎，很可能会使原本3分钟就能解决的事情变得需要3小时或更多时间。

(3) 时间的规定。在澳大利亚一定要遵守约定好的时间，一定要拒绝所有的事情来完成本次约定，可以提前到达约定地点，但不能迟到，不然邀约人会觉得你非常不礼貌。澳大利亚人没有待人接物方面的规矩，但是到邀约人家里时一定要为主人带上一份礼物，可以是一瓶酒，也可以为女主人送上一束鲜花。

7. 仪态礼仪

在与澳大利亚人进行接触时不能太过于表达自己的情感，很多澳大利亚人不太喜欢肢体上的打招呼，如拥抱、亲吻等，在正式的场合不要有慵懒的状态，不能表现出有气无力的表情。

8. 见面礼仪

澳大利亚人在见面时习惯握手，但有些妇女则不这样做。另外，女朋友见面时经常亲吻对方的脸。大多数澳大利亚人都有名字和姓氏。与他人交谈时，请先说出他们的名字，然后加上先生、小姐或太太等；也可以在熟人之间称呼昵称。

9. 主要禁忌

澳大利亚人对兔子特别忌讳,认为兔子是一种不吉利的动物,人们看到它会产生倒霉的感觉。与他们交谈时,多谈旅行、体育运动及到澳大利亚的见闻。

四、职场礼仪中需要注意的其他事项

1. 同理心和同情心

在职场中要有同理心和同情心,与当地同事相处时,理解他人、接受他人的观点和生活方式、少对别人说三道四是非常优秀的品质,会让人对你的好感倍增,也能拉近和同事之间的关系。

2. 耐心

对自己耐心,不要觉得别人的成功是不费吹灰之力的,往往在你看不到的时候别人正在付出远超你想象的努力。

对别人耐心,必须十分耐心地聆听他人的讲话,并且在恰当的时候发表自己的观点。

3. 克服困难的决心

正所谓世上无难事,只要肯攀登。在工作中遇到任何事情,都要有坚强的意志力和决心,不要轻易放弃。有决心去应对挑战和困难,但也不盲目骄傲自大。

4. 责任

能够担负起责任的同时还能让他人感到安心是一种罕见的技能。别人对你的信任程度越高,相应地你所担当的责任也就越重。当然,也不是盲目承担超过自己能力范围的责任,首先要做好自己分内的事情。

5. 好奇心

永远保持好奇心,但是不要过分"八卦"。对不懂的事情要敢于发问,及时咨询。

6. 交流

在海外职场上,华人往往给人留下刻苦努力、聪明好学、安静但不会交际、不愿意惹麻烦等刻板印象。所以,在国外求职时一定要多和同事交流,无论是工作的事情,还是生活的点点滴滴,都可以沟通。

7. 为别人着想

在遇到难题时,要有解决问题的能力,学习站在别人的角度去换位思考,不要一味偏执地以自我为中心,以至于让问题进入死胡同。

8. 慷慨

慷慨并不是说金钱意义上的大方,而是会不会没有抱怨地将时间和精力花在他人身上。人们往往乐于和那些比较宽容的人相处,原因在于从这样的人身上可以学到不少东西。慷慨大方的人更有可能拥有光明的未来,自己也会有不错的感觉。

五、案例分析

　　由于宋鑫具有语言优势,她在大三结束后的暑假经亲戚介绍到上海一家跨国公司办事处实习,主要负责帮助人力资源部经理进行培训活动。虽为助理,但宋鑫的实际工作内容非常复杂,基本上只要有部门缺人手,她就会被征调过去。在整个暑期,宋鑫痛并快乐着,虽然身体上很累,但精神上很充实,两个月的实习期学到了许多书本上学不到的东西,也进一步加强了自己出国留学的信念。特别是实习期间办事处开展了几次亚太地区不同级别负责人的培训活动,作为活动举办方的基层工作人员,宋鑫学到了许多国家不同的职场礼仪,不仅锻炼了她的英语口语表达能力,还增长了见识,增强了自信心。

六、课堂活动

1. 男生学习系领带。
2. 小组成员进行西餐座次的排序。
3. 谈谈自己了解的职场礼仪小技巧。
4. "大家来找碴儿",通过现场演绎来寻找职场礼仪中存在的问题。

想一想,做一做

观看欧美职场经典剧集,讲讲自己从中找到的职场礼仪小技巧有哪些。

附　　录

附录1　上海市人民政府关于进一步做好新形势下本市就业创业工作的意见

扫一扫，阅读《上海市人民政府关于进一步做好新形势下本市就业创业工作的意见》。

附录2　大学生创业服务孵化平台——第六届中国国际"互联网+"大学生创新创业大赛上海赛区优胜奖作品

扫一扫，观看"第六届中国国际互联网+大学生创新创业大赛上海赛区优胜奖作品(一)"，学习并借鉴。

附录3　大学生创业服务孵化平台——第六届中国国际"互联网+"大学生创新创业大赛上海赛区优胜奖作品(二)

扫一扫，观看"第六届中国国际互联网+大学生创新创业大赛上海赛区优胜奖作品(二)"，学习并借鉴。

参 考 文 献

[1] Maslow·A.H.. Motivation and Personality[M]. New York: Harper & Row., 1970.
[2] 洪凤仪. 一生的职业规划[M]. 广州：南京日报出版社，2020.
[3] 比尔·博内特，戴夫·伊万斯. 斯坦福大学人生设计课[M]. 周芳芳，译. 北京：中信出版集团，2017.
[4] 金树人. 生涯咨询与辅导[M]. 北京：高等教育出版社，2007.
[5] 顾雪英. 当代大学生职业生涯规划[M]. 北京：高等教育出版社，2011.
[6] 黄天中. 生涯体验——生涯发展与规划[M]. 北京：高等教育出版社，2015.
[7] 李海峰. DISC 职场人格测试学[M]. 长沙：湖南文艺出版社，2012.
[8] 汤姆·里奇，艾伦·阿克塞尔罗德. 发现你的行为模式[M]. 许江林，译. 北京：电子工业出版社，2018.
[9] 大卫·凯尔西. 请理解我[M]. 王甜甜，译. 北京：中国城市出版社，2011.
[10] 埃德加·施恩. 发现你的真正价值[M]. 北森测评网，译. 北京：中国财政经济出版社.
[11] 苏文平. 职业生涯规划与就业创业指导[M]. 北京：中国人民大学出版社，2020.
[12] 霍华德·加德纳. 智能的结构[M]. 沈致隆，译. 北京：中国人民大学出版社，2008.
[13] 霍华德·加德纳. 多元智能新视野[M]. 沈致隆，译. 杭州：浙江人民出版社，2017.
[14] 麦克·怀特，大卫·爱普生，徐永祥. 故事、知识、权力：叙事治疗的力量[M]. 廖世德，译. 上海：华东理工大学出版社，2013.
[15] 吴芝仪. 我的生涯手册[M]. 北京：经济日报出版社，2000.
[16] 王金顺，等. 大学生职业生涯与学业管理手册[M]. 成都：四川大学出版社，2011.
[17] 童丽. 基于特质因素论的个人职业生涯规划指导[J]. 中小企业管理与科技，2014(13).
[18] 许湘岳，吴强. 自我管理教程[M]. 北京：人民出版社，2011.
[19] 罗伯特·布莱克. 新管理方格[M]. 孔令济，译. 北京：中国社会科学出版社，1974.
[20] 海因茨·韦里克，马克·V. 坎尼斯，哈罗德·孔茨. 管理学：全球化与创业视角[M]. 13 版. 马春光，译. 北京：经济科学出版社，2011.
[21] 杨锐，殷晓彦. 管理学原理[M]. 北京：人民邮电出版社，2012.
[22] Bandura, A. Self-efficacy: Toward a unifying theory of behavioral change. Psychological Review[J]. 1977，84 (2)：191～215.
[23] Zhongmiao Sun, The Bffects of Design Thinking on Students' Career Self-efficacy in Career Guidance Courses[D]. The University of Pacific, 2019. Retrieved from https://scholarlycommons.pacific.edu/uop_etds/3607.
[24] Betz, N.E. & Luzzo, D.A. (1996). Career Assessment and the Career Decision-Making Self-Efficacy Scale[J]. Journal of Career Assessment, 4 (4), 413～428.
[25] 艾大华. 绿色德育阐释及构建策略[J]. 教学与管理，2011(28).
[26] 王玉明. 职业素养[M]. 北京：中国劳动社会保障出版社，2020.
[27] 刘兰明. 职业基本素养教育探究——兼论职业教育"关键能力"[J]. 中国高教研究，2011(8).
[28] 刘兰明. 职业基本素养[M]. 北京：高等教育出版社，2020.
[29] 庄明科，谢伟. 大学生职业素养提升[M]. 北京：高等教育出版社，2015.
[30] 冉涛. 华为灰度管理法 成就华为的基本法则[M]. 北京：中信出版集团，2019.
[31] 杨琰. 知识·能力·素质·素养：教育价值追求的不同阶段转向[J]. 教育理论与实践，2018(28).

[32] 熊冠恒. 学生综合素养的理解及培养——兼析深圳提出的中小学生综合素养提升行动[J]. 深圳信息职业技术学院学报，2014(4).

[33] 杨帆，权全，王冲，等. 新时代大学生就业能力的影响因素与开发路径探析[J]. 中国校外教育，2020(15).

[34] 李平平. 大学生职业素质视角下的就业能力培养问题分析[J]. 戏剧之家，2020(17).

[35] 金正昆. 大学生礼仪[M]. 北京：中国人民大学出版社，2011.

[36] 徐爱琴. 实用礼仪学[M]. 杭州：浙江大学出版社，2005.

[37] 朱燕. 现代礼仪学概论[M]. 北京：清华大学出版社，2006.

[38] 林友华. 社交礼仪[M]. 北京：高等教育出版社，2005.

[39] 尹菲，武瑞营. 形体礼仪[M]. 北京：机械工业出版社，2009.

[40] 卢良志，张明. 公务员如何行使好礼仪[M]. 北京：海潮出版社，2005.

[41] 熊卫平. 现代公关礼仪[M]. 北京：高等教育出版社，2014.

[42] 张晓梅. 职场形象设计手册[M]. 北京：化学工业出版社，2011.

[43] 金正昆. 商务礼仪[M]. 北京：中国人民大学出版社，2007.

[44] 吴晓蓓. 以就业为导向的《商务礼仪》课程改革及实训研究[J]. 黑河学院学报，2019(1).

[45] 杨雅蓉. 高端商务礼仪与沟通[M]. 北京：化学工业出版社，2019.

[46] 汪连天. 职场礼仪心得[J]. 礼仪讲堂，2009(3).

[47] 施炜. 普通高校本科毕业生就业能力提升对策的研究[D]. 徐州：中国矿业大学，2012.

[48] 李瑞瑞，郑琴琴. 基于提高大学生就业竞争力的简历制作研究[J]. 读与写(教育教学刊)，2018(8).

[49] 梁云思. 大学生求职简历制作普遍存在的问题及对策分析[J]. 新校园(阅读)，2017(8).

[50] 宏宇. 怎样写好求职简历[J]. 广西质量监督导报，2004 (4).

[51] 张凯. 大学生如何写好简历[J]. 读与写(教育教学刊)，2010(1).

[52] 赵鸣. 如何指导大学生撰写有效求职简历[J]. 现代语文(教学研究)，2015(7).

[53] 赵康妮. 让求职赢在起跑线上——求职简历准备的四个要点[J]. 中国研究生，2021(3).

[54] 王阮芳，孙明. 大学生求职简历的制作方法与投递技巧[J]. 中小企业管理与科技(下旬刊)，2014(12).

[55] 布伦达·格林. 一击即中：成功进入 500 强企业的简历[M]. 罗妍莉译. 北京：中国发展出版社，2005.

[56] 程林盛. 怎样写好求职简历[J]. 中国大学生就业(综合版)，2017(13).

[57] 云蒙. 求职英语导航——实用新视野英语导航丛书[M]. 合肥：中国科学技术大学出版社，2001.

[58] 陈鹏震. 英文求职信与求职面谈英语会话[M]. 香港商贸出版社，1991.

[59] 王伟. 英文简历应该怎样写？[J]. 中国对外贸易，2019(3).

[60] 朱正键. 面试中存在的主要问题与对策[J]. 人力资源管理，2013(2).

[61] 陈社育. 结构化小组面试的效度研究[J]. 中国考试，2020(7).

[62] 齐振江. 公考面试无领导小组讨论的注意事项[J]. 人才资源开发，2020(12).

[63] 刘慧. 无领导小组讨论在人员选拔中的应用探讨[J]. 安徽电气工程职业技术学院学报，2020(4).

[64] 夏小汝. 无领导小组讨论在企事业人员招聘中的应用探究[J]. 就业与保障，2020(3).

[65] 金瑜. 心理测量[M]. 上海：华东师范大学出版社，2001.

[66] 倪峰. 情景模拟面试在人员选拔中的应用[J]. 管理学刊，2011(3).

[67] 顾海根. 人员测评[M]. 合肥：中国科学技术大学出版社，2005.

[68] 彭剑锋. 人力资源管理概论[M]. 上海：复旦大学出版社，2005.

[69] 李保城，刘效强. 大学生职业发展与就业指导[M]. 济南：山东人民出版社，2014.

[70] 高洪海，于雷. 大学生就业指导[M]. 济南：山东人民出版社，2014.

[71] 田丽娟. 如何做好面试前的准备[J]. 智富时代，2018(03).
[72] 徐楠楠. 大学生求职面试时的自我介绍技巧[J]. 人才资源开发，2020(9).
[73] 彭薇. 团队管理的问题与策略[J]. 商场现代化，2008(27).
[74] 王敏. 浅谈现代企业团队的建设与管理[J]. 北方经贸，2008(12).
[75] 邓铭. 论如何有效进行团队管理[J]. 山东纺织经济，2015(4).
[76] 苑鑫艺. 如何有效地进行团队管理[J]. 国际公关，2019(3).
[77] 赵占和. 培训对加强企业团队管理模式构建的意义[J]. 科技与企业，2014(3).
[78] 严梅福. 团队管理与团队建设[J]. 湖北大学成人教育学院学报，2004(02).
[79] 何富春. 团队管理在战略管理中的重要性[J]. 现代经济信息，2009(21).
[80] 比斯盖特·舒尔茨. 顶尖管理智慧[M]. 赵丁，译. 北京：地震出版社，2002.
[81] 兰妮·阿里顿多. 有效沟通[M]. 杨大鹏，译. 北京：企业管理出版社，2001.
[82] 殷瑾. 沟通无限——建设性沟通的八项原则[J]. 企业管理，2003(2).
[83] 杨金焱，吴虓. 学生心理压力的产生及缓解[J]. 教学与管理，2010(36).
[84] 张维香，倪涛涛，焉钰. 大学毕业生情绪管理能力与就业绩效关系的实证研究[J]. 西北成人教育学报，2013(1).
[85] 郑照顺. 青少年生活压力与辅导[M]. 广州：世界图书出版公司，2003.
[86] 朱俊杰. 大学生压力影响因素研究[D]. 南昌：江西财经大学，2017.
[87] 冯英子. 在校青少年压力影响因子及其应对方式[J]. 青少年研究与实践，2019(2).
[88] 陶琪. 大学生压力源与自我效能感关系研究[D]. 合肥：合肥工业大学，2007.
[89] 赵军魁. 当前大学生心理压力成因及对策[J]. 卫生职业教育，2018(18)
[90] 李虹. 压力应对与大学生心理健康[M]. 北京：北京师范大学出版社，2008.
[91] 常樠月. 大学生心理健康教育中音乐治疗方式初探[J]. 中国培训，2019(6).
[92] 张倩. 当代大学生心理压力及疏导对策研究[D]. 长春：东北师范大学，2008.
[93] 许湘岳，吴强. 自我管理教程[M]. 北京：人民出版社，2011.
[94] 韩力军. 时间管理研究[J]. 中小企业管理与科技（下旬刊），2016(11).
[95] 黄希庭，张志杰. 论个人的时间管理倾向[J]. 心理科学，2001(5).
[96] 戴维·艾伦. 尽管去做[M]. 张静，译. 北京：中信出版社，2003.
[97] 黄华. 如何赢得创新创业大赛[M]. 北京：化学工业出版社，2019.
[98] 刘平，李坚. 创业学——理论与实践[M]. 北京：清华大学出版社，2009.
[99] 崔丹. 我国留学生在加拿大短期学习经历中英语熟练度变化的研究[D]. 上海：上海外国语大学，2013.
[100] 赵楠. 全费时代至今英国留学生政策的演变研究[D]. 武汉：华中科技大学，2019.
[101] 吴瑕. 澳大利亚海外学生留学教育的效益研究[D]. 桂林：广西师范大学，2011.
[102] 出头理子. 赴日留学现状研究[D]. 北京：中央民族大学，2013.
[103] 姚金安. 在日中国人留学生跨文化适应状况实证考察[D]. 长沙：湖南大学，2013.
[104] 李浩然. 面向来华留学生的中华社交礼仪教学设计[D]. 沈阳：沈阳大学.
[105] 赵慧颖. 留学在英国，礼仪有学问[J]. 新东方英语(中英文版)，2013(7)：64～65.
[106] 赵妍. 加拿大的商务礼仪[J]. 大经贸，2008(06)：86.
[107] 张吟年. 礼仪教育的资源与启示[D]. 上海：华东师范大学，2010.
[108] 王丽，高强. 关于求职面试礼仪细节的思考[J]. 人才资源开发，2017(16)：147～148.
[109] 刘宗明，高新伟. 欧美国家研究生教育国际化的进展、特征及其启示[J]. 中国石油大学学报(社会科学版)，2016(1)：107～112.

[110] 梅梦迪. 美国硕士研究生招生制度的发展研究[D]. 开封：河南大学，2018.
[111] 荣军，李岩. 澳大利亚研究生国际化培养模式及其启示[J]. 中国科技信息，2010(20)：272～274.
[112] 武翠红，赵丹. 英国研究生教育改革的理念、策略及启示[J]. 高校教育管理，2016(4)：112～117.
[113] 史万兵，侯雪莲. 英国研究生教育多样化及其启示[J]. 外国教育研究，2005(8)：37～40.
[114] 杨颖. 研究生出国留学申请文书翻译实践报告[D]. 成都：成都理工大学，2017.